Armin Risi

EINHEIT IM LICHT DER GANZHEIT

Armin Risi

EINHEIT IM LICHT DER GANZHEIT

Orientierung im Labyrinth von Religion, Erleuchtung und New Age

Theistische Mysterienschule | Band 2

Govinda-Verlag

Kontaktadresse des Verlages:
Govinda-Verlag, Postfach 152, 8032 Zürich, Schweiz

Website des Verlages: govinda.ch
Website des Autors: armin-risi.ch

3. Auflage – Mai 2022

Lektorat & Layout: Armin Risi, Mantrarūpa Ćućuz | mantrarupa.org
Einbandgestaltung: Ronald Zürrer
Einbandgrafik: Andreas Müller (kornkreise-forschung.de);
Piktogramm von Avebury Henge, Wiltshire (UK), 28. Juli 2002
Autorenfotos: Melanie Risi-Meier
Gesamtherstellung: CPI Moravia Books
Printed in Czech Republic

ISBN 978-3-905831-08-5

Inhalt

EINLEITUNG

Das Labyrinth und der ganzheitliche Pfad

Band 1 und 2 der Theistischen Mysterienschule stellen sowohl eine Einführung als auch eine Ergänzung zu meinen bisherigen Büchern dar, insbesondere zu *Licht wirft keinen Schatten* und *Der radikale Mittelweg*. Mehr noch als Band 1 ist Band 2 eine Ergänzung, denn hier vertiefe ich Themen, die ich bisher nur zusammenfassend beschrieben habe.*

Wer sich heute auf eine spirituelle Wahrheitssuche begibt, betritt ein Labyrinth, in dem man sich leicht verirren kann. Sackgassen sehen aus wie Wege zur Erleuchtung. Halbwahrheiten klingen wahr und spiegeln echtes Licht, sind selber aber nicht echtes, sondern „imitiertes" Licht. Zeitlose Weisheiten und Offenbarungen werden mit esoterischen Schlagwörtern und Slogans plattgewalzt. Die Informationsflut verwässert die Inhalte.

Gleichzeitig war spirituelles und „geheimes" Wissen noch nie so offen zugänglich wie heute: die Lehren der Religionen, indigenen Völker und Mysterientraditionen, Meditationspraktiken, Geistheilung, PSI-Forschung, Channeling usw. „Prüfet alles, und das Gute behaltet", heißt es in der Bibel. Aber wie sollen wir heute *„alles"* prüfen können, bei diesen vielen Angeboten? Wie können wir die große Chance der heutigen Zeit richtig nutzen?

Offensichtlich besteht eine große Notwendigkeit für Klarheit und Unterscheidung. Ich spreche hier sogar von einem „radikalen" Unterscheiden, und dies im wörtlichen Sinn (von lat. *radix*, „Wurzel"): zur Wurzel vordringen, nicht bei der Oberfläche stehen bleiben. Im Labyrinth von Religion, Esoterik und Spiritualität haben wir es nicht mehr mit materialistischen Weltbildern zu tun. Alle, die sich

---

* Band 1 besteht aus ausgewählten Artikeln und Interviews von 2000 bis 2010 (in z.T. bearbeiteter oder aktualisierter Form), das vorliegende Buch hingegen besteht zum größten Teil (ab Kap. 6, „Matrix Māyā") aus Texten, die ich im Anschluß an *Der radikale Mittelweg* neu für diesen Band 2 verfaßt habe.

in diesen Bereichen bewegen, wissen oder ahnen, daß es mehr als nur die Welt der physikalischen Materie gibt. Hierin sind sich alle einig: Gottgläubige, Fundamentalisten, esoterische Monisten, Esoteriker, Gnostiker, Deisten usw.

Wer kein materialistisches („naturalistisches") Weltbild vertritt, akzeptiert die Realität des „Übernatürlichen" und „Übersinnlichen", vertritt also im weitesten Sinn ein metaphysisches Weltbild. Aber „metaphysisch" ist noch lange nicht gleichbedeutend mit ganzheitlich. Und damit sind wir beim Hauptthema des vorliegenden Buches: Wie können wir uns in diesem Labyrinth orientieren? Wie können wir die vielen religiösen und esoterischen Weltbilder unterscheiden, wo sie doch in vielem so ähnlich klingen?

Die Weltbilder, die nicht materialistisch, aber auch noch nicht ganzheitlich sind, lassen sich grundlegend in drei Kategorien unterteilen: Monismus, Monotheismus und Deismus („Monotheismus" im Sinn der Definition im Buch *Der radikale Mittelweg:* Konfessionen mit Monopolansprüchen). Im vorliegenden Buch wird gezeigt, wie einseitige Vorstellungen von „Einheit" zu Spaltung und Dualismus führen – und zum Trugschluß, das Unterscheiden von Gut und Böse sei ein Zeichen mangelnder Erleuchtung. Wir werden auch sehen, wie im Namen von „Gottes Gnade" Unmenschliches und Gnadenloses rechtfertigt werden kann, ebenso wie im Namen von „Licht" und „Erleuchtung" – und im Namen des „Lichtbringers" (Luzifer). Damit beleuchten wir die äußersten Extreme von Selbsttäuschung und Verblendung und bestärken gleichzeitig die Hoffnung, daß auch die Menschen dieser dunkelsten Bereiche des Labyrinths mit dem Kommen der neuen Zeit zu wirklicher Erleuchtung finden werden.

> „Wir stehen an der Schwelle einer wahrhaft großen Epoche der Erleuchtung, und wir alle – Sie alle – werden diesen Wendepunkt der Geschichte miterleben dürfen. [...] Nach Jahrtausenden der Finsternis werden wir sehen, wie unsere Wissenschaften, unser Verstand und sogar unsere Religionen die Wahrheit offenbaren."

Diese hoffnungsvolle Botschaft entstammt nicht einem religiösen oder esoterischen Pamphlet, sondern einem Buch, das 2009 erschienen ist und Millionen von Menschen in vielen Sprachen erreicht:

Dan Browns Freimaurer-Roman *Das verlorene Symbol,* dem ich ein ganzes Kapitel widme. (Die zitierte Stelle findet sich in der deutschen Ausgabe auf S. 616f.)

Praktisch alle Traditionen – religiöse, freimaurerische, esoterische, indigene – künden das Kommen eines großen Bewußtseinswandels an: dann, wenn die Menschen das „verlorene Symbol", das verlorene Gleichgewicht, die verlorene Mitte wieder finden. Dieses Wissen war nie wirklich geheim, es war nur geheim, weil die Menschen sich davon entfernt und abgetrennt haben, genauso wie die symbolische Dunkelheit sich vom Licht abgetrennt hat. Herrscht jedoch einmal Dunkelheit, ist *Licht* das größte Geheimnis, und es gibt plötzlich Mächte, die wollen, daß dieses Geheimnis geheim bleibt – und bereit sind, alles zu tun, um die Dunkelheit vor dem Licht zu „schützen".

Der Weg, der uns über alle Formen von Spaltung und Einseitigkeit hinausführt, ist immer ein Mittelweg: der Weg der Ganzheit, des natürlichen Gleichgewichts. Diese Spiritualität führt uns in unsere eigene Mitte und durch die Mitte zu uns selbst. „Ganzheitlich" ist gemäß der Definition im Buch *Der radikale Mittelweg* ein Synonym für „theistisch". Und dieser Weg ist schmal, denn er bedeutet, immer in der Ganzheitlichkeit zu bleiben und in keine Form von Einseitigkeit abzugleiten.

Das mythische Bild des Labyrinths illustriert das Prinzip des ganzheitlichen Pfades sehr treffend: Ein Labyrinth besteht aus vielen Sackgassen und Irrgängen, aber wenn wir diese vermeiden oder sie wieder verlassen, dann ist ein Labyrinth nichts anderes als ein Weg *in die Mitte.* Und wenn wir in der Mitte ankommen, wartet dort – gemäß dem griechischen Mythos – der Minotaurus, ein Monster, das der Held Theseus bezwingen muß. Theseus besiegt den Minotaurus, aber er hätte den Rückweg durch das Labyrinth nicht mehr gefunden, wenn er sich nicht an dem Faden hätte orientieren können, den ihm Ariadne, seine Geliebte, mitgegeben hat. Der Ariadne-Faden führt ihn auf direktem Weg aus dem Labyrinth heraus, weil Ariadne außerhalb des Labyrinths steht und dieses Labyrinth gar nicht erst betreten hat. So haben auch wir, Gott sei Dank, unsere Ariadne-Begleiterinnern und -Begleiter, die nicht im Labyrinth der Materie gefangen sind. Einige dieser Lichtwesen sind inkarniert, eine viel größere Anzahl nicht, aber wir alle sind Teil des lebendigen Universums, und mit der jetzigen Zeit wird sich die Menschheit dieser höheren Realität wieder bewußt werden.

Wenn einige Ausführungen im vorliegenden Buch philosophisch und „theoretisch" sind, so sind sie es nur im Hinblick auf diese große Vision und Transformation. Ganzheitliche Spiritualität ist nicht „wischiwaschi" und oberflächlich-billig wie in den Floskeln „alles ist eins, alles ist gut, alles ist Gott, alles ist eine notwendige Erfahrung". Wenn alles „eins", „gut" und „notwendig" wäre, dann bräuchten wir keine innere Entwicklung, keine Konfrontation mit den eigenen Schatten und den Schatten der Welt (Stichwort „Minotaurus"), kein Unterscheiden von Gut und Böse und keinen freien Willen, und es gäbe keine Verantwortung vor Gott. Was diese Weltbilder negieren, sind die grundlegenden Prinzipien der ganzheitlichen Spiritualität: einfache Wahrheiten, die das offene – und innerste – Geheimnis der alten Mysterienschulen waren. Das theistische Wissen ist mit Verantwortung verbunden und führt uns entsprechend dem schmalen Pfad „auf Messers Schneide" zu einem scharfen Unterscheidungsvermögen: Was entspricht dem ganzheitlichen Bewußtsein und was nicht? Was entspricht dem Mittelweg, was führt in die Spaltung und in die Einseitigkeit?

Wenn die Menschen in irgendeine Form der Einseitigkeit fallen, glauben sie plötzlich, alles sei relativ und subjektiv, es gebe nichts Absolutes, oder sie verabsolutieren Relatives. Die ganzheitliche Spiritualität zeigt uns, was „absolut" wirklich bedeutet und welche Wahrheiten sich dadurch eröffnen. Denn wir benötigen für unser Leben nicht nur relative Wahrheiten, sondern auch die Erkenntnis überpersönlicher Lebensziele und eines Lebenssinns, der über unsere Subjektivität und über unsere eigenen „persönlichen" Interessen hinausgeht.

„Die Geheimnisse verlassen den Inneren Zirkel … treten hinaus aus der Dunkelheit … hinein ins Licht", sagt ein alter blinder Weiser in Dan Browns Roman *Das verlorene Symbol* (S. 475). Er meint damit die Geheimnisse der ganzheitlichen Spiritualität, die jetzt wieder – als philosophische „Revolution" – Licht in die dunklen Sackgassen des Labyrinths bringen, sowohl in die religiösen als auch in die säku-

laren. „Es wäre schließlich nicht das erste Mal in der Geschichte, daß eine einzige kühne Idee zu einer großen philosophischen Entdeckung führt." (S. 478)

In der Vergangenheit haben religiöse Reformationen und politische Revolutionen immer nur zu neuen und noch tieferen Spaltungen geführt. Die theistische Reformation und „Revolution" hingegen ist überkonfessionell. Es geht nicht darum, daß Menschen ihre Religion verlassen sollen oder zu einer neuen Religion bekehrt werden sollen. Vielmehr geht es darum, daß die Religionen und die Logen-Organisationen den theistischen Kern ihrer jeweiligen Tradition erkennen und dadurch über die Grenzen von Tradition und Dogma hinausgelangen.

Die theistische Initiative ist eine große Herausforderung, eine „kühne Idee". Sie kann allen religiösen und säkularen Gruppierungen zeigen, wie sie die Essenz ihrer eigenen Tradition wieder finden und neues Leben gewinnen können. Denn was ist inspirierender als eine Vision, die über die eigene Begrenztheit hinausgeht? Eine Vision, die es uns erlaubt, frei von Konkurrenzdenken zu sein, frei vom Kampf um Machterhalt und damit auch frei auf unserem eigenen spirituellen Weg, dem Weg unserer innersten Berufung.

Für mich persönlich gehört es zum Schönsten, wenn Menschen aus unterschiedlichen religiösen und kulturellen Hintergründen zusammenkommen und sich in diesem Geist begegnen können – nicht bloß diplomatisch und interreligiös, sondern im Bewußtsein der gemeinsamen Essenz und der gemeinsamen Quelle. Mit dieser zukunftsweisenden Vision ist die ganzheitliche (theistische) Spiritualität tatsächlich „der Schlüssel zur neuen Zeit", wie ich im Untertitel von Band 1 hoffnungsvoll formulierte.

Armin Risi
November 2010

Teil 1

Unterscheiden, ohne zu urteilen: Die Kriterien des ganzheitlichen Weltbildes

KAPITEL 1

Religion an der Schwelle zum neuen Zeitalter

Von machtorientierter Religion zu ganzheitlicher Spiritualität

Die gegenwärtige Wendezeit macht in allen Bereichen die Auflösung starr gewordener Denkmuster notwendig, nicht zuletzt auch im Bereich der Religionen. Einige Stimmen rufen nach der Abschaffung aller Religionen, aber dies kann nicht die Lösung sein, denn das atheistische Weltbild würde das Pendel nur auf die andere Seite, in das entgegengesetzte Extrem, ausschlagen lassen. Wie wird die Religion des „Golden Age" aussehen? Wir fragten hierzu Armin Risi, was die altindischen Schriften und Prophezeiungen zu dieser Frage sagen. *

Im Lauf der letzten zwei- bis dreitausend Jahre ist „Religion" in vieler Hinsicht zu einem Machtmittel geworden, das die Herrscher einsetzten, um ihre Untergebenen zu beherrschen und bei der Stange zu halten. An gewissen Orten der Welt werden ganze Nationen durch Religionen unterdrückt, ähnlich wie an anderen Orten durch Atheismus („Sozialismus") und Konsumismus. Das Abdriften der Menschheit in diese beiden Extreme – in die Ablehnung von Religion oder Verfälschung von Religion – ist jedoch nichts Neues, sondern ist typisch für das heutige Zeitalter, das von vielen Quellen vorausgesehen wurde, insbesondere von den ältesten diesbezüglichen Prophezeiungen, zu finden in den altindischen („vedischen") Schriften. Diese Quelle betont jedoch auch, daß das dunkle Zeitalter in ein „goldenes Zeitalter" übergehen wird, und die dann erblühende universale Religion wird ebenfalls beschrieben.

Im Folgenden sollen die Grundzüge dieses prophezeiten neuen Bewußtseins dargelegt werden. Auch wenn die Leserinnen und Leser

---

* Diesen Artikel schrieb ich ursprünglich für die Zeitschrift *The Golden Age* (Zürich), erschienen in der Ausgabe Nr. 9, Frühling 1997. Für die vorliegende Veröffentlichung habe ich ihn bearbeitet und leicht erweitert.

nicht mit allen Gedankengängen übereinstimmen mögen, lohnt es sich doch, das besagte Thema einmal aus dieser Perspektive zu betrachten.

Ist alles relativ?

Einer der populärsten Glaubenssätze des modernen Menschen lautet: „Alles ist relativ". Was richtig für dich ist, muß nicht auch für die anderen richtig sein. Und was für dich schlecht ist, muß nicht für alle anderen schlecht sein.

Es stimmt natürlich: Was einzelne Menschen oder Gruppen für richtig oder für falsch halten, ist relativ und sollte nicht verallgemeinert werden. Aber zu sagen, *alles* sei relativ, ist in sich widersprüchlich. Dieser Glaubenssatz, so beliebt er sein mag, ist mit einer doppelten Problematik verbunden – mit einer Falle und mit einem Denkfehler!

Wenn alles relativ ist, gibt es keinen allgemein gültigen Maßstab; deshalb kann diese Situation leicht ausgenützt werden – von wem, ist klar: einmal mehr von den Mächtigen und Reichen im Hintergrund, die dadurch noch mächtiger und noch reicher werden. Es bestehen zwar „allgemein" verbindliche Gesetze, doch diese müssen immer ausgelegt und richterlich angewandt werden, insbesondere in schweren und weitreichenden Fällen. Gewisse Fälle, z. B. „offizielle" Kriegsverbrechen und Kriegsinszenierungen, kommen gar nicht erst vor Gericht. Die Mächtigen – diejenigen, die die Gesetze aufstellen – fühlen sich nicht an diese Gesetze gebunden.

Wenn alles relativ ist, herrscht also ein verstecktes Faustrecht. Die Allgemeinheit mag z. B. der Meinung sein, das Verschmutzen der Meere, das Durchführen von Atomtests und das Abholzen der Regenwälder sei schlecht, doch wenn einige wenige – die stärker sind als die Allgemeinheit – denken, dies sei gut, findet diese Umweltzerstörung dennoch statt, trotz des Protests der Mehrheit.

Man könnte noch viele andere Beispiele anführen: Waffenlieferungen in Entwicklungsländer, Drogenproduktion, Chemiepropaganda, Verharmlosung der Genmanipulation, Menschenhandel, Tiermißhandlung … Die Liste ist erschreckend lang. Überall geht es um das Interesse einiger weniger Leute. Es verwundert deshalb nicht, daß gerade sie, die verborgenen Nutznießer, Weltbilder vertreten, die besagen, alles sei relativ. Weil dann *sie* entscheiden können, was geschieht und nicht geschieht.

Die Menschen sind so sehr in das Relative abgeglitten, daß sie nichts anderes mehr sehen. Wer fragt sich heute, ob es noch etwas anderes gibt als das Relative? Die meisten Menschen haben sogar eine angeborene oder anerzogene Abneigung gegen dieses „andere", das hinter oder über dem Relativen ist: das Absolute.

Das Relative ist immer mit dem Absoluten verbunden (so wie Schatten mit dem Licht). Die Menschen ziehen es jedoch vor, sich einseitig auf das Relative zu beschränken und die Frage nach dem Absoluten zu verdrängen. „Denn alles ist relativ". Und genau hier liegt der erwähnte Denkfehler: Die Aussage „Alles ist relativ" (= „Es gibt nichts Absolutes") ist eine absolute Aussage! Es ist eben *nicht* alles relativ. Wir kommen am Absoluten nicht vorbei.

Das Wort „absolut" hat heute einen üblen Beigeschmack, weil es uns sogleich an die Absolutheitsansprüche bestimmter Religionen erinnert. Deshalb soll hier klar festgehalten werden: Wenn die Aussage „Alles ist relativ" relativiert wird, soll dies nicht irgendwelchen Absolutheitsansprüchen das Tor öffnen. Im Gegenteil, wenn die Menschen verstehen, was die wirkliche Bedeutung von *absolut* ist, fallen alle Absolutheitsansprüche in sich zusammen.

Atheismus und Fanatismus

Unter den Menschen hat sich ein Übel verbreitet und konnte großes Unheil anrichten: das Phantom der religiösen Absolutheitsansprüche.

Dogmatismus und Fanatismus sind die machtvollsten Mittel, um Religion von innen her auszuhöhlen, was zu doppeltem Unheil führt: Einerseits wird die Heiligkeit der Religion an sich zerstört, das heißt, göttliche Wahrheiten werden durch die Menschen verfälscht, und andererseits kann die Religion, ist sie einmal verfälscht, als despotisches Machtmittel eingesetzt werden – weil es plötzlich möglich ist, im Namen von Gott Feindbilder zu schaffen, blinde Leidenschaft zu schüren und jegliche Brutalität abzusegnen.

Die scheinbar entgegengesetzten Behauptungen „Alles ist relativ" und „Wir sind die einzigen" haben also eine auffällige Gemeinsamkeit: Beides sind Absolutheitsansprüche! Beides führt zur Verfälschung der Wahrheit und ermöglicht eine Manipulation der Menschen.

Absolut und absolutistisch

Die ganzheitliche Definition von „absoluter Wahrheit“ erlaubt es, all diese Bestrebungen bereits im Ansatz zu erkennen, denn sie unterscheidet klar zwischen *absolut* und *absolutistisch.*

Absolut bedeutet „das, was unabhängig vom Relativen ist“, aber alles Relative miteinschließt. *Absolutistisch* bedeutet „das, was alles andere ausschließt“. Das Absolute ist das Allumfassende, das Alles-Vereinende. Das Absolutistische ist das Alles-Bekämpfende, ist das, was die Menschen und die Religionen spaltet.

Mit anderen Worten: Atheismus (Relativierung des Absoluten) und Pseudoreligion (Verabsolutierung des Relativen) sind nichts anderes als die zwei Seiten derselben Münze, die zwei Seiten des *divide et impera* („Teile und herrsche“).

Absolutistisch und absolut – diese beiden Konzepte mögen manchmal sehr ähnlich erscheinen, doch in Wirklichkeit sind sie grundverschieden. Nur das wahrhaft Absolute, das Allumfassende, vereinigt alles Relative in sich, denn es ist die harmonische Einheit hinter der Vielfalt. Dies ist auch das Hauptkriterium für die Unterscheidung zwischen absoluter (allumfassender, ganzheitlicher) Wahrheit und absolutistischen Halbwahrheiten. Fördert eine Religionsauffassung die harmonische Einheit oder die Vertiefung der Gegensätze? (Das Absolutistische, eben weil es nicht absolut ist, kann nicht alles Relative in sich vereinen und kann sich nur durch das Niedermachen der „anderen“ als absolut aufspielen – was letztlich immer scheitern muß.)

Yoga und Re-ligio

Jede relative Situation in der materiellen Welt bekommt einen göttlichen Sinn und wird zu einer relativen *Wahrheit,* wenn sie in Beziehung zum Absoluten, zu Gott, gesehen wird. Diese Beziehung besteht immer, denn das Relative ist immer mit dem Absoluten verbunden. Wir können sogar weitergehen und sagen: Erst in Beziehung zum Absoluten findet das Relative seinen Sinn. Die ewige Beziehung zwischen dem Relativen und dem Absoluten wird im Sanskrit mit einem bekannten Wort umschrieben: *Yoga.* Wörtlich bedeutet *yoga* „Verbindung" und bezieht sich auf die Verbindung zwischen dem Relativen und dem Absoluten, die Verbindung zwischen dem Individuum und Gott. Im Lateinischen gibt es hierfür ebenfalls ein bekanntes Wort mit derselben Bedeutung: *re-ligio* (entsprechend der etymologischen Interpretation *religare,* „sich wiederverbinden mit Gott").[1] Religion und Yoga bedeuten in diesem Sinn also dasselbe.

Die Verbindung mit Gott ist nicht etwas Starres und Dogmatisches, sondern etwas Lebendiges und Dynamisches, denn jeder Mensch hat eine einzigartige Beziehung zu Gott. Die universale Religion des neuen Zeitalters wird also kein starres, absolutistisches Religionssystem sein, sondern ein harmonisches Zusammenleben von Menschen, die sich gegenseitig mit Respekt und Liebe begegnen und unterstützen. Deshalb bietet die vedische Tradition den Menschen verschiedene Formen von Yoga *(religio)* an, und jede dieser Formen hat ihre Berechtigung und ihren Wert. Unheil entsteht dann, wenn jemand die Form, die er vertritt, plötzlich als einzige Wahrheit herausstellen will.

Erwachen aus der Illusion

Der Mißbrauch der Religion hat dazu geführt, daß sich viele Menschen entweder von Gott abwenden, d.h. atheistisch werden, oder Gott für ihre absolutistischen Ziele vereinnahmen. In beiden Varianten verlieren die Menschen ihre Verbindung (*religio/yoga*) mit Gott und verfolgen in ihrem Beruf und in ihrer Freizeit Interessen, die sie noch weiter von dieser Verbindung entfernen. Erinnern wir uns an die ursprüngliche Bedeutung von *absolut:* abgeleitet vom lateinischen Wort *absolutum,* „ungebunden; losgelöst" (Partizip Perfekt des Verbes *absolvere*). Gott als die allumfassende (= absolute) Realität vereint alles Relative in sich, ohne an das Relative gebunden zu sein. Das Relative und das Absolute sind die beiden grundlegenden Aspekte der göttlichen *Ganzheit.*

> „Wisse, alle Lebewesen sind aus mir hervorgegangen. Ich bin die Ursache des Entstehens und der Auflösung des Universums. / Es gibt keine Wahrheit über mir. Alles ruht auf mir wie Perlen auf einer Schnur." (*Bhagavad-Gītā* 7,6-7)

> „Ich [die Ganzheit] bin der Urgrund von allem [des Absoluten und des Relativen]. Von mir geht alles aus. Diejenigen, die dies vollkommen erkannt haben, die Weisen *(budhā)*, verehren mich mit Liebe und Hingabe." (*Bhagavad-Gītā* 10,8)

Diese zentralen Gottesworte der indischen Schrift *Bhagavad-Gītā* geben uns einen wichtigen Schlüssel zum Verständnis der materiellen Welt. Das Absolute ist die Quelle des Relativen und umfaßt daher alles, was wir in der materiellen Welt vorfinden, in seiner reinen, ursprünglichen Form, insbesondere Bewußtsein, Willen und Liebe. Nur weil diese Eigenschaften im Ursprung enthalten sind, finden wir sie auch in der materiellen Schöpfung, wo sie sich jedoch in unterschiedlichsten Formen spiegeln können: Ego, Gier, Neid usw. In diesem Licht wird auch verständlich, warum es in Gottes Schöpfung das „Böse" gibt. Es ist Teil der Dualität und existiert nur in der materiellen Welt. Es entsteht, wenn Individuen nicht mehr in Harmonie mit der Ganzheit leben wollen und sich von der Quelle trennen. Aber auch in den Extremen der Trennung und Gottferne ist immer das Wirken des ursprünglichen göttlichen Prinzips zu erkennen, des *freien Willens.*

Das Mysterium des freien Willens

Die materielle Welt ist ein „fraktales" Abbild der spirituellen Welt. Sie ist die Unendlichkeit von Raum und Zeit vor dem Hintergrund der Raum- und Zeitlosigkeit, der Ewigkeit. Die Existenz der materiellen Schöpfung ermöglicht die Anwendung des freien Willens. Niemand ist gezwungen, in der spirituellen Einheit der Liebe zu leben, und niemand ist gezwungen, in die Trennung zu gehen. Wir können konstant wählen, wie wir leben wollen: in liebender Harmonie mit dem Ganzen oder im Geist der Getrenntheit, der das Ego (das getrennte Ich) ins Zentrum des Lebens stellt. Ist letzteres der Fall, verliert sich die Seele in der Materie und ist von Gott „befreit", das heißt, sie kann in der Illusion leben, daß es keinen Gott gibt und daß das materielle Universum die einzige Realität ist.

Aber: Gott ist überall gegenwärtig, müßte also immer und überall zu sehen sein. Wie ist es dann möglich, das Allgegenwärtige nicht zu sehen? Dadurch, daß wir *wünschen,* es nicht zu sehen. Wenn wir Gott nicht mehr sehen *wollen,* erfüllt Gott diesen Wunsch – in der materiellen Welt. Denn nur dort ist aufgrund des Ego-Prinzips die Illusion von Trennung und Isoliertheit möglich.

Wenn wir die harmonische göttliche Ordnung erkennen, fügen wir uns bewußt in diese Ordnung ein. Das ist ein Weg des Erkennens in Freiheit und Hingabe. Gott „muß" man sich freiwillig fügen. Hierin besteht die wirkliche Freiheit der Seele. Gott zwingt niemanden, die Trennung und Illusion aufzugeben, denn Liebe läßt sich nicht erzwingen – und Liebe ist das einzig „herrschende" Prinzip in der spirituellen Welt.

Liebe zu Gott spiegelt sich in der irdischen Liebe. Wenn wir jemanden lieben, dienen wir der geliebten Person, um ihr eine Freude zu bereiten, und nicht, um einen Lohn zu bekommen. Diese selbstlose Liebe findet in der Beziehung zu Gott ihre Vollkommenheit. In dieser ewigen Beziehung sind wir mit der Quelle verbunden und leben, ohne an die eigene Freude zu denken, denn Gott zu erfreuen ist die höchste Freude. „Diejenigen, die dies vollkommen erkannt haben, die Weisen *(budhā),* verehren mich mit Liebe und Hingabe." Nicht *mein* Wille geschehe, aber auch nicht *kein* Wille geschehe, sondern „Dein Wille geschehe"!

Neue Wissenschaft, neue Religion

Die materialistischen Wissenschaften und die absolutistischen Religionen, so unterschiedlich sie sind und so unerbittlich ihre Gegnerschaft ist, haben doch eine auffällige Gemeinsamkeit: Sie beide fürchten das „New Age" und predigen vehement dagegen! Aus dem vorliegenden Artikel geht hervor, warum. Beides sind Einseitigkeiten, die – mit Recht – um ihre Existenz fürchten, so wie Dunkelheit um ihre Existenz fürchtet, wenn das, was das Licht abblockt, ins Wanken kommt.

Das neue Zeitalter wird frei sein vom spaltenden Geist, der die

Religionen und die Wissenschaften der heutigen Zeit auseinander und in destruktive Extreme getrieben hat. In der neuen Zeit werden die Menschen aus dem gemeinsamen Bewußtsein der Ganzheitlichkeit heraus leben. Das charakteristische Merkmal der prophezeiten universalen Religion wird *das sich ergänzende Miteinander der verschiedenen Kulturen und Religionen sein.* Durch dieses umfassende Gottesbewußtsein werden die Menschen sich von allen atheistischen „Alles ist relativ"-Philosophien befreien ebenso wie von allen absolutistischen Religionsvorstellungen. Wenn es dann noch Weltreligionen im heutigen Sinn gibt, brauchen sie nicht mehr nach weltlicher Macht zu streben, denn sie werden sich vom Geist der Getrenntheit, der Konkurrenz und des Herrschenwollens befreit haben.

Die Spiritualität der neuen Zeit wird zu einer ganzheitlichen Form von Wissenschaft und Forschung führen, die von den geistigen Potentialen des Menschen ausgeht. Dadurch kommen bisher unbekannte oder nur geahnte Perspektiven des menschlichen Wissens zum Tragen, und zwar in allen Lebensbereichen, von der Entdeckung „alternativer" Energieformen über neue Dimensionen der Heilkunst und der Geistheilung bis hin zu gesellschaftlichen und wirtschaftlichen Umstrukturierungen mit neuen Formen des Zusammenlebens.

Die spirituelle Qualität des Lebens ermöglicht eine klare Ausrichtung des Bewußtseins und damit auch eine klare *Intention.* Wir verlieren uns nicht in einer „Alles ist eins"-Mentalität, sondern wissen genau, was wir wollen und nicht wollen. Durch diese klare Intention werden wir die Zukunft erschaffen, die das gegenwärtige Zeitalter ablösen wird. Und so dürfen wir sagen: Die Zukunft hat bereits begonnen!

KAPITEL 2

Der Mensch als physisches Lichtwesen

Reiki im Licht der theistischen Mysterienschulen

Interview mit Armin Risi – von Oliver Klatt (Teil 1)

Was ist der Unterschied zwischen Ki und Reiki? Gibt es negative Symbole? Ist Gott mehr als bloß Energie? Der Schweizer Autor und Philosoph Armin Risi gibt Antworten auf wichtige Fragen und überrascht mit einer neuen Sicht auf das Schriftzeichen „Rei".
Armin Risi ist einer der führenden Autoren zu den Themen „Westliche und östliche Spiritualität", „Neue Weltbilder" und „Die geistige Herkunft des Menschen" im deutschsprachigen Raum. Das Interview führte Oliver Klatt (Herausgeber des Reiki-Magazins) anläßlich des Erscheinens des neuen Buches von Armin Risi, „Der radikale Mittelweg".

In deinem Buch „Der radikale Mittelweg" unterscheidest du an einer Stelle (S. 225) zwischen der Energie Ki und der Energie, die u. a. Rei-Ki genannt wird. Wer nur mit Ki, den „Ätherkräften", arbeite, könne dies „auch zu eigennützigen Zwecken tun und damit magische oder anderweitig manipulative Ziele verfolgen." Der Begriff Rei-Ki umschreibe dagegen „reines, göttliches Ki". In seiner ursprünglichen Bedeutung beziehe sich dieser Begriff auf „die reine geistige Kraft, die Kraft der Geistheilung, die je nach Schule und Tradition unterschiedlich benannt wird: Christusenergie, Gnadenhilfe Gottes, göttlicher Heilstrom, inhärenter Lebensatem, psychonoetische Selbstheilungskraft, universelle Lebensenergie usw." Hast du selbst Erfahrung mit Energiearbeit? Kannst du etwas sagen zu der Bedeutung der Unterscheidung zwischen Ki und Reiki?

Das ganze Leben ist „Energiearbeit"! In diesem Sinn hat jeder Mensch Erfahrung mit der Realität des Prinzips „Energie bewegt Materie". Dieses Prinzip besagt: Wir bestimmen mit unseren Ener-

---

Dieses Interview, Teil 1, erschien im *Reiki-Magazin* 2/2010 (reiki-magazin.de).

gien, angefangen mit unserem Bewußtsein, unser Leben und unsere Lebensumstände und die Art und Weise, wie wir unsere Lebensumstände wahrnehmen und gestalten. Dadurch haben wir auch einen direkten Einfluß auf unsere Gesundheit und können, wenn wir das wollen, auch auf andere Menschen Einfluß nehmen.

Und damit sind wir beim Punkt, den du mit deiner konkreten Frage meinst. Ja, ich habe auch in diesem Sinn eine gewisse Erfahrung mit Energiearbeit, sowohl als Praktizierender als auch als Empfangender. Ich habe schon mehrfach professionelle Behandlungen bekommen, insbesondere in der Linie der Craniosacraltherapie, aber auch schon einige Reiki-Behandlungen. Selber machte ich vor drei Jahren die Grundkurse Reiki 1 und Reiki 2. Zu diesen Grundkursen entschied ich mich, weil ich einen bestimmten Heiler näher erleben wollte. Diesen hatte ich auf einer Gesundheitsmesse in der Schweiz kennengelernt, weil ich damals seit drei Wochen starke Rückenschmerzen hatte. Auf dieser Gesundheitsmesse, wo ich als Referent anwesend sein mußte, konnte ich mich kaum mehr bewegen, weshalb ich fast notfallmäßig zu diesem Heiler ging, von dem ich kurz zuvor „zufällig" zum ersten Mal gehört hatte. Er macht Becken- und Rückenbegradigung mit nachfolgender Harmonisierung durch eine Energiebehandlung, die auf Reiki beruht. Die Begradigung ließ sich an den Beinlängen „Vorher" und „Nachher" konkret nachmessen, und ich erlebte, wie meine Rückenschmerzen innerhalb einer halben Stunde fast auf Null zurückgingen. Da dieser Mann, gemeinsam mit seiner Frau, Reiki-Kurse anbot, entschied ich mich spontan, an den nächsten Kursen teilzunehmen.

So lernte ich persönlich, was mit der Methode namens Reiki gemeint ist. Es kursieren ja verschiedene Meinungen und Einschätzungen, vor allem weil heute allgemein bekannt ist, daß man bei Reiki mit geistigen Symbolen arbeitet. In evangelikalen und anderen dogmatisch-religiösen Kreisen wird vor Reiki gewarnt, weil die Reiki-Symbole negative oder sogar satanische Symbole seien!

Was würdest du sagen: Gibt es überhaupt negative Symbole oder z. B. auch negative Handgesten, wie manchmal behauptet wird?

Nein, genausowenig wie es negative Zahlen gibt, „negative" Zahlen im Sinn von „bösen Zahlen". Zahlen sind im mathematischen Sinn neutral. Es ist das Vorzeichen, das signalisiert, ob eine Zahl positiv oder negativ ist. Interessanterweise geht man davon aus, daß bei Zahlen ohne Vorzeichen *positive* Zahlen gemeint sind. Nur wenn Zahlen negativ sind, muß dies extra durch ein Negativzeichen deklariert werden. Dies ist eine treffende Analogie für alle Arten von Symbolen. Zahlen sind ja ebenfalls Symbole, genauso wie Energiesymbole, Handzeichen, usw. Es gibt also keine negativen Symbole – aber sehr wohl Symbole, die negativ belegt sind. Man spricht hier auch von Elementalen: Jeder Gedanke stellt auf der mentalen Ebene eine Energieform dar.* Wenn viele Menschen ihre Gedanken z. B. auf dasselbe Symbol richten, entstehen entsprechend stärkere oder konzentriertere Elementale. Dies geschieht auch, wenn viele Menschen ihr Bewußtsein z. B. auf Angst vor einer bestimmten angekündigten Pandemie richten.

Was nun Reiki und die Reiki-Symbole betrifft, so sehen wir, daß weltweit viele Menschen mit besten Absichten und guten Erfolgen damit arbeiten. Die Reiki-Symbole sind also bestimmt nicht „negativ“ belegt, sondern elemental stark aufgeladen und können deshalb auch verwendet werden, um Gegenstände mit der eigenen Geistenergie aufzuladen. Dies grenzt im esoterischen Sinn an „weiße Magie“ – aber letztlich sind alle Lebensvorgänge, aus höherer Sicht betrachtet, „magisch“ und nicht nur mechanisch.

Hier kommen wir zur eingangs gestellten Frage: zum Unterschied zwischen Ki und Rei-Ki. In den metaphysischen Systemen der Mysterienschulen unterscheiden wir zwischen dem grobstofflichen und dem feinstofflichen Körper als den materiellen Hüllen der ewigen Bewußtseinsseele. Der grobstoffliche Körper besteht aus den Elementen Erde, Wasser, Feuer, Luft und Äther. Der Begriff „Äther“ ist eine vielleicht mißverständliche Übersetzung für das, was im Sanskrit als Kha, im Ägyptischen als Ka und in den östlichen Sprachen als Chi oder Ki bezeichnet wird. Es ist erstaunlich und auch wieder nicht, daß dieser wichtige Begriff weltweit ähnlich oder sogar gleich ist. Auch im lateinischen Wort *caro* (Genitiv *carnis*) für „Fleisch; leibliche Stofflichkeit“ finden wir die Silbe *ka,* wobei hier nicht klar ist, ob eine etymologische Verwandtschaft vorliegt. Davon

* Siehe: *Machtwechsel auf der Erde,* Kap. 2, „Alles beginnt im Bewußtsein“.

abgeleitet haben wir das Wort Inkarnation. Und sogar in einem bekannten südamerikanischen Wort finden wir einen Anklang: In-ka. Mit diesem Wort bezeichneten sich zuerst nur die Könige selbst, um auf ihre Ermächtigung durch Gott (Inti) hinzuweisen.

Der Äther und somit die Ätherenergien werden also dem Bereich der grobstofflichen Materie zugeordnet?

Ja. Dies wird in der indischen und auch in der ägyptischen Metaphysik deutlich betont. In ägyptischen Tempeln finden sich Wanddarstellungen, die zeigen, wie der Schöpfergott Chnum mit seinem weiblichen Dual Heket gemeinsam auf einer Töpferscheibe den Körper des Menschen entstehen läßt – und auf einigen Darstellungen sehen wir, daß auf der Töpferscheibe *zwei* Körper stehen: der organische Körper (aus Erde, Wasser, Feuer und Luft) und der Ätherkörper, der Ka-Körper. Nebenbei erwähnt: Der feinstoffliche Körper wird im Ägyptischen Ba-Körper genannt. Ka und Ba finden wir auch in dem mittlerweile in weiten Kreisen bekannt gewordenen Begriff Mer-Ka-Ba, der mit dem Konzept des Lichtkörpers in Verbindung steht.

Der Ätherkörper gehört zum grobstofflichen Körper, was vergleichbar ist mit einer DVD und dem Film, den wir auf dem Bildschirm unseres Computers sehen. Wir sehen die Bilder des Films, aber wir wissen natürlich, daß nicht der Computer und erst recht nicht der Bildschirm diesen Film erzeugt. Im Beispiel mit dem Film ist das klar. Aber genau dies besagt die moderne Biologie, wenn sie behauptet, die organische Form unseres Körpers sei durch eine „Selbstorganisation der Materie" entstanden. „Selbstorganisation der Materie" – das ist das magische Zauberwort der modernen materialistischen Wissenschaft, mit dem sie alle Lebensvorgänge erklären will. Die Vertreter dieser Art von Wissenschaft glauben an eine allmächtige Selbstorganisation, was jedoch ein sehr kurzsichtiger Glaube ist, ähnlich wie wenn wir glauben würden, der Film entstehe durch das DVD-Programm des Computers. Bei diesem technischen Beispiel wissen wir natürlich, daß das Programm nur dann aktiviert wird, wenn wir eine DVD einschieben. Auf eine ähnliche Weise nimmt unser Körper nur deshalb eine bestimmte Form an, weil die organische Materie, angefangen mit der DNS, von einem nächsthöheren Informationsfeld die entsprechende Lebensinformation bekommt. Beim DVD-Programm (vergleichbar mit der DNS im Körper) ist dies die DVD, und die DVD als Informationsträger ist vergleichbar mit dem Ätherkörper (Ka-Körper).

Die mutigsten Pioniere der modernen Biologie, wie Rupert Sheldrake, erkennen, daß das Konzept der Selbstorganisation der Materie nicht ausreichend ist, und postulieren deshalb die Existenz von morphogenetischen („formschaffenden") Feldern. Diese Felder sind Informationsträger, welche die Information an die DNS des jeweiligen Körpers weitergeben, so wie die DVD die Information des Films via DVD-Programm an den Computer weitergibt. Im Beispiel des Films hört die Ursache-Wirkung-Folge jedoch nicht bei der DVD auf. Niemand würde glauben wollen, daß der Film zufällig, durch eine Selbstorganisation der DVD, entstanden ist. Ebenso erzeugt der Ka-Körper die Information, die er trägt, nicht selbst, sondern ist ein Informations*träger*. In den Ka-Körper prägen sich die Impulse aus dem feinstofflichen Körper ein, und diese Impulse wiederum sind feinstoffliche Reaktionen auf die Inputs unseres Bewußtseins.

Der Ka- oder Ki-Körper ist also das morphogenetische Feld unseres organischen Körpers, und deshalb ist es naheliegend, daß wir auf der Ebene des Ka oder Ki eine Informationsveränderung vornehmen müssen, wenn wir im Organischen etwas verändern wollen. Aber auch hier könnten wir nur mechanisch vorgehen – mechanisch in einem höheren, energetischen Sinn –, und dieses energetische Beeinflussen könnte dann schnell manipulative und „magische" Formen annehmen. Die Menschen, die auf eine solche Weise be-hand-elt werden, könnten in eine Abhängigkeit vom Behandler geraten, oder es könnten ungute Informationen übermittelt werden. Eine weitere Möglichkeit ist, daß Informationen über Distanz ins morphogenetische Feld der Zielperson gesandt werden, was ebenfalls entsprechende – gute oder weniger gute – Folgen auslösen kann. Wenn wir für jemanden beten oder jemandem lichtvolle Gedanken oder Heilenergie senden, ist dies ein Wirken über Distanz, mit dem wir nur gute, heilsame Ergebnisse anstreben. Das heißt: Wir wollen selbstlos helfen. Es gibt aber auch andere geistige Ausrichtungen, die nicht selbstlos und lichtvoll sind. Beispiele hierfür sind magische Methoden wie Voodoo und dergleichen, und die Praxis zeigt, daß auch solche Methoden wirksam sein können – obwohl der ach so moderne Mensch meint, dies sei alles nur Aberglaube.

Der Unterschied zwischen Ki und Rei-Ki ist also kein mechanischer und kein kategorischer – Ki und Rei-Ki beziehen sich auf dieselbe Ätherenergie –, sondern ein Unterschied im Bewußtsein. Mit dem Begriff Reiki soll gesagt werden, daß hier die Ätherenergie nicht durch einen ego-bezogenen Willen, sondern durch unser reines Bewußtsein bewegt wird. Im Deutschen haben wir den lustigen sprachlichen Zufall, daß im Wort *rein* derselbe Klang präsent ist wie im japanischen Wort *rei.* Reiki ist also der reine Umgang mit Ki, ohne manipulative Motive.

Du erwähntest in unserem Vorgespräch auch die bildliche Darstellung des japanischen Wortes Rei.

Ja – denn als ich in den Lehrunterlagen gesehen habe, wie die japanische Darstellung des Wortes *rei* aussieht, staunte ich. Dieses Zeichen umfaßt acht Querstriche: fünf durchgezogene und drei angedeutete. Meine Interpretation ist eine Spekulation, aber dieses Zeichen könnte – aus vedischer Sicht – nichts Geringeres darstellen als die Energiestruktur des multidimensionalen Kosmos. Gemäß den Beschreibungen in den Sanskritschriften besteht der Kosmos grundlegend aus sieben Dimensionsebenen; deshalb haben wir auch sieben Hauptchakras („wie oben, so unten"). Im Rei-Zeichen sehen wir zuunterst die Basislinie, darauf im rechten Winkel zwei kurze senkrechte Linien, die zur nächsten Querlinie führen, wobei die senkrechten Parallelen auf halber Höhe die Andeutung einer weiteren Querlinie haben. Diese drei Querebenen, die durch die zwei Parallellinien verbunden sind und eine Einheit bilden, können mit den drei Dimensionsebenen des physikalischen Kosmos gleichgesetzt werden: Bhūr, Bhuvaḥ, Svaḥ, wie sie im Sanskrit genannt werden. Wir kennen diese drei Begriffe auch aus dem Gāyatrī-Mantra: *oṁ bhūr bhuvaḥ svaḥ tad savitur vareṇyam …*

Die physikalisch-materielle Welt besteht aus metaphysischer Sicht also aus drei Ebenen, zu denen auch die Ätherwelt gehört. Dies wird – gemäß meiner vedischen Interpretation – durch den unteren Teil des Rei-Symbols dargestellt (ich habe nicht nachgeforscht, was die offizielle Erklärung für die japanische Darstellung der Silbe *rei* ist).

Mit der physikalischen Welt hört unsere Realität jedoch nicht auf, wie das Rei-Symbol deutlich zeigt. Man könnte die untere Dreier-Einheit des Physikalisch-Materiellen für die einzige Realität halten, wie dies im materialistischen Weltbild der Fall ist. Das Rei-Zeichen stellt jedoch dar, daß „über“ bzw. „jenseits“ des Organischen und Physikalisch-Materiellen eine weitere Welt existiert, und diese besteht aus vier Dimensionsebenen, die feinstofflich sind. Deshalb haben wir hier im Rei-Zeichen auch nur noch *eine* senkrechte Linie; sie zeigt, daß die Materie hier weniger verdichtet ist. Der untere Querstrich und die zwei angedeuteten Querstriche sowie der lange Querstrich oben symbolisieren die vier Ebenen der kosmisch-feinstofflichen Welten, im Sanskrit Mahar-Loka, Jano-Loka, Tapo-Loka und Brahmā-Loka genannt.

Das japanische Schriftzeichen Rei

Die „oberste“ kosmisch-feinstoffliche Welt (Brahmā-Loka) ist die erste und ursprüngliche Ebene des Universums und wird mit dem langen Querstrich dargestellt, der wie eine Grenze aussieht. In der vedischen Kosmologie wird hier auch tatsächlich von den „Schalen“ des Universums gesprochen. Aber auch diese oberste und feinste materielle Welt ist nicht das Ende der Realität. Es gibt zahllose Universen, und sie alle existieren vor dem Hintergrund oder Urgrund des unbegrenzten Ewigen, das allumfassend ist. Hier werden wir uns der lebendigen Realität Gottes bewußt, und die Verbindung alles Materiellen mit diesem ewigen, allgegenwärtigen Urgrund wird im Rei-Symbol zuoberst durch den kleinen Zusatz dargestellt, der über die lange Querlinie hinausgeht und wie ein Kopf aussieht.

Die vedische Interpretation könnte erklären, warum das Rei-Symbol nicht einfach bei der langen oberen Querlinie aufhört. Diese Querlinie symbolisiert die Dimensionswelt der höchsten kosmischen Schöpferkraft, die im Sanskrit Brahmā genannt wird. Von Brahmā geht die gesamte feinstoffliche Schöpfung aus, und aus dieser wiederum geht die grobstoffliche Schöpfung hervor. Aber auch Brahmā ist nicht unabhängig. Er existiert vor dem Urgrund des absoluten Seins und Bewußt-Seins, das wir „Gott" nennen.

Brahmā ist das ersterschaffene Lichtwesen, quasi der „Sohn Gottes", und wird im Hebräischen Atik-Yomin („Der Alte der Tage") genannt: derjenige, der existierte, bevor die sieben Schöpfungstage begannen, und der das Schöpfungswerk innerhalb der sechs Genesis-Tage vollzog („und am siebten ruhte er sich aus"). Dieser „Erste" wird in der christlichen Mystik mit dem griechischen Namen Christos bezeichnet.

Das Rei-Zeichen weist gemäß dieser vedischen Interpretation darauf hin, daß der Reiki-Praktizierende die Ki-Energie mit einem reinen Bewußtsein bewegt – mit einem Bewußtsein, das mit der Schöpferquelle verbunden ist. Der Mensch wird dadurch zu einem harmonischen, hingebungsvollen Mitschöpfer im Geist des Rei-Bewußtseins, das auch Christus-Bewußtsein genannt werden kann.

Übrigens kann das ganze Rei-Zeichen auch als stilisierter menschlicher Körper gesehen werden – was wiederum zeigt, daß der menschliche Körper nicht isoliert vom Kosmos entstanden ist und daß seine Form nicht zufällig so ist, wie sie ist. Der menschliche Körper ist ein Abbild des multidimensionalen Kosmos!

Das führt mich zur nächsten Frage: Als Reiki-Praktizierende machen wir bei der Anwendung universeller Lebensenergie jedes Mal eine besondere energetische Erfahrung. Viele empfinden dabei die während des Handauflegens präsente, durch sie wirkende Energie als göttlich. So haben Reiki-Praktizierende, die sich auf Gott beziehen, häufig ein Gottesbild, das in erster Linie energetisch geprägt ist. Sie sehen Gott oft als „abstrakte Totalität von Energie", einhergehend mit der in esoterischen Kreisen weit verbreiteten Sicht „Alles ist eins". Dies kann, wie du darlegst, schnell zu der Sichtweise führen, daß Gott lediglich eine „abstrakte Energieeinheit ohne Bewußtsein und Wille" sei – was aus deiner Sicht zu einer problematischen Einseitigkeit führen kann, weil dabei ein anderer, wichtiger Aspekt Gottes ausgeblendet werde: nämlich der von Gott als Individuum. Kannst du mehr zu diesen beiden Aspekten Gottes sagen: „Gott als Energie" und „Gott als Individuum"? Und: Wo liegt aus deiner Sicht der Trugschluß in der Überzeugung, Gott sei lediglich eine „abstrakte Totalität von Energie"?

Wir leben hier in der physisch-materiellen Welt und dies auch noch zu einer Zeit, in der die materielle Verdichtung sehr stark ist. Deshalb ist es heilsam und horizonterweiternd, wenn die Menschen, z. B. über Reiki, lernen und erleben, daß Materie von Energie bewegt und geformt wird. Das Erkennen der Realität der morphogenetischen Felder ist ein wichtiger Schritt, doch ohne höheres Wissen bleiben die sogenannten morphogenetischen Felder für uns ein Mysterium – oder eine „pseudowissenschaftliche Spekulation", wie Vertreter des materialistischen Weltbildes fälschlicherweise kritisieren. Auch Rupert Sheldrake kann nicht erklären, *was* diese Felder sind. Aber er kann gute Indizien vorbringen, die zeigen, daß viele – eigentlich alle! – Lebensvorgänge nicht allein mit der vorhandenen DNS-Information erklärt werden können, vor allem nicht die DNS-Information selbst.

Wenn Menschen diese Energieerfahrungen machen, besteht eine Gefahr darin, daß sie hinterher diese Erfahrung intellektuell erklären wollen und dabei meinen, sie hätten „Gott" erfahren. Das stimmt in einem gewissen Sinn auch, aber wir sollten Gott nicht auf diese Energie beschränken. Theologisch gesprochen: Wir sollten Gott nicht auf die Immanenz beschränken. Denn eine ganzheitlich-mystische – ich nenne sie „theistische" – Gotteserfahrung sieht und erlebt drei Aspekte Gottes: die Allpräsenz, die Immanenz und die Transzendenz, im Sanskrit „Brahman", „Paramātmā" und „Bhagavān" genannt.

Wenn wir Gott nur als Energie sehen, gehen wir von einem Gott aus, der kein Bewußtsein und keinen Willen hat – und daher auch keine Liebe und keine Gnade. Energie allein hat kein Bewußtsein. Wenn Gott nur Energie wäre, wäre Gott ohne Bewußtsein, ohne Liebe und ohne Gnade. Gewisse atheistische und deistische Manipulatoren in den oberen Bereichen der Machtpyramide glauben genau dies und meinen, Erleuchtung bedeute zu erkennen, daß Realität „in Wirklichkeit" gnadenlos, lieblos und sinnlos sei. Was die Machteliten, die an solche Weltbilder glauben, in der Welt der Menschen bewirken, zeigt die Religions- und die Weltgeschichte der letzten paar Jahrtausende.

Gott sollte also nicht nur als Energie gesehen werden, und unsere Intuition sagt uns auch, daß das Konzept einer sinn-, gnaden-

und lieblosen Realität nicht stimmen kann. Gerade Menschen, die heilberuflich tätig sind, spüren und erleben täglich, daß Energie nie nur abstrakt ist. Energie ist lebendig und ist keine isolierte Realität, sondern ist Ausdruck von Bewußtsein – so wie Licht ein inhärenter Aspekt von Feuer ist.

Um es philosophisch auszudrücken: Die Totalität von Energie ist die reine Potentialität. Dies führt zum Konzept der *Nondualität,* im Sanskrit Advaita genannt. Nondualität bezieht sich auf die Lebensrealität jenseits aller Dualität, aber diese nonduale Lebensrealität ist nicht einfach abstrakt-potentiell und „leer". Sie *ist* „leer", aber nur aus unserem Blickwinkel der Materie. Dies ist ähnlich, wie wenn wir in Dunkelheit leben und nichts anderes als diese Dunkelheit kennen und dann zu ahnen beginnen, daß es noch etwas anderes als Dunkelheit geben muß, nämlich Licht. Ein möglicher Gedanke auf dieser Erkenntnisstufe besagt: „Licht ist leer, denn im Licht gibt es keine Dunkelheit." Das stimmt zwar, sagt aber noch nichts über die Welt des Lichts aus. Und man hat selber noch nicht viel von dieser Welt des Lichts erlebt – sonst wäre die Tatsache, daß Licht frei von Dunkelheit ist, eine selbst-verständliche Realität, die nicht besonders hervorgehoben zu werden braucht, weil die Lichtrealität viel mehr umfaßt als einfach Abwesenheit von Dunkelheit (sanskr. *nirvāṇa*).

Das Erkennen, daß jenseits aller Dualität eine andere Realität, die Nondualität, zu finden ist, ist von grundlegender Wichtigkeit. Diese Bewußtseinserweiterung führt zu einer inneren Neutralität, die manchmal etwas mißverständlich als die Bewußtseinshaltung des „Nicht-Urteilens" bezeichnet wird. (Das Mißverständnis hierbei ist, daß man meinen könnte, Nicht-Urteilen bedeute, daß man nicht unterscheiden solle, z. B. nicht zwischen Gut und Böse.)

Die Nondualität (Einheit) ist eine Realität, aber wir sollten die Realität nicht auf dieses Konzept von Einheit beschränken. Denn Gott ist mehr als nur Einheit. Gott ist GANZHEIT, und diese Ganzheit umfaßt immer und ewiglich sowohl die Einheit als auch die Vielheit, sowohl Energie als auch Bewußtsein. In bezug auf die Nondualität bedeutet dies, daß die göttliche Realität nicht nur die Nondualität umfaßt, sondern auch die *Individualität.*

(Ende von Teil 1)

KAPITEL 3

Der Mensch als physisches Lichtwesen

Von der Einheit zur Ganzheit – und zur Gesundheit!

Im zweiten Teil des Interviews mit Armin Risi geht es u. a. um Antworten auf die Fragen, warum Liebe ohne Individualität nicht möglich ist, warum Gott nicht „gut" (aber auch nicht „böse") ist und warum wir niemals von der göttlichen Quelle getrennt sind. Das Interview führte Oliver Klatt anläßlich des Erscheinens des neuen Buches von Armin Risi, „Der radikale Mittelweg".

Der erste Teil des Interviews endete mit der Frage, warum es wichtig ist, unsere Lebensrealität nicht einfach nur als „Energie" zu sehen. Armin Risi betonte, daß Gott nicht nur Energie, sondern auch Bewußtsein ist. Im zweiten Teil geht es zunächst um die Fragen „Was ist Individualität?" und „Wie kann Gott personenhaft sein, ohne daß wir ihn dabei auf menschlich-personenhafte Züge reduzieren?".

Wenn man Gott auch als Individuum betrachtet, so muß dabei – für ein besseres Verständnis dieser Sichtweise – die ursprüngliche Bedeutung des Wortes „individuell" berücksichtigt werden. Kannst du diese kurz erläutern?

Nondualität und Individualität haben die gleiche Bedeutung, sind aber nicht Synonyme, denn die beiden Begriffe bezeichnen zwei unterschiedliche Aspekte der Realität, die nicht getrennt werden können. Moderne Advaita-Lehrer und -Lehrerinnen in Satsang-Kreisen kennen diese Differenzierung oftmals nicht und meinen, das Konzept der Nondualität führe zwingend zu einem Monismus – was keineswegs der Fall sein muß. Hier scheiden sich übrigens die Wege der atheistischen Esoterik von der theistischen Esoterik.

„Individualität" bedeutet die Eigenschaft, „Individuum" zu sein, und *individuum* bedeutet wörtlich: „unteilbare Seinseinheit", von

---

Dieses Interview, Teil 2, erschien im *Reiki-Magazin* 3/2010 (reiki-magazin.de).

lat. *dividere,* „teilen“, mit der verneinenden Vorsilbe *in.* Nondualität und Individualität sind Aspekte der Ganzheit und beziehen sich deshalb sowohl auf das Relative als auch auf das Absolute. Das Absolute (Gott) ist im wörtlichen Sinn *Individuum:* unteilbares, ewiges Sein und Bewußt-Sein, weshalb auch wir als relative Wesen *individuell* sind: ewige Seinseinheiten mit Bewußtsein und freiem Willen.

Auf diese wichtige Realität weisen auch die abrahamitischen Religionen hin, wenn sie betonen, Gott sei personenhaft und sei nicht nur ein energetisch-immanentes Prinzip. Damit haben sie natürlich recht, aber das Wort „Person“ ist mißverständlich und führt schnell zu Gottesbildern, die menschengemacht sind und Projektionen des eigenen Egos darstellen, insbesondere wenn Religionsanhänger meinen, *ihr* Gott sei der einzig wahre Gott. Diese Gott-Person wird dann mit menschlichen Zügen dargestellt: er ist zornig, strafend und parteiisch und liebt nur diejenigen, die einer ganz bestimmten Religionsform folgen und ganz bestimmte Dogmen glauben. Alle anderen wirft diese „höchste Person“ nach einem einzigen Erdenleben in die ewige Hölle. – Das hat nichts mit dem wahren Absoluten zu tun. Der „individuelle“ Gott ist nicht der strafende Gott der monotheistischen Religionsauffassungen und ist auch nicht der unbekannte oder abwesende Gott der Gnosis, sondern ist der *lebendige Gott,* wie dies im Kern aller Religionen und Mysterientraditionen gelehrt wird. Und die Realität des lebendigen Gottes ist erlebbar, zum Beispiel im lebendigen, intelligenten Wirken der Heilenergie.

In deinem Buch „Der radikale Mittelweg“ definierst du Liebe u. a. als „Bewußtsein unseres Verbundenseins mit Gott“. Gewissermaßen als Vorbedingung dafür, überhaupt Liebe erfahren zu können, sei es nötig, so führst du an anderer Stelle aus, Individuum zu sein: „Ohne Individualität wäre Liebe nicht möglich. Liebe bedeutet, als Individuen im Bewußtsein eins zu sein. Liebe ist die Einheit der Zweiheit.“[2] Kann man also sagen, daß es so gesehen auch für Gott unabdingbar ist, Individuum zu sein: damit seine/ihre bedingungslose Liebe von ihm/ihr ausgehen und uns als Menschen überhaupt erreichen kann? Und: Wie können wir als Menschen gleichzeitig eins mit Gott und individuell sein?

Wir sprechen hier von Realitäten, die nur schwer in Worte zu fassen sind. Worte sind immer begrenzt, aber sie weisen auf lebendige Realitäten hin. Wenn ich sage: „Ich bin verliebt", so sind das einfach drei Wörter, aber sie weisen auf eine Realität hin, die nie mit Wörtern festgehalten werden kann. Dennoch sind Wörter Informationsträger. Die Frage ist nur, inwieweit wir diese Information wahrnehmen, verstehen und mit dem eigenen Erfahrungsschatz nachempfinden können. Dies gilt auch für das Wort „individuell" in seiner theistisch-spirituellen Bedeutung. Wenn Gott „individuell" (unteilbar) ist, wie können wir dann Teile Gottes sein? Wie kann das Unteilbare Teile haben? Eine philosophische Antwort hierauf ist: weil wir – Gott und ich – individuell sind! Die Ganzheit ist *ganz* im absoluten Sinn des Wortes. Das Ganze ist allumfassend und umfaßt auch uns als Teile, was aber nicht bedeutet, daß wir deswegen als Teile vom Ganzen getrennt wären. Nein, gerade *weil* wir individuell sind, sind wir nicht getrennt. Die Frage ist nur, inwieweit wir uns dieser Realität bewußt sind. Bewußtsein ist der Faktor, der entscheidet, welche Realität wir wahrnehmen: die wirkliche Realität der göttlichen Einheit oder eine Scheinrealität von Getrenntheit. Letzteres wäre Illusion und ist das, was im Sanskrit als *māyā* bezeichnet wird.

Denn in Wirklichkeit sind wir nie getrennt vom Ganzen, nie getrennt von der Quelle, nie getrennt vom lebendigen Gott. Aber diese Wirklichkeit ist für uns nur dann als Wirklichkeit wahrnehmbar und erlebbar, wenn wir in einem entsprechenden göttlichen Bewußtsein leben – und dieses Bewußtsein ist die Liebe, die Einheit der Zweiheit, die Einheit in Individualität.

Erst wenn wir diese Wirklichkeit wahrnehmen, erkennen wir Liebe als höchste Realität, als Grundeigenschaft des Absoluten. In den monistischen, deistischen und materialistischen und auch in den dogmatisch-religiösen (*mono*theistischen) Denksystemen ist Liebe *nicht* die höchste Realität. Und wie ich bereits sagte: Die Welt- und Religionsgeschichte hat dies in vielfachen und zum Teil extremen Formen gezeigt.

Wenn du nun fragst, ob es für Gott unabdingbar sei, Individuum zu sein, um Liebe erfahren zu können, so ist dies eine Formulierung aus einer Sichtweise menschlicher Logik. Gott „muß" nicht Individuum sein, um Liebe sein zu können. Lass uns diese Logik anders ausformulieren: Weil Gott ewiglich absolutes Sein und Bewußt-Sein ist, ist Liebe die natürliche Grundeigenschaft aller Wirklichkeit. Liebe ist das bewußte Einssein der Teile und des Ganzen, wobei das Ganze nie getrennt von den Teilen und die Teile nie getrennt vom Ganzen sind, obwohl das Ganze mehr ist als die Summe aller Teile. Dies übersteigt natürlich das Fassungsvermögen unseres begrenzten Verstands. Aber wir müssen dies auch nicht ver-stehen und be-greifen, sondern er*leben!* „Liebe das Leben, das Leben ist Gott", sagte deshalb der große Geistheiler Bruno Gröning.

In deinen Büchern unterscheidest du zwischen „Gottes Willen" und „Gottes Gesetzen", zu denen z. B. das Gesetz von Ursache und Wirkung gehört. Sehe man Gott lediglich als Energie, so führe dies unweigerlich dazu, „Gottes Willen" mit „Gottes Gesetzen" gleichzusetzen. Dies aber sei ein Trugschluß, denn „Gottes Gesetze, die die materielle Energie lenken […] wirken ‚erbarmungslos' neutral. Gottes Wille hingegen ist ganz anders. Gott als das eine absolute Individuum will nur **eines*****, nämlich die Einheit der reinen, bewußten Liebe. Denn Gott*** **ist** ***Liebe. Gott will nicht, daß wir in Trennung und Ego-Blindheit (‚Dunkelheit') ein lichtloses Dasein fristen und durch die Kettenreaktionen seiner Gesetze gebunden werden."[3] Um Gottes Willen erkennen zu können und nicht dem Trugschluß zu unterliegen, Gott sei „erbarmungslos" bzw. Gottes Gesetze seien „teilnahmslos" wirksam, bedarf es also der Sichtweise von „Gott als Individuum"?***

Die Unterscheidung zwischen Gottes Willen und Gottes Gesetzen ist essentiell. Dafür müssen wir aber zuerst erkennen, daß Gott einen Willen hat! Auch hier zeigt sich, daß unser Gottesverständnis erst dann ganzheitlich ist, wenn wir auch den Aspekt der Individualität erkennen. Denn die Nondualität hat keinen Willen. Auch Energie allein hat keinen Willen. Aber der lebendige, „individuelle" Gott hat Willen und deshalb auch Liebe. „Gott ist Liebe", „Gott ist Leben", „Dein Wille geschehe" – das alles sind Formulierungen einer höchsten Essenz, aber wir erkennen dies in unserem Leben erst dann als Realität, wenn wir auch den Aspekt der Individualität Gottes wahrnehmen, das heißt, wenn wir neben der Allpräsenz und Immanenz Gottes auch die Transzendenz Gottes in unser Bewußtsein integriert haben. Erst dann macht auch der heute so zur Mode gewordene Begriff „integral“ Sinn.

Ohne dieses Bewußtsein werden religiös und esoterisch denkende Menschen Halbwahrheiten verfallen, z. B. einer Gleichsetzung von Gottes Willen und Gottes Gesetzen. Dies führt zu Prädestinationslehren oder zu esoterisch-fatalistischen Floskeln wie: „Alles ist eine notwendige Erfahrung“; „alles, was dir zustößt, hast du selber verursacht“; „wenn Menschen in Sklaverei, in Ausbeutung oder in Konzentrationslager geraten, ist dies die Realität, die sie sich selbst geschaffen haben“.

Nein – all diese Dinge sind nicht Gottes Wille. Gott und Gottes Wille ist Liebe. Diese Dinge geschehen nicht entsprechend Gottes Willen, sondern entsprechend Gottes Gesetzen, und das erste Gesetz ist der freie Wille. Wir haben die freie Wahl, ob wir in Harmonie mit Gottes Willen, mit der Liebe, leben wollen oder nicht. Alles Böse geschieht, weil gewisse Wesen und Personen *nicht* gemäß Gottes Willen handeln, und dafür sind *sie* verantwortlich und nicht ihre Opfer. Der hier erwähnte Trugschluß ist verhängnisvoller und weiter verbreitet, als die meisten Menschen ahnen …

Wenn Gott gut ist, warum gibt es das Böse? Dies ist eine Frage, die sich viele Menschen stellen. Was besagt deine vorherige Antwort zu dieser zentralen Frage?

Wenn Gott gut ist, warum gibt es das Böse? Die radikale Antwort lautet: Weil Gott nicht gut ist!! Das bedeutet aber nicht etwa, daß Gott böse ist. Gott ist *absolut* und sollte deshalb nicht mit Begriffen der Relativität begrenzt werden. Klar, ich verstehe, was diese Frage impliziert. Wir spüren, daß Gott, wenn es ihn gibt, absolut gut sein müßte. Aber „gut“ ist ein relativer Begriff, und wir sollten Relatives nicht verabsolutieren. Gott ist nicht einfach nur gut. Gott ist Liebe! Und das ist mehr als „nur“ gut …

Die Frage: „Wenn Gott gut ist, warum gibt es das Böse?“ geht unausgesprochen von der These aus: Wenn es Gott gibt, dürfte es nichts Böses geben. Aber dann dürfte es auch nichts Gutes geben! Es gibt aber Gutes und Böses in unserer Welt der Dualität, weil wir *individuell* sind. Weil Bewußtsein das absolute Grundprinzip aller Realität ist, haben wir einen freien Willen. Denn Freiwilligkeit ist die wunderschöne Eigenschaft von Liebe. Die Menschen können alles erzwingen, nur LIEBE können sie nicht erzwingen – und deshalb auch den Frieden nicht. Die Ideologie, mit Krieg Frieden herstellen zu können, ist deshalb zutiefst widernatürlich und widerspricht einem Grundprinzip der Schöpfung.

Abschließend möchte ich dir noch eine Frage zum Thema Heilung stellen. In einem deiner Vorträge, die auf DVD erhältlich sind, sagst du sinngemäß: Die größten Heilerfolge rühren daher, daß Menschen sich auf ihre eigenen Heilkräfte einstellen, diese aktivieren und sich von innen her auf den Heilstrom einlassen, sich dabei voll auf die göttliche Kraft verlassen. Und du erwähnst die vielen bekannten Spontan- bzw. Wunderheilungen als Beweis dafür, daß Materie letztlich geistigen und nicht mechanischen Gesetzen folge. Wie stark ist die reine geistige Kraft? Wie groß ist ihr Potenzial? Gibt es Grenzen für sie? Was können wir durch sie – oder: sie durch uns – erwirken?

Die *reine* geistige Kraft? Wie stark sie ist? Sie ist allmächtig, denn alles entsteht aus der reinen geistigen Kraft – vielleicht nicht aus *unserer* geistigen Kraft, aber aus der geistigen Kraft der reinen Lichtwesen: Brahmā / Christus und alle anderen Schöpferwesen. Und in Wirklichkeit sind auch wir solche Schöpferwesen mit entsprechenden Kräften, die auch heute in uns potentiell vorhanden sind. Deshalb ist es von solch großer Not-wendigkeit, daß die Menschen erkennen, wer sie sind. Wir sind nicht Tiere und sind nicht – auch biologisch nicht – über eine angebliche Evolution bestimmter affenähnlicher Tiere entstanden. Der Mensch entstand, indem Lichtwesen über ihre geistige Kraft ihren Lichtkörper in ihrer Frequenz verlangsamten und auf die Ebene der organischen Materie „hinab" verdichteten. Dies nenne ich das Schöpfungsprinzip der Involution. Involution beruht auf der geistigen Kraft der Materialisation.

Viele Wunderheilungen, so genannte Spontanheilungen, beinhalten den Aspekt der Materialisation. Wenn ein Gelähmter plötzlich aufstehen oder ein Blinder plötzlich sehen kann, hat sich auch auf der organischen Ebene etwas verändert.

Für die geistige Kraft des Menschen gibt es natürlich Grenzen, nämlich die Grenzen, die er sich selber setzt. Die größten Grenzen, die der Mensch sich setzen kann, sind die Grenzen des materialistischen Glaubens. Wer glaubt, er sei biologisch gesehen ein Tier und sei ein Abkömmling von Tieren, glaubt etwas Unwahres und verkennt die göttliche Natur des Lebens – seines eigenen Lebens und des Lebens der Tiere und der Pflanzen – und verkennt deshalb auch die Göttlichkeit in allen anderen Menschen.

Wenn wir jedoch an die Kraft Gottes glauben, ist dies ein unbegrenzter Glaube, weshalb Dinge geschehen können, die wir als Wunder bezeichnen. Und wir erkennen auch im kleinsten Pflänzchen und Tierchen ein göttliches Wunder – und dieses Bewußtsein wird unseren Glauben stärken und erweitern, so daß auch neue Wunder geschehen können. Dies zeigt sich in jeder physischen Heilung und natürlich erst recht in plötzlichen Heilungen, den Wunderheilungen. Und solche Wunderheilungen sind nicht nur bei einzelnen Menschen, sondern auch im Kollektiv möglich. So wie einzelne Menschen durch eine Wunderheilung plötzlich sehend wurden oder sich aus dem Rollstuhl erheben konnten, so kann auch die Menschheit als gesamtes wieder sehend werden und sich aus dem kollektiven Rollstuhl erheben – wenn ein Wunder geschieht. Und ich glaube an dieses Wunder! Ich glaube deshalb an den baldigen Quantensprung im Bewußtsein der Menschheit, und ich glaube an das Gute im Menschen und an die Kraft der Liebe, und damit bin ich Gott sei Dank nicht allein!

Ja, „Gott sei Dank" sind wir mit dieser Überzeugung nicht allein. Armin, ich danke dir für das Interview!

KAPITEL 4

Licht wirft keinen Schatten

Wie unterscheidet man atheistische und theistische Weltbilder?

„Licht wirft keinen Schatten", so lautet der Titel von Armin Risis neuestem Buch, das er ein „spirituell-philosophisches Handbuch" nennt. Der folgende Artikel, der einige der zentralen Inhalte dieses Buches zusammenfaßt, stützt sich auf Armin Risis Vortrag vom 6. März 2005 im Kongreßhaus Zürich, gehalten im Rahmen der „Lebenskraft – Messe für Bewußtsein, Gesundheit und Lebenshilfe".

Licht, Liebe und Friede sind Wörter, die heute verwendet werden, um alles Mögliche zu rechtfertigen. Sogar Kriegsherren und Terroristen meinen, sie seien im „Licht" und „erleuchtet". Wie lassen sich Licht und Schatten philosophisch definieren? Was ist Theismus, was Atheismus? Was ist Monotheismus? Was ist der Unterschied zwischen theistischer und atheistischer Esoterik? Warum soll man nicht „urteilen"? Wie kann man unterscheiden, ohne zu urteilen?

Die Suche nach Realität

Jeder Mensch möchte für etwas leben, was sinnvoll und realistisch ist. Denn wer möchte schon sein Leben – seine Energie, seine Interessen, seine Zeit, sein Geld – in eine Illusion, in einen Leerlauf oder in ein Luftschloß investieren? Wer möchte einem falschen Propheten, einer verderblichen Ideologie oder einem unbefriedigenden

---

Dieser Artikel, dem ein aufgezeichneter Vortrag zugrunde liegt, erschien in einer gekürzten Form im Magazin *Tattva-Viveka* Nr. 25 (Juni 2005; tattva-viveka.de), Rubrik „Theologie". In ihm werden einige Punkte aus dem Artikel „Diesseits von Gut und Böse" (enthalten im Buch *Ganzheitliche Spiritualität*) aufgegriffen und weiterführend vertieft. Teile dieses Artikels verwendete ich als Grundlage von Kap. 13 im Buch *Der radikale Mittelweg*.

Lebensziel nachlaufen? Deswegen muß jeder Mensch für sich entscheiden: „Was ist für mich Wahrheit? Was ist für mich Realität?“ Und dies sind immer auch philosophische Fragen, d.h. Fragen des persönlichen Weltbilds und der persönlichen Überzeugungen.

Aber was ist „Philosophie“? Eine mögliche Definition lautet: *Philosophie ist die Suche nach einer Definition von Realität.* Entsprechend unserem Standpunkt in der Frage der Definition von Realität sehen wir die Welt aus einer ganz bestimmten Perspektive. Wenn man sich die Frage nach der Realität nicht bewußt stellt, folgt man dennoch einer bestimmten Sicht von Realität, dann einfach der allgemein vorherrschenden. Für viele Menschen ist der Alltag die „Realität“: die Erfordernisse des Geldverdienens, die täglichen Pflichten, der Wunsch nach Freizeit und Erholung. Wenn man philosophisch nachfragt, bekommt man meistens Antworten wie „Realität ist das, was ich sehe und wahrnehme“ oder „das, was ich fühle“ oder „das, was ich verstandesmäßig erkennen kann“.

Die Symbolik von Licht und Schatten

In unserer Erfahrungswelt sind Licht und Schatten perfekte Symbole, die uns helfen können zu verstehen, was Realität ist. Licht hat ein eigenes, von den Schatten unabhängiges Dasein und symbolisiert die (absolute) *Realität,* Schatten die *Relativität.* Licht symbolisiert demnach das Spirituelle, die Einheit, Schatten das Relative, das Materielle, die Zweiheit. Auf dieser ersten Ebene der Symbolik geht es nur um die Unterscheidung von absolut und relativ, spirituell und materiell, d.h. die Polarität (siehe S. 137f.), und nicht um die Dualität von Gut und Böse. Für diese zweite Ebene der Symbolik verwende ich statt „Schatten“ das Bild der „Dunkelheit“. Oftmals haben beide Begriffe aber dieselbe symbolische Bedeutung.

Laut vielen alten Mysterientraditionen und Offenbarungslinien leben wir heute in einem „Zeitalter der Dunkelheit“. Die indischen Quellen sprechen von „Kali-Yuga“, einem Zeitalter *(yuga)* der Spaltung. Das Sanskritwort *kali* kommt vom Verb *kal,* das „trennen; (in feindliche Lager) aufspalten“ und auch „verfolgen“ bedeutet. Dieser Begriff sollte nicht mit dem Namen der bekannten indischen Göttin Kālī verwechselt werden, denn dieser Name ist abgeleitet vom Sanskritwort *kāla,* „Zeit". Kālī ist die Personifikation der Zeit, Kali ist die Personifikation der trennenden und spaltenden Kraft. Für letzteres kennen wir in unseren westlichen Sprachen ein vielsagendes Wort, das genau dasselbe bedeutet, nämlich „diabolisch". Dieses Wort stammt aus dem Griechischen und setzt sich zusammen aus *dia-,* „auseinander, gegeneinander, gegenüberstehend", und *ballein,* „werfen". Das Diabolische ist das, was die Menschen auseinandertreibt und zu Feinden macht und ist in diesem Sinn ein Synonym für Kali. Demzufolge leben wir also in einem Zeitalter, in dem das Diabolische vorherrscht.

Ein Blick in die heutige Welt zeigt, daß es nicht falsch ist, wenn die alten Quellen unsere Zeit als ein „Zeitalter der Dunkelheit" bezeichnen. Wir sind gewarnt, daß das, was heute vorherrschend ist und am lautesten propagiert wird, aus dem Bereich der Dunkelheit stammen könnte: im Bereich der Wirtschaft und Finanzpolitik, der Politik und Geheimpolitik, der Wissenschaft und Medizin, aber auch in den Religionen und in der Esoterik. Das heißt nicht, daß *alles* Vorherrschende von dunklen Mächten inspiriert ist. Wo Schatten ist, da ist auch Licht. Wir müssen unterscheiden.

Aus philosophischer Sicht betrachtet, haben die im Zeitalter der Dunkelheit vorherrschenden Ideologien und Lehrmeinungen alle ein gemeinsames Charakteristikum, nämlich: *Sie wollen „Licht" (Realität) von der „Dunkelheit" (Relativität) her definieren.* Dies ist jedoch nie möglich, denn Licht ist nicht einfach gleich Schatten, Licht ist auch nicht die Summe aller Schatten und nicht einfach das Gegenteil von Schatten und auch nicht die Abwesenheit von Schatten.

Materialismus

Eine erste Variante, wie man Licht von der Dunkelheit her definieren kann, lautet: Licht = Dunkelheit. In dieser symbolischen Ausformulierung ist es klar, daß hier etwas nicht stimmt. Wir wissen: Licht ist nicht dasselbe wie Dunkelheit. Dennoch ist genau dies die Aussage des heute in der Wissenschaft vorherrschenden Weltbildes, des Materialismus. Dieses Weltbild besagt, Materie sei die einzige Realität: „Alles ist Materie; es gibt nur Materie." Die entsprechenden Theorien über den Ursprung des Universums und über die Entstehung des Menschen besagen demgemäß: „Es gibt nur das materiell Wahrnehmbare. Alles, was im gesamten Universum existiert, auch Leben und Bewußtsein, läßt sich auf die Materie zurückführen. Am Anfang war die Materie, dann entstanden Galaxien und Sonnen mit ihren Planeten, wie z. B. unser Sonnensystem. Als sich auf der Erde die glühende Kruste abkühlte, entstanden im Lauf der Jahrmillionen aus der anorganischen Urmaterie zufällig erste organische Bausteine. Als sich diese Bausteine zusammenfügten und eine genügende Komplexität aufwiesen, entstanden die ersten Lebewesen. Aus Fischen entstanden Amphibien, aus Amphibien Reptilien und aus Reptilien Säugetiere – alles durch eine Akkumulation zufälliger kleiner, nützlicher Genmutationen. So entwickelten sich auch die Primaten und aus ihnen die ersten hominiden Urformen. Als diese affenähnlichen Wesen im Lauf der Zeit ein genügend großes Gehirn entwickelten, produzierte ihr Gehirn plötzlich das Epiphänomen (Nebenprodukt) genannt ‚Bewußtsein'. Das heißt, an einem bestimmten Punkt erlangte das Gehirn des Urmenschen eine Komplexität, die eine Selbstwahrnehmung ermöglichte."

Was hier so modern und wissenschaftlich klingt, ist nichts anderes als eine Theorie auf der Grundlage des Materialismus. Heute wird zwar vielerorts verkündet, die Evolutionstheorie sei „wissenschaftlich", doch in Wirklichkeit ist sie nicht wissenschaftlich, sie ist *materialistisch* – und das ist nicht dasselbe. Gemäß den Glaubenssätzen des Materialismus ist Bewußtsein ein Produkt des Gehirns: Als der tierhafte Urmensch ein Gehirn entwickelte, das genügend komplex war, begann er plötzlich zu denken – und kam sogleich auf dumme Gedanken, angefangen mit dem Gedanken, er sei kein Tier! Und noch „schlimmer": dieses Tier meinte, es habe einen freien Willen! (Gemäß der materialistischen Neuropsychologie hat der Mensch keinen wirklich freien Willen.)

Wer glaubt heute nicht, daß der Mensch vor zwei Millionen Jahren primitiv und tierisch gewesen ist und daß dieses urmenschliche Säugetier aus einer Linie von Primaten hervorgegangen ist? Dieses vermeintlich wissenschaftliche Weltbild ist ein Glaubenssystem, und zwar ein *völlig unbewiesenes.* Niemand hat je gesehen, wie aus einem Amphibium ein Reptil entsteht oder aus einem Reptil ein Säugetier. Ja es gibt nicht einmal ein theoretisches Modell, das diesen Vorgang mit allen Zwischenstufen nachzeichnen könnte. Die Vorstellung, daß sich eine Linie von Reptilien allmählich zu Säugetieren entwickelte, ist geradezu lachhaft, wenn man sich diese Wesen vorzustellen versucht: 90 % Reptil, 10 % Säugetier; 80 % Reptil, 20 % Säugetier, usw. Oder ist aus einem Reptil-Ei plötzlich eine fixfertige, lebensfähige Maus ausgeschlüpft? Selbst wenn ein solch unmögliches Ereignis stattgefunden hätte, wäre dieses arme Geschöpf partnerlos gestorben – und ausgestorben!

Von Reduktionismus und Atomismus zum Holismus

Materialismus kann verschiedene Formen annehmen. Der klassische Materialismus ist ein *Reduktionismus,* das heißt, man versucht, etwas zu verstehen, indem man es in seine Teile zerlegt; man reduziert eine komplexe Gegebenheit, wie die Natur oder einen Organismus, auf seine Bestandteile, um auf dieser Grundlage zu erkennen, wie die einzelnen Teile zusammen funktionieren und das höhere Ganze bilden. Das Weltbild, das lehrt, alles Existierende sei letztlich nichts anderes als eine Kombination von Atomen, wird *Atomismus* genannt.

Zu Beginn des 20. Jahrhunderts entstand eine Strömung von Wissenschaftlern, die den Materialismus nicht einfach als Reduktionismus und Atomismus verstehen wollten. Sie betonten, daß das Ganze – die Einheit – nicht einfach auf die Funktion seiner Teile reduziert werden kann. Das Ganze ist mehr als die Summe seiner Teile. Ein Wald ist mehr als nur das Nebeneinander verschiedener Pflanzen und Tiere, ein Wald bildet in sich einen eigenen Organismus, so wie auch der Planet Erde ein ökologischer Organismus ist. Dieser Materialismus oder Naturalismus, der vom Ganzen und nicht von den Teilen ausgeht, wird als *Holismus* bezeichnet, abgeleitet vom griechischen Wort *hólos,* „ganz, gesamt, umfassend". Geprägt wurde dieses Wort 1926 vom Biologen Jan Smuts und wurde auch bald von Vertretern der Quantenphysik aufgegriffen. Im Holismus wird die materielle Erscheinungswelt als Ausdruck einer der Materie innewohnenden Gesetzmäßigkeit und Harmonie gesehen. In der Symbolik von Licht und Schatten besagt der Holismus: „Licht ist nicht einfach gleich Dunkelheit. Licht ist die Gesamtheit aller Dunkelheit in allen Schattierungen." Realität ist hier die universale und allumfassende Totalität der Materie, wobei die ihr innewohnende Gesetzmäßigkeit und Selbstorganisation ein Ganzes hervorbringt, das mehr ist als die Summe seiner Teile.

„Holistisch" ist heute zu einem beliebten Allerweltswort geworden, ähnlich wie sein deutsches Synonym, „ganzheitlich". Aus theistischer Sicht ist der materialistisch-wissenschaftliche Holismus nicht holistisch (ganzheitlich), denn er beschränkt die Realität immer noch auf die Materie und schließt eine immaterielle, „übernatürliche" Realität aus oder zieht sie nicht mit in Betracht. Moderne Interpretationen der Quantenphysik können deshalb trotz ihres holistischen Ansatzes immer noch atheistisch sein.

Eine holistische Sichtweise der Quantenphysik und der Ökologie – „Gaia-Prinzip", „What the Bleep Do We (K)now?" usw. – erweitert jedoch den Horizont und kann die Menschen für die im theistischen Sinn ganzheitlichen Zusammenhänge sensibilisieren.

Deismus: „Das Universum ist Gott"

Auf der Treppe der Erkenntnis ist der Holismus eine Stufe, von der man, wie bei allen Stufen, in eine gottzugewandte oder gottabgewandte Richtung gehen kann. Die gottzugewandte Form des Holismus ist der *Pantheismus,* die gottabgewandte Form der *Deismus.* Diese Begriffe werden hier für die philosophische Unterscheidung verwendet. Das bedeutet jedoch nicht, daß jeder, der sagt, er folge dem Deismus, automatisch in eine gottabgewandte Richtung geht. (Säkulare Einweihungsorden, wie z. B. die Freimaurer, bezeichnen sich offiziell als Vertreter des Deismus.) Man kann auch als „Deist" gottzugewandt sein; eine solche Person wäre gemäß der hier vorgenommenen Definition dann einfach ein Pantheist.

Die deistische Form des Holismus besagt: „Licht ist die Totalität aller Schatten. Wenn man die Gesamtheit und Einheit der Dunkelheit erkennt, ist man im Licht." Realität wird hier als die Totalität aller Materie gesehen, als das „Universum", wörtlich „die Einheit des Ganzen; das Ganze als Inbegriff aller Teile". Dieses Ganze funktioniert nach den ihm innewohnenden Gesetzen, funktioniert also durch „Selbstorganisation". Das hypothetische Prinzip der Selbstorganisation der Materie kann in einer religiös gefärbten Personifikation als „Baumeister des Universums“ bezeichnet werden, aber dieser „Baumeister“, der Gott des Deismus, ist praktisch gesehen nichts anderes als die Funktionalität der Selbstorganisation der Materie, weshalb dieser „Gott“ kein Bewußtsein hat und nicht in der Schöpfung eingreifen kann, z. B. durch Gebetserhörung, Inspiration, Wunder und wundersame Fügungen.

Der Deismus sieht die Realität als die Totalität der Materie und der ihr innewohnenden Gesetze, und Gesetze wirken immer *mechanisch* (quantenmechanisch und in einem geistig-mechanischen Sinn). Die Gesetze von Aktion und Reaktion werden in der deistischen Interpretation nicht mehr nur auf die Physik, sondern auf das gesamte Dasein angewendet – was natürlich richtig ist. Einige sprechen hier von „göttlicher Bestimmung“, andere vom „Gesetz des Karma“. Die Frage ist nur, ob das jeweilige Verständnis von „Karma“ ganzheitlich ist oder nur halbwahr. Letzteres ist bei der gottabgewandten Form des Holismus der Fall. Dort wird gesagt: „Alles geschieht nach dem Gesetz von Aktion und Reaktion. Es gibt keinen Zufall. Was im Leben geschieht, ist eine Reaktion auf das, was man mit den eigenen Aktionen ins Leben gerufen hat. Wenn jemand reich oder arm ist, entspricht dies den kosmischen Gesetzen, d. h. den ‚Gesetzen Gottes‘. Wenn wir also einflußreich sind und globale Macht haben, entspricht dies Gottes Gesetz, ebenso wie unsere Aufgabe, mit dieser Macht auf der ganzen Welt für Friede und Ordnung zu sorgen. Denn nichts ist möglich ohne die entsprechende Ursache. Die Tatsache, daß wir z. B. einen Krieg anfangen können, entspricht also ebenfalls den göttlichen Gesetzen, genauso wie das Schicksal derer, die im Krieg zu leiden haben. Wenn gewisse Menschen leiden müssen, ist das ihr Karma, genauso wie es unser Karma, unsere Bestimmung, ist, mächtig zu sein. Wäre es nicht das Karma der betroffenen Völker, Opfer zu sein, könnten wir nicht Krieg gegen sie führen. Die Tatsache aber, daß wir es können, zeigt, daß es ihr Karma ist. Somit entspricht dies alles den göttlichen Gesetzen, selbst wenn gewisse Leute meinen, dem sei nicht so. Alles ist gut so, wie es ist.“

In dieser Argumentationskette wird Karma mit „Prädestination“ gleichgesetzt, was eine verhängnisvolle Einseitigkeit (= Halbwahrheit) ist. Das Entscheidende, was hier übersehen wird, geht aus den weiteren Ausführungen hervor.

Pantheismus: „Gott ist das Universum"

Die gottzugewandte Form des Holismus ist der *Pantheismus,* wörtlich „All-Gott-Sicht" oder „Alles zusammen ist Gott": Gott ist das Universum, Gott wird in der Natur gesehen, Gott ist das Leben und die im Leben wirkende Harmonie, weshalb man der Natur und jeglichem Leben mit höchstem Respekt begegnet.

Im Pantheismus wird der immanente Aspekt Gottes wahrgenommen, und man erkennt in der Natur das Wirken des göttlichen Geistes. Gott wird zwar mit der Natur und dem Kosmos gleichgesetzt und auf die Immanenz beschränkt, doch ein Pantheist nimmt die Lebendigkeit der Natur – und nicht nur das deistische Wirken der Gesetze – wahr, weshalb der Pantheismus den Menschen für eine höhere Wahrnehmung der Realität sensibilisiert, für das Wirken des Allgeistes und der kosmischen Intelligenz, und von hier ist es nicht mehr weit bis zur Erkenntnis und Offenbarung des göttlichen Bewußtseins und Willens. Deshalb kann der Pantheismus als die gottzugewandte Form des Holismus bezeichnet werden.

Dualismus

Eine andere Möglichkeit, Realität („Licht") zu definieren, lautet: „Licht ist das Gegenteil von Dunkelheit. Licht und Dunkelheit sind zwei parallele Realitäten, zwei voneinander unabhängige Existenzen; Dunkelheit ist die andere Seite des Lichts; es gibt kein Licht ohne Dunkelheit." Auch das ist eine unzutreffende Definition von Licht. Der Dualismus verabsolutiert die Dualität, was sowohl in einer religiösen als auch in einer säkularen Form geschehen kann. Der religiöse Dualismus führt zu Mono-Theismus (Konfessionen mit Monopolansprüchen), der säkulare zu „humanistischen" Systemen mit ähnlichen Monopolansprüchen.

Das Wirken der Dualität zeigte sich zum Beispiel, als die christlichen Kirchen während vieler Jahrhunderte im Namen „Gottes" den „Teufel", d.h. alles Nichtkirchliche, bekämpften und auszurotten versuchten – und dadurch das Entstehen einer Gegenmacht bewirkten, bestehend aus all denen, die sich von der Kirche bedroht und verfolgt sahen. Im Mittelalter mußten sich diese andersdenkenden Menschen geheim formieren und konnten nur im Untergrund tätig sein. Heute kennen wir sie als die gnostisch-esoterischen, „okkulten" Einweihungsorden und Logenverbände. Obwohl zwischen diesen Lagern mittlerweile ein scheinbarer Friede herrscht, streben beide Seiten, sowohl die „religiöse" als auch die „säkulare", nach Vorherrschaft, denn beide sind nach wie vor überzeugt, daß der Gott der Gegenseite der falsche sei. Daß die fundamentalistischen Religionen dies glauben, ist bekannt. Weniger bekannt ist, daß auch im Okkultismus und in der Esoterik ähnliche Strömungen existieren. Ein Beispiel hierfür ist die Theosophie, wie sie von Helena Blavatsky begründet wurde. In ihrem Werk *Die Geheimlehre* sagt sie mehrfach, daß aus ihrer Sicht der Gott des Alten Testaments ein Teufel sei und daß der verteufelte Satan („Lucifer") in Wirklichkeit Gott sei (mehr hierzu in Kap. 9). In entsprechenden esoterischen Kreisen wird deshalb erwartet, daß dieser „Gott" in der heutigen Wendezeit als Friedensbringer erscheinen oder einen Weltenlehrer ermächtigen wird – mit dem Ziel einer globalen „Einheit".

Die Vertreter des Dualismus glauben, das Licht müsse die Dunkelheit besiegen und vernichten, sei dies durch eine apokalyptische Endzeitschlacht oder durch ein luziferisches „Lichtreich". Der Dualismus läuft letztlich also auf einen *Monismus* hinaus, denn auch die Vertreter des Dualismus streben nach einer totalitären Einheit, in der nur noch ihr „Licht" und ihre „Gesetze" herrschen. (Eine „einheitliche" Weltordnung ist nicht dasselbe wie eine *ganz*heitliche!)

Atheistischer Monismus

Der Monismus, von grch. *mónos,* „eins, einzig, allein", besagt, alles Seiende gehe letztlich auf eine einzige Urenergie bzw. Ureinheit zurück; „alles ist eins".

Auf der philosophischen Treppe, die von der Dunkelheit ins Licht führt, stellt der Monismus die höchste Stufe dar, denn er kommt dem Licht am nächsten, kann aber auch am weitesten vom Licht wegführen. Während alle vorherigen Stufen mehr oder weniger atheistisch waren, ist die gottzugewandte Form des Monismus *theistisch.* (Dieser Begriff wird im Folgenden definiert werden.) Wir müssen also zwischen einem atheistischen und einem theistischen Monismus unterscheiden.

Der atheistische Monismus gehört zu den nicht-ganzheitlichen Weltbildern und hat deshalb zwei gegensätzliche Formen: die materialistische und die metaphysische (= „esoterische"). Der Materialismus, siehe S. 45–47, ist letztlich ebenfalls ein Monismus, denn er besagt, alles Existierende, auch Leben und Bewußtsein, sei aus einer einzigen Urenergie, aus der Materie, hervorgegangen. Der materialistische Monismus definiert Realität als das *Universum,* „die Gesamtheit / Einheit aller Materie". Was bedeutet das konkret? Unverhohlen deutlich beantwortet diese Frage der führende Evolutionist der heutigen Zeit, Prof. Richard Dawkins. In einem Interview mit dem Magazin Focus (52/1996, S. 145) sagte er:

> „Das Universum, das wir beobachten, hat genau die Eigenschaften, mit denen man rechnet, wenn dahinter kein Plan, keine Absicht, kein Gut oder Böse steht, nichts außer blinder, erbarmungsloser Gleichgültigkeit."

Und er hat recht! Das Universum als Gesamtheit der Materie ist eine neutrale Energie. Wenn Realität oder Gott als „Totalität aller Energie" definiert wird, dann ist Realität bzw. „Gott" ohne Wille, ohne Absicht, ohne Maßstab für Gut und Böse und erst recht ohne Gnade. Energie wirkt mit „blinder, erbarmungsloser Gleichgültigkeit", eine knallharte Formulierung, die als Seitenhieb gegen all jene Religionen gedacht ist, die an einen Gott der Liebe und Gnade glauben. Gemäß dem Weltbild des materialistischen Monismus ist ein solcher Gott eine Illusion, Realität oder „Gott" ist nichts anderes als neutrale Energie.

Hier an diesem Punkt ist der atheistische Monismus nicht mehr bloß ein Materialismus, wie er auf der untersten Stufe beschrieben wurde, sondern er wird „esoterisch". Als atheistisch-esoterischer Monist ist man nicht ein Materialist, der nur an die Gesetze der physikalischen Materie glaubt, sondern man zieht auch die höheren Gesetze von Karma, Reinkarnation und Resonanz mit in Betracht, jedoch auf eine einseitige, nicht-ganzheitliche Weise. Man kann also durchaus an Karma und Reinkarnation glauben und dennoch ein Atheist sein. Aber nicht jeder, der an Karma und Reinkarnation glaubt, ist ein Atheist. Esoterik kann sehr wohl auch theistisch sein, aber dann sprechen wir in der philosophischen

Unterscheidung nicht mehr nur von Esoterik, sondern von *Spiritualität,* weil Realität hier in ihrer materiellen und spirituellen Differenziertheit erkannt wird.

Die esoterische Form des atheistischen Monismus

Atheistische Esoterik ist heute weit verbreitet, obwohl sich die meisten Wahrheitssucher dessen nicht bewußt sind. Kernsätze der atheistischen Esoterik sind: „Alles ist Gott“, „alles ist eins“, „alles ist gut“, „alles ist Liebe“, „Gott ist Energie“ oder „alles ist eine notwendige Erfahrung“. Obwohl diese Aussagen nicht unwahr sind, sind sie einseitig, da sie nur die eine Hälfte der Wahrheit wiedergeben. Dies wird ersichtlich, wenn wir diese scheinbar harmlosen Aussagen bis in ihre letzten Konsequenzen ausformulieren – was ich hier nun kurz tun möchte.

Mit der esoterischen Version des atheistischen Monismus berühren wir die höchsten bzw. höchstgradigen Ebenen vieler religiöser und säkularer Machtgruppierungen. Ich formuliere deren Weltbild hier etwas überspitzt, aber nicht übertrieben:

„Um Realität zu verstehen, muß man ein Realist sein und der Wahrheit ins Auge schauen. Wahrheit tut bekanntlich weh, weshalb nur die wenigsten bereit sind, sich der Wahrheit konsequent zu stellen. Denn die Wahrheit ist: Alles ist Energie. Alles ist eins. Realität ist die Einheit jenseits der Zweiheit, weshalb man die Zweiheit überwinden muß, um in die Einheit zu gelangen. Diejenigen, die diese Wahrheit erkennen, sind die einzig wahren Realisten. Sie, d. h. *wir,* sind ‚im Licht‘ = erleuchtet, lat. *illuminati.* Wer erleuchtet ist, hat die Konzepte von Zweiheit konsequent überwunden, insbesondere Konzepte wie ‚gut und böse‘, ‚Liebe‘ oder ‚Gott und ich‘, d. h. die mittelalterlichen Konzepte von einem strafenden oder richtenden Gott. Es gibt keinen strafenden Gott und daher logischerweise auch keinen liebenden Gott. Aus der absoluten Sicht gibt es auch kein Gut und Böse. Erleuchtung bedeutet daher: Handeln aus diesem Bewußtsein heraus, jenseits von Gut und Böse. Wer erleuchtet ist, handelt nicht nach Kriterien von Gut und Böse, sondern einzig nach dem Kriterium der Notwendigkeit.“

Wenn hier von Erleuchtung gesprochen wird, ist damit eine

Scheinerleuchtung gemeint, die letztlich der Ego-Rechtfertigung dient. Das Reizwort „Illuminati“ ist durch Dan Browns Roman *Angels and Demons* (dt. *Illuminati*) sogar zu einem Bestseller-Begriff geworden. Wichtig in unserem Zusammenhang ist die Feststellung, daß mit diesem Begriff keine Organisation, sondern ein Weltbild und eine Mentalität gemeint ist. In jedem von uns steckt ein „Illuminat“, die Frage ist nur, bis zu welchem Grad. (Natürlich ist es auch möglich, von Scheinerleuchtung und Ego-Rechtfertigung frei zu sein. Das ist, aus spiritueller Sicht, sogar unsere Lebensaufgabe.)

In der praktischen Umsetzung führt der atheistische Monismus zu einem gottlosen Pragmatismus. Pragmatismus ist die Geisteshaltung, die den Wert einer Sache daran mißt, inwieweit sie für das Erreichen der eigenen Ziele nützlich ist. In der negativen Version entspricht der Pragmatismus der Haltung: „Der Zweck heiligt die Mittel.“ Man tut alles, was praktisch ist, um das zu erreichen, was notwendig ist. Und was notwendig ist, bestimmen die Pragmatiker selbst. Es ist ein logischer Teufelskreis – oft auch im wörtlichen Sinn.

Vom atheistischen zum theistischen Monismus

In der Symbolik von Licht und Schatten besagt der atheistische Monismus: „Licht ist die Abwesenheit von Schatten. Wenn man alle Schatten überwindet, ist man im Licht.“ Realität wird durch eine Negation der Relativität definiert. Man meint, wenn man alle Dualität negiere, habe man sie überwunden und sei „erleuchtet“. Da die Realität nur als eine abstrakte Einheit von Energie gesehen wird, meint man, das Absolute, Gott, habe keinen Willen und keinen Maßstab von Gut und Böse. Deshalb fühlen sich die atheistischen Monisten berufen, selber die Maßstäbe von Gut und Böse zu erstellen, was sie gemäß ihren eigenen Kriterien tun: „Wenn wir alles beseitigen, was dem Frieden im Wege steht, werden wir Frieden haben. Wenn wir alle Krankheiten besiegt haben, wird die Menschheit gesund sein. Wenn es nicht mehr ‚zu viele‘ Menschen gibt, wird das Problem der Überbevölkerung und des weltweiten Hungers beseitigt sein.“

Irgendwie kann an dieser selbstherrlichen Weltsicht etwas nicht stimmen. Licht ist nicht einfach nur die Abwesenheit von Schatten.

Es ist nicht möglich, Schatten aus eigener Kraft zu entfernen und dadurch ins Licht zu kommen. Man kann zwar die Dualität verneinen und sie dadurch scheinbar transzendieren, aber dies ist immer nur ein mentales und intellektuelles Konstrukt, eine Scheinerleuchtung. In der indischen Philosophie wird dies *māyavāda* genannt: „die Weltsicht, die besagt, alle Relativität sei *māyā,* Täuschung."

Wenn man, symbolisch gesprochen, in Dunkelheit ist, hat man keine Erfahrung von Licht und weiß daher auch nicht, was Licht in Wirklichkeit ist. Deshalb definiert man „Licht" gezwungenermaßen mit Begriffen der „Dunkelheit", was immer nur zu Halb- und Teilwahrheiten führen kann. Licht selbst ist eine eigene Realität, die unabhängig von Dunkelheit ist, und das ist die wörtliche Bedeutung von *absolut:* „ungebunden; unabhängig".

Realität ist die Einheit jenseits der Zweiheit. Diese Einheit ist aber nicht bloß eine neutrale Einheit von Energie und auch keine abstrakte „Abwesenheit von Polarität", sondern – wie das Licht – eine eigene, absolute Realität. Die spirituelle Einheit ist ungeteilt und daher ewig (= nicht aufgeteilt in den linearen Zeitfluß von Vergangenheit und Zukunft), sie ist raum- und zeitlose, ewige Gegenwart. Das „Ungeteilte" ist eine konkrete Realität, für die wir in unseren Sprachen ein perfektes Wort haben: *Individualität.*

Individualität bezeichnet die Eigenschaft des Individuum-Seins. Wir sind Individuen, wörtlich „ungeteilte und unteilbare, ewige Geistwesen". Individuum auf Griechisch heißt *átomos* und auf Sanskrit *ātmā.* Das, was die Materie im Innersten zusammenhält, ist die Gegenwart des „Geistes". Geist prägt die Materie. *Mind over matter.* Bewußtsein ist nicht ein Produkt des Gehirns. Vielmehr bedient sich das Individuum des Gehirns und des Körpers, wenn es sich in einem physischen Körper inkarniert. Wenn der Materialismus sagt, Leben sei aus Materie entstanden und vergehe mit dem Tod des Körpers, dann sagt er auch: „Du bist kein Individuum!" Tieren spricht man die Individualität ohnehin ab, und der Mensch ist gemäß diesem Weltbild ebenfalls bloß ein Tier, ein „Irrläufer der Evolution" (Arthur Koestler), also kein Individuum. Deshalb meinen bestimmte Pragmatiker, man dürfe Menschen, genauso wie Tiere, töten, wenn dies „notwendig" sei (z. B. in Kriegen und „Volksbefreiungen").

Der Monismus strebt nach einer Erkenntnis der Einheit jenseits der Dualität, wobei diese Nondualität als die eigentliche und einzige Realität aufgefaßt wird. Der wichtigste Schritt, um die atheistischen Weltbilder (Definitionen von Licht aus dem Blickwinkel der Dunkelheit) hinter sich zu lassen, ist die Erweiterung des eigenen Bewußtseins von der Nondualität zur *Individualität.* Die Nondualität ist ein Aspekt der Realität, aber wir sollten Realität nicht auf die Nondualität beschränken. Das theistische Verständnis von Nondualität ist die erste Stufe der ganzheitlichen Gotteserkenntnis.

Theistischer Monismus: Brahman-Erkenntnis

Durch eine kontemplative und meditative Selbstbetrachtung wird es möglich, sich selbst als ein Teil des Lichtes zu erkennen, der in seiner ewigen Essenz von der Materie frei und unabhängig ist. Dabei erkennt man als erstes, was man *nicht* ist. Auf dieser Stufe von Erleuchtung erlebt man sich selbst in der Nondualität (Advaita); man ist frei von materiellen Konzepten und Identifikationen und erkennt, daß man auch jenseits aller Dualität immer noch Bewußtsein ist. Man erwacht im „Nichts“: dort, wo nichts Materielles mehr ist. Wenn das Bewußtsein „leer“ geworden ist, bleibt die unbegrenzte Weite und das reine spirituelle Selbst.

Wenn Selbsterkenntnis nur über die Negation der Dualität angestrebt wird, kann man zwar erkennen, was man *nicht* ist, aber man hat noch nicht erkannt, *was* man ist. Dann besteht die Gefahr, daß man dem Glauben verfällt, man selbst sei Herr und Meister der Materie, denn auch in der Freiheit von materiellen Selbstbegrenzungen bleibt das Ich-Gefühl erhalten. Da der Erfahrungshorizont sich mangels anderer Erkenntnisse ausschließlich an der Materie orientiert, meint man: „Wenn Geist über Materie steht und ich ein Geistwesen bin, dann stehe auch ich über der Materie und kann sie mit meinen geistigen Kräften nach meinen eigenen Vorstellungen manipulieren.“ Mit anderen Worten: Man hält sich selbst für Gott. In der vedischen Philosophie wird dies als „die letzte Falle der Māyā“ bezeichnet.

Diejenigen, die nicht bei dieser halben Wahrheit stehenbleiben, erkennen, daß Individualität ein Aspekt der *Ganzheit* ist, und die Ganzheit umfaßt sowohl das Relative als auch das Absolute. Das heißt, nicht nur wir als relative Wesen sind Individuen, auch das Absolute ist individuell: ewig, ungeteilt, bewußt. Gott als absolutes Individuum ist für den materiell begrenzten Verstand nicht vorstellbar, aber für uns – als geistige Wesen – erkennbar und erlebbar. Der erste Aspekt Gottes, der sich offenbart, ist seine Allgegenwart als göttliche Energie (Brahman), genauso wie das Licht das erste ist, was man sieht, wenn man Dunkelheit hinter sich läßt.

Theistischer Monismus ist das, was in der vedischen Philosophie als Brahman-Erkenntnis bezeichnet wird: die erste Stufe einer echten, spirituellen Gotteserkenntnis. (Dies ist z. B. der Kern des Buddhismus.) Man erkennt sich selbst als ewigen Teil der göttlichen Einheit, die allgegenwärtig und absolut ist. Das spirituelle Individuum erkennt seine qualitative Einheit mit dem Absoluten. *Tat tvam asi,* „das bist du", die bekannte Sanskritformel aus den Upanishaden, ist ein Schlüsselsatz, der auf diese Erkenntnisstufe hinweist.

Spirituelle Gotteserkenntnis

Während in der Brahman-Erkenntnis der monistische Aspekt des Einsseins mit Gott hervorgehoben wird, gehen die umfassenderen Stufen des Theismus vom individuellen Aspekt der Gotteserkenntnis aus. Gott als absolutes Individuum ist sowohl immanent als auch transzendent gegenwärtig. Wenn man von Gottes *immanentem* Aspekt spricht, meint man damit die Allgegenwart des göttlichen Bewußtseins in der Schöpfung (und nicht nur die Allgegenwart der göttlichen Energie wie in der Brahman-Erkenntnis). Im Sanskrit spricht man hier von der Paramātmā-Erkenntnis, das heißt, man erkennt sich selbst als relatives Individuum (Ātmā) und Gott als absolutes Individuum (Paramātmā) und vermeidet dadurch die erwähnte „letzte Falle der Māyā", weil man nicht nur sich selbst, sondern auch das Absolute als *Bewußtsein* erkennt. Man erkennt, daß jegliches Leben nur dank der alldurchdringenden (immanenten) Präsenz des göttlichen Bewußtseins möglich ist und daß man nie unabhängig handeln kann. Die „kosmische Intelligenz" wird hier als das schöpfende Wirken der Individualität Gottes erkannt und nicht bloß als das Wirken von abstrakten Energien und morphogenetischen Feldern. Die parallele Realität von Transzendenz und

Immanenz beschreibt Krishna in der *Bhagavad-Gītā* (9,4–6) mit den bekannten paradoxen Formulierungen:

> „In der gesamten geschaffenen Welt bin ich, der Ungeschaffene, in meiner unsichtbaren Gestalt gegenwärtig. Alles ist in mir, doch ich bin nicht in allem. / Und dennoch ist nicht alles in mir [so wie ein Schatten zwar vom Licht umgeben, aber nicht im Licht ist]. Dies ist das Mysterium meiner Individualität! Alle Schöpfungen und Geschöpfe gehen von mir aus und ruhen in mir, doch ich bin nicht sie, obwohl ich allgegenwärtig bin. / Betrachte, wie die ständig rege Luft den Himmelsraum erfüllt, dieser aber von ihr verschieden ist, und erkenne: Auf ähnliche Weise befindet sich alles in mir."

Der Hinweis auf die gleichzeitige Realität von „ich bin hier und doch nicht hier" und „ich bin alles und doch nicht in allem" bezieht sich auf den immanenten und transzendenten Aspekt Gottes. Im immanenten, energetischen Aspekt ist Gott alles und überall, aber im transzendenten, individuellen Aspekt ist Gott nicht alles und nicht überall, so wie Licht nicht überall ist, obwohl Licht alles ist und selbst keinen Schatten wirft.

Die Erkenntnis der Allpräsenz, der Immanenz und der Transzendenz Gottes ist vergleichbar mit den verschiedenen Aspekten der Sonne. Die Sonne enthält sowohl das Licht (Brahman) als auch die Sonnenstrahlen (Paramātmā), aber das Licht und die Strahlen enthalten noch nicht die Sonne, obwohl sie alle untrennbar „eins" und verbunden sind. Der Begriff „spirituell" bezieht sich in der theistischen Definition auf das Bewußtsein, das alles, auch das Materielle, im Licht der göttlichen Ganzheit sieht.

Eine bekannte Stelle der Sanskritschriften beschreibt dies wie folgt:

> „Diejenigen, die die wahre Natur der Ganzheit erkannt haben *(tattva-vidas tattvam),* sagen, daß diese Ganzheit, Gott, die nonduale Realität *(advayam)* ist, die in drei Aspekten erkannt wird: *brahmeti paramātmeti bhagavān iti śabdyate,* d.h. als Brahman [die alldurchdringende Energie], als Paramātmā [das immanente Bewußtsein Gottes] und als Bhagavān [die transzendente Individualität Gottes]." (*Śrīmad-Bhāgavatam* 1.2.11)

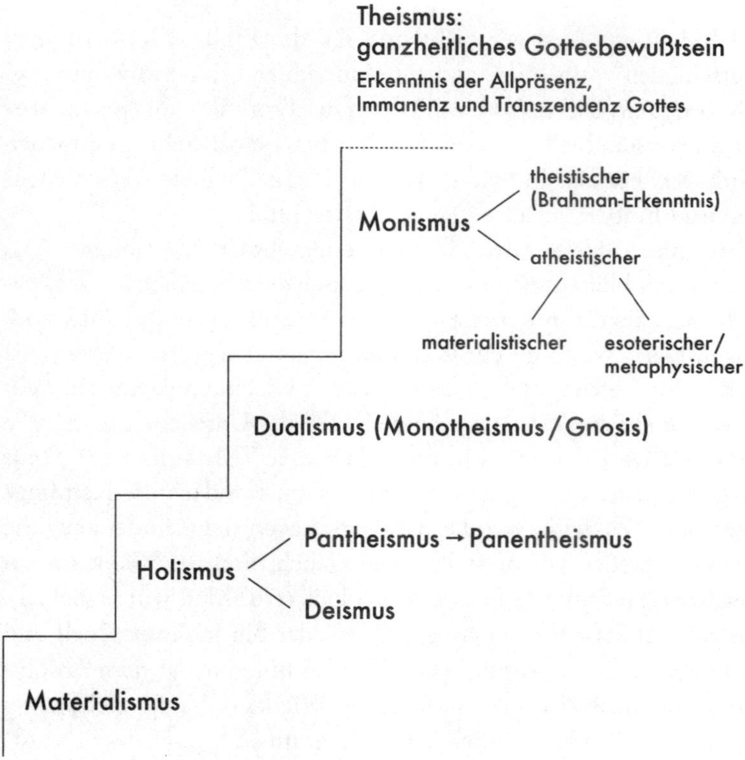

Die verschiedenen Weltbilder können mit den Stufen einer Treppe verglichen werden. Jede Stufe hat die Eigenschaft, daß wir sie zum *Hinaufgehen* oder zum *Hinuntergehen* verwenden können. Ebenso kann man jedes Weltbild auf eine gottzugewandte oder gottabgewandte Weise verstehen. Am Anfang mögen beide Richtungen ähnlich aussehen, da sie von denselben Grundannahmen ausgehen, aber die Konsequenzen zeigen, daß sie diametral auseinandergehen.
Selbst wenn wir auf der symbolischen Treppe der Weltbilder hinaufgehen, ist das Hinaufgehen nicht ein Zweck an sich, denn die Treppe will uns zu einem Ziel führen: zu unserer Berufung, zu Selbst- und Gotteserkenntnis. Dementsprechend können wir drei prinzipielle Möglichkeiten der Lebensausrichtung unterscheiden: gottabgewandt, gottzugewandt, gottesbewußt.

Das Mysterium des gleichzeitigen Eins- und Verschiedenseins

Als Individuen sind wir nicht nur Teil der Einheit, sondern auch „verschieden" von allen anderen Individuen. Ein Individuum zu sein bedeutet, daß *ich bin,* weshalb in der Esoterik – mit Recht, aber oft mißverständlich – von einem „Ich-bin-Bewußtsein" gesprochen wird. Wie können Individualität und Nicht-Dualität, Verschiedenheit und Einheit, gleichzeitige Realitäten sein?

An dieser Stelle wird der Mysterienschüler ein weiteres Mal grundlegend herausgefordert. Die vedischen Lehrgedichte, die Upanishaden, die für ihre paradoxe Argumentationsweise bekannt sind, fragen hier: „Wenn du ein Individuum, ein ewiger Teil Gottes, bist und wenn Gott ebenfalls ein Individuum ist, ein ungeteiltes, unteilbares Wesen, wie kannst du dann ein Teil des Unteilbaren sein? Wie kann das Unteilbare sich in unendlich viele Teile aufteilen?" Diese Frage ist keine theologische Spitzfindigkeit, sondern die Kernfrage überhaupt. Es heißt, wer die richtigen Fragen stellt, findet auch die Antwort. Stellen wir diese Frage also noch direkter: Wie kann ich gleichzeitig eins mit Gott und individuell sein? Man würde meinen, das eine schließe das andere aus. Entweder bin ich individuell und dann eben nicht eins mit Gott. Oder ich bin eins mit dem Absoluten und dann nicht mehr individuell. Wie kann beides gleichzeitig möglich sein? Offensichtlich geht es hier um eine Frage des Bewußtseins. Stellen wir die Frage also noch genauer: In welchem Bewußtsein bin ich gleichzeitig individuell und eins mit Gott?

Wir alle kennen die Antwort und sprechen sie oft aus: Das Bewußtsein – bewußte Sein –, in dem wir gleichzeitig eins und individuell sind, ist die *Liebe.* Liebe ist keine Illusion der Dualität, wie die atheistischen Monisten meinen, sondern *die* absolute Realität! Denn nur in Liebe sind wir eins mit Gott und können im Licht dieser Einheit unsere wahre Individualität erkennen und leben. Dies gilt auch für die zwischenmenschliche Beziehung der Liebe: Zwei Menschen sind *eins und individuell.* Natürlich gäbe es auch romantischere Definitionen von Liebe. Aber auch die philosophische Definition hat ihre Berechtigung. Zwei sich liebende Menschen sind „ein Herz und eine Seele", sonst könnte man nicht von Liebe sprechen. Wenn die zwei jedoch nicht gleichzeitig die Individualität des anderen respektieren, ist es nicht mehr wahre Liebe, sondern Besitzanspruch und Machtspiel.

Die Liebe zu Gott – das Bewußt-Sein des gleichzeitigen (= ewigen) Eins- und Individuellseins – wird im Sanskrit *bhakti* genannt. Jede theistische Mysterientradition hat für diese Realität ihre eigenen Begriffe, und sie alle meinen damit dasselbe Unaussprechliche. Auch das Absolute ist eine individuelle Einheit der Zweiheit, sonst hätte Gott keine dynamische Schöpfungskraft. Gott als „Einheit der Zweiheit“ wird in den vedischen Mysterien als Radha-Krishna bezeichnet, der Ausdruck grenzenloser, alldurchdringender Liebe. Aber hier haben wir den Bereich der Philosophie weit hinter uns gelassen und sprechen über mystische Geheimnisse, die nur individuell erfahren werden können.

Ich bleibe bei der Philosophie und halte zusammenfassend fest: Wenn man sagt, „alles ist Brahman“, so ist dies eine richtige Aussage, und sie entspricht einer vedischen Grundwahrheit. „Alles ist Brahman“ bedeutet aber nicht „alles ist eins“, denn aus der differenzierenden Sicht des spirituellen Theismus müßte man sagen: „Alles ist eins *und verschieden* (individuell).“

Entscheidend ist also die Erkenntnis, daß Gott nicht nur Energie ist, sondern auch *Individuum,* weshalb Gott Bewußtsein, Wille, Liebe und auch Gnade hat bzw. *ist.* Wer das Prinzip der spirituellen Individualität verkennt, muß zwangsläufig meinen, Realität sei nichts anderes als neutrale Energie und abstrakte Einheit. Aus diesem Blickpunkt betrachtet, gibt es keinen Gott, sondern nur „das Absolute“, das ohne Bewußtsein, ohne Wille und ohne Liebe ist.

Aus der Sicht des spirituellen Theismus sollte man also nicht undifferenziert sagen: „Alles ist Gott“, sondern man müßte sagen: „Gott ist alles, aber nicht alles ist Gott.“ Licht ist überall, aber dort, wo sich etwas vom Licht ausgrenzt und abspaltet, herrscht Dunkelheit. Sobald die Abspaltung aufgehoben wird, ist auch dort, wo vorher – für eine gewisse Zeit – Dunkelheit war, Licht. Licht ist also überall, obwohl nicht überall Licht ist. Liebe ist alles, aber nicht alles ist Liebe. Nur weil wir (Gott und die Teile Gottes, die „Lebewesen“) Individuen sind, gibt es Liebe, und nur im Licht dieser Liebe können wir alles, was ist, auch das Negative und Gottlose, in einem sinnvollen (lichtvollen) Zusammenhang sehen. Liebe ist die einzig wirkliche Einheit, denn die abstrakte Einheit von Energie ist keine praktische Realität, sondern nur ein mentales Konstrukt, genauso wie der Glaube, man könne Schatten entfernen und dadurch ins Licht kommen. Liebe bedeutet *individuelle Einheit,* d. h. Einheit in der Verschiedenheit. Beziehung, insbesondere Liebe, ist nur zwischen Individuen möglich. Wer sich selbst und Gott nicht als Individuum erkennt, verfällt einer „luziferischen" Ego-Rechtfertigung und folgt atheistisch-pragmatischen Vorstellungen, die in letzter Konsequenz gottlos und unmenschlich sind. Es geht hier um Sein oder Nicht-Sein – von uns selbst und heute mittlerweile auch von uns als Menschheit.

Was ist Gottes Wille?

Wie kann Gottes Wille ein ethisches Kriterium für unser Handeln sein? Kann nicht jeder behaupten, das, was er tue, sei Gottes Wille? Wurde nicht schon oft von „heiligen Kriegen" und Kreuzzügen behauptet: „Gott will es"?

Der Theismus ist der schmale Pfad der Ganzheitlichkeit. Wer den Begriff „Gottes Wille" für weltliche Machtansprüche mißbraucht, ist in eine folgenschwere Einseitigkeit gefallen. Dies ist ein Grundproblem all jener Glaubensformen („Monotheismen"), die eine bestimmte Gottesform oder Gottesvorstellung verabsolutieren und Monopolansprüche erheben (siehe S. 50). Ein verabsolutierter Gott ist immer menschengemacht und duldet dementsprechend keine anderen „Götter" neben sich. Das allein verrät schon, daß hier eine relative Größe verabsolutiert wird. Denn das wahre Absolute steht nicht im Widerstreit mit dem Relativen. Das Absolute ist nicht „exklusiv", sondern „inklusiv". Es beinhaltet alles Relative in sich und ist das, wodurch alles Relative seinen wirklichen Sinn bekommt. Diese Gotteserkenntnis ist kein Monotheismus (in der hier gegebenen Definition), sondern ein ganzheitlicher *Theismus.*

Aus der Sicht des Theismus ist Gott „bewußte, ungeteilte Einheit" (In-Dividuum), die im Bewußtsein der reinen, uneigennützigen Liebe erfahren werden kann. Und diese reine Form von Liebe ist Gottes Wille. Liebe ist die Vollkommenheit des freien Willens, da Liebe immer freiwillig ist. Wir können also auch sagen: Gott will die

Vollkommenheit unseres freien Willens. Denn in dieser Einheit sind wir bewußt mit der absoluten Quelle verbunden, von der wir alles bekommen, was wir brauchen, um in dieser Liebe leben zu können. Wer nicht im Bewußtsein der göttlichen Liebe lebt, ist nicht direkt mit der Quelle verbunden und muß daher alles, was er zu brauchen meint, aus dem eigenen Ego schöpfen und von anderen Lebewesen beziehen; man muß andere Lebewesen als Energiequelle für sich selbst verwenden. Hier liegt der Ursprung des Bösen und aller Formen von Ausbeutung.

Wer aus dem Bewußtsein der Gottesliebe (sanskr. *bhakti,* grch. *agape,* arab. *islam*) heraus handelt, muß keine Ego-Unterfangen rechtfertigen und muß nicht andere Menschen zu seinem eigenen Nutzen verwenden (ausbeuten, manipulieren, rekrutieren, missionieren usw.). „Ego" bedeutet eine *falsche Selbstidentifikation:* Man identifiziert sich mit materiellen Objekten, Besitztümern, Vorstellungen und Ideologien. Man identifiziert sich mit etwas, was man *nicht* ist, und das ist Māyā, „Illusion". Nicht die materielle Welt ist Māyā, wie die atheistischen Monisten mit ihrer Negation der Individualität meinen. Māyā ist ein Bewußtseinszustand und bezieht sich auf das, was ich nicht bin, im Gegensatz zu dem, was „ich bin", nämlich ein ewiger Teil Gottes. Die materielle Erscheinungswelt ist also ebenfalls Realität. Sie ist eine *relative* Realität, während die Individualität die spirituelle, absolute Realität ist, die alles enthält und beseelt, einschließlich der Materie.

Das spirituelle Ich-bin-Bewußtsein hat nachhaltige Konsequenzen. Es bedeutet, daß der freie Wille nicht bloß eine Illusion des Gehirns ist, sondern eine spirituelle Realität, die mit individueller Selbstverantwortung verbunden ist. Erst in diesem Zusammenhang kann man auch das Prinzip des Karma richtig verstehen. Karma bedeutet nicht nur Prädestination entsprechend dem Wirken der neutralen und gnadenlosen Gesetze von Aktion von Reaktion. Karma bezieht sich auf das *gleichzeitige* Wirken von Prädestination und freiem Willen. Wenn jemand Gewalt und Manipulation anwendet, ist dies nicht so sehr das „Karma" der Opfer, sondern das Ergebnis des freien Willens des Täters, weshalb der Täter – trotz aller deistischen und monistischen Rechtfertigungen – für all seine Handlungen verantwortlich ist.

Unterscheiden, ohne zu urteilen

Wenn von „gut" und „böse" gesprochen wird, lautet ein häufiger Einwand, man dürfe nicht urteilen und etwas als gut und etwas als böse bezeichnen; das sei polares Denken; man solle nicht werten und nicht urteilen …

Das berühmte Zitat „Urteile nicht!" ist ein Wort Jesu und lautet im Zusammenhang (Mt 7,1-2): „Richtet nicht, damit ihr nicht gerichtet werdet! Denn mit welchem Gericht ihr richtet, mit dem werdet auch ihr gerichtet werden." Gleich danach (7,3-6) sagt Jesus: „Was kümmerst du dich um den Splitter im Auge deines Bruders und siehst nicht den Balken in deinem eigenen? […] Du Scheinheiliger, ziehe zuerst den Balken aus deinem Auge! […] Werft eure Perlen nicht vor die Schweine!"

„Urteile nicht!" heißt also nicht: „Unterscheide nicht!" Jesus selbst unterscheidet offensichtlich sehr kritisch. Er verwendet sogar Begriffe wie „Schlangenbrut und Natterngezücht" (Mt 23,33).

Im Bereich der Dualität haben wir alle *die Möglichkeit zu wählen,* das heißt, wir „müssen" freiwillig die Liebe wählen. Niemand zwingt uns, in der Einheit zu sein, und niemand zwingt uns, in die Trennung zu gehen. Es ist also nicht „notwendig", Trennung zu erfahren! Dualität beginnt, wenn Wesen aus eigenem freien Willen beschließen, aus der Harmonie und dem Gleichgewicht auszusteigen und in die Spaltung zu gehen. So entsteht das Diabolische, wörtlich „das Spaltende". In der Symbolik von Licht und Dunkelheit bedeutet dies, daß sich etwas dem Licht entgegenstellt und „Dunkelheit" schafft. Plötzlich fallen lange Schatten …

Und dies ist die große Versuchung: etwas zu schaffen, was das Licht nicht schaffen kann. Denn Licht wirft keinen Schatten! Wenn wir uns aus der ursprünglichen Identität abspalten, sind wir uns nicht mehr bewußt, daß wir ewige Individuen sind. Sobald wir in der Dualität sind, haben wir keinen Zugang mehr zur Realität jenseits der Dualität, genauso wie jemand in Dunkelheit nicht mehr mit dem Licht verbunden ist (sonst wäre er nicht in Dunkelheit).

Gut und Böse existieren nur innerhalb der Dualität – aber dort existieren sie. In der Diskussion der Gegensätze „gut" und „böse" ist es gerechtfertigt, das Böse auch als das Negative zu bezeichnen, denn im wörtlichen Sinn bedeutet negativ „verneinend, ablehnend", vom lateinischen Verb *negare,* „nein sagen". Das Böse ist in diesem Sinn tatsächlich negativ, weil es die göttliche Ordnung verneint und eine eigene „Welt-Ordnung" durchsetzen will.

Böse ist all das, was der bewußten Einheit, der Liebe, entgegenwirkt oder diese sogar bekämpft, z. B. indem es den freien Willen der anderen nicht respektiert. *Gut* ist all das, was diese bewußte Einheit anstrebt. Aber solange man nach der Einheit streben muß, ist man noch immer im Gegensatz-Bereich des Bösen und definiert sich als dessen Gegenteil. „Gut" sein ist also gut, aber nicht gut genug. Das Ziel ist es, *göttlich* zu sein, d.h. im ursprünglichen Bewußtsein der Einheit (Liebe) zu sein. Die drei Stufen des Bewußtseins (böse, gut, göttlich) können auch mit folgenden Begriffen umschrieben werden: gottabgewandt, gottzugewandt, gottesbewußt.

Freier Wille und Verantwortung kreisen letztlich immer um die Frage: *Handle ich entsprechend Gottes Willen?* Wer entsprechend Gottes Willen handelt, handelt entsprechend der klaren, unterscheidenden Liebe. Nur aus dem Bewußtsein dieser Liebe heraus können wir unterscheiden, was göttliche Liebe ist und was nicht. Ansonsten müssen wir gemäß irgendwelchen materiellen Kriterien *urteilen.*

In der Welt der Dualität gibt es also gut und böse, richtig und falsch. In der Dualität ist nicht alles gut. „Alles ist gut" ist eine einseitige Aussage. Aber: „Alles hat einen Sinn" – *auch das Negative.* Aber deswegen ist das Negative immer noch negativ!

Aus der göttlichen Sicht heraus ist es möglich, den eigentlichen Sinn von allem zu erkennen, auch des Negativen. Innerhalb der Welt der Dualität werden wir mit Gutem und Bösem konfrontiert, aber wir sollten beides nicht auf sein „Gutsein" bzw. „Bösesein" beschränken, denn dadurch würden wir urteilen und werten und den höheren Sinn nicht erkennen. Philosophisch gesprochen: Wir würden das Relative auf sein Relativsein beschränken und nicht im Licht des Absoluten sehen.

Alle Formen der Dualität, insbesondere Gut und Böse, sind eine Herausforderung und Prüfung: Wie stark ist mein göttliches Bewußtsein? Lasse ich mich zu Gefühlen der Dualität bewegen? *Verführt mich das Gute,* egoistisch nur an mich selbst zu denken? Mich mit dem Materiellen zufriedenzugeben? Mich für besser als andere zu halten? *Provoziert mich das Böse* (Lüge, Gewalt, Betrug usw.) zu Gefühlen des Hasses, der Rache, der Ohnmacht, des Selbstmitleids, der Resignation? Oder kann ich die Sicht der Ewigkeit behalten? Kann ich in allen Situationen souverän und unbeeinflußt bleiben – oder Hilfe suchen und annehmen, damit ich's wieder werde? Kann ich im Bewußtsein der Liebe verankert bleiben und das göttliche Ziel vor Augen behalten?

Wenn uns dies gelingt, stehen wir über dem Urteilen und sagen nicht: „Das ist böse und von Nachteil für mich", oder „Das ist gut und für Vorteil für mich." Wir begegnen beidem wertfrei, denn wir sehen in beidem den höheren Sinn. Beides ist für uns ein Impetus zum Bewußt-Sein der Einheit: Liebe, Verzeihen und Loslassen der Dualität.

Liebe bedeutet, für das höchste Wohl aller Wesen zu wirken, ohne für sich selbst einen Lohn zu erwarten (= bedingungslose Liebe). Was bedeutet „für das höchste Wohl" in bezug auf das Böse? Das Böse definiert sich ja gerade dadurch, daß es sich von der göttlichen Liebe abgetrennt hat und diese sogar bekämpft. Das Mindeste, was wir für das Wohl des Bösen, d. h. für dessen Befreiung, tun können, ist, daß wir uns nicht von ihm beeinflussen (verführen, ausnutzen, einschüchtern usw.) lassen, denn dadurch würden wir bewirken, daß sich die entsprechenden Personen noch weiter verschulden. Als der Satan zu Jesus kam und ihm die Weltherrschaft anbot (Mt 4,8–9), antwortete Jesus: „Weiche von mir, Satan." Dies war kein Ausdruck von Haß oder Angst, sondern von Liebe. Durch diese klare Abgrenzung konnte Jesus den Satan vor einer weiteren Sündenlast bewahren. Das war Vollkommenheit des freien Willens mit entsprechend göttlicher Resonanz.

Unterscheiden, ohne zu urteilen, bedeutet also: *Die Dualität nicht ignorieren, sondern transzendieren!*

KAPITEL 5

Atheisten-Weltkonferenz in Kopenhagen veröffentlicht 11-Punkte-Deklaration

Vom 18. bis 20. Juni 2010 fand in Kopenhagen ein Kongreß statt, der sich selbst „Internationale Atheisten-Konferenz" nannte. Das Motto lautete „Gods & Politics". Hauptthema der zahlreichen Referate war der Einfluß der Religionen auf die gegenwärtige Gesellschaft und Politik und wie dieser Einfluß beseitigt werden könnte. Namhaftester Referent war Prof. Richard Dawkins. Während des Kongresses wurde ein elf Punkte umfassendes Bekenntnis- und Aktionsprogramm erarbeitet, das zum Abschluß als „Kopenhagen-Deklaration" veröffentlicht wurde. Welche Gesellschaftsform wird darin entworfen?

Die Konferenz „Gods & Politics" war die erste Veranstaltung der „Internationalen Atheisten-Allianz" (Atheist Alliance International, atheistalliance.org) in Europa. Organisiert wurde sie von der „Dänischen Atheisten-Vereinigung".

Die Kongress-Website (atheistconvention.eu) erklärt: „Wie der Name schon sagt, liegt ein Schwerpunkt der Konferenz auf Religion und Politik. Welchen Herausforderungen stehen wir als Nichtgläubige heute gegenüber, und haben wir eine genug starke Stimme in dieser Debatte?"

2011 wird die Atheisten-Weltkonferenz in Dublin, Irland, stattfinden.

Gemäßigte bis extreme Standpunkte

Während zweieinhalb Tagen hielten fünfzehn Referenten und sechs Referentinnen jeweils einen einstündigen Vortrag. Zu den gemäßigten Vorträgen gehörten der von Ray W. Brown, Präsident der

---

Diesen Artikel schrieb ich für die Website kopp-online.com (Anfang Juli 2010).

Internationalen Humanistischen und Ethischen Union (IHEU) von 2003 bis 2006, heute Vertreter der IHEU an der UNO in Genf, mit dem Titel „Der Einfluß der Religionen in Europa", und der von Prof. Rebecca Newberger Goldstein: „Spinoza, der erste säkulare Humanist".

Zu den extremen Referenten gehörte Prof. Paul Zachary Myers, ein erklärter Gegner aller Arten von Religion und Spiritualität. „Ich habe nichts außer Verachtung übrig für das Konzept des Intelligent Design." Die amerikanische Humanistenvereinigung ernannte ihn 2009 zum „Humanisten des Jahres". Im Text zu seinem Vortrag schrieb er: „Der Grund, warum Atheisten noch viel lauter ihren Standpunkt vertreten sollten, ist der, daß Atheismus die einzige Weltsicht ist, die der Wissenschaft entspricht …"

Ein anderer extremer Referent war der Physiker Victor Stenger. Im Text zu seinem Vortrag „Wie wir Religion konfrontieren" schreibt er: „Glaube ist dumm und sollte nicht mit Respekt behandelt werden. […] Man sollte Religion nicht mit Respekt begegnen […]."

Aroup Chatterjee, ein indischer Arzt, der in England tätig ist, widmete sich der Demontage von Mutter Teresa. Er wirft Mutter Teresa vor, sie habe den Ruf der Stadt Kalkutta ruiniert, sie habe ihren Einsatz für die Armen falsch, d. h. in zu hochtrabender Form dargestellt, sie habe einen Teil der Spendengelder nicht für die Armen eingesetzt, und die medizinische Hilfe, die von ihrer Station geleistet worden sei, sei inadäquat gewesen.

Richard Dawkins bewegte sich rhetorisch im mittleren Bereich, denn seine Standpunkte sind hinlänglich bekannt: Jegliche Form von Religion und Nichtmaterialismus ist für ihn ein „Wahn" *(delusion).* Er sprach zum Thema „Ist Religion gut für nichts?" – Religion durch die Brille der Evolutionstheorie: Was „gut für etwas" bedeutet, ist abhängig von den Prinzipien der natürlichen Selektion. Was dient dem Überleben? Wozu religiöses Verhalten in der Vergangenheit auch gut gewesen sein mag, heute ist „Religion" ein Relikt, das der Mensch nicht mehr braucht.

Auch Kurt Westergaard, der Zeichner der berühmten Mohammed-Karikaturen, die 2005 in Dänemark und weltweit für viel Aufruhr gesorgt hatten, wurde als Referent eingeladen und hatte zuerst vorgehabt teilzunehmen, sagte später jedoch ab.

Das Entstehen der Kopenhagen-Deklaration 2010

Die Deklaration entstand als gemeinsames Projekt im Rahmen der Kopenhagen-Konferenz. Am ersten Tag konnten Vorschläge eingereicht werden: Welche Punkte sollen in die Deklaration? Am zweiten Tag wurde aus den verschiedenen Vorschlägen ein erster Entwurf erstellt, der dann in die Runde gegeben wurde, damit alle ihre Kommentare und Korrekturvorschläge einreichen konnten. Am dritten Tag entstand die abschließende Version, über die abgestimmt wurde.

Die veröffentlichte Version ist nicht endgültig. Die Diskussionen gehen innerhalb der Atheisten-Allianz und im Internet weiter. Nächstes Jahr in Dublin soll eine neue, überarbeitete Form der Deklaration veröffentlicht werden. Ziel ist eine immer klarere und konkretere Zusammenstellung von Richtlinien und Forderungen bezüglich der Rolle von Religion im öffentlichen Leben.

Allgemein läßt sich sagen, daß die jetzt vorliegende Deklaration mit elf Punkten eine sinnvolle Diskussionsgrundlage darstellt, die in ihrem Ton weitgehend neutral gehalten ist. Auch die „militanten" Atheisten sahen ein, daß momentan eine diplomatische Version den weiteren Zielen besser dient als ein sofortiger Generalangriff auf jegliche Form von Religion und Privilegierung religiöser Institutionen. Deshalb wird dieses Dokument auch „Deklaration" und nicht „Manifest" genannt, obwohl dieses Wort bereits mehrfach verwendet wurde, insbesondere in den drei „Humanistischen Manifesten" (1933, 1973, 2000), die ich im Buch *Der radikale Mittelweg* ausführlich bespreche.

Der Inhalt der Deklaration

Der englische Originaltext der Deklaration kann auf der Website des Kopenhagen-Kongresses abgerufen werden.* Sie umfaßt elf Punkte, die ich hier alle vollständig zitiere und kurz kommentiere (Übersetzung von Armin Risi).

* atheistconvention.eu/copenhagen-declaration

Kopenhagen-Deklaration über Religion im öffentlichen Leben

Wir, im Rahmen der Atheisten-Weltkonferenz „Götter und Politik“, abgehalten in Kopenhagen vom 18. bis 20. Juni 2010, erklären hiermit folgendes:

1) Wir anerkennen, daß das Recht auf Gewissens-, Religions- und Glaubensfreiheit uneingeschränkt ist* und daß die Freiheit der Religionsausübung nur durch die Notwendigkeit, die Rechte anderer zu respektieren, beschränkt sein sollte.

2) Wir fordern, daß die allgemeine Rechtsordung auf Evidenz und Vernunft beruhen sollte und nicht auf Dogmen.**

Punkt 1 betont, daß nicht alle Menschen Atheisten zu sein brauchen und daß alle Menschen glauben dürfen, was sie wollen, solange sie die Rechte anderer Menschen respektieren.

Punkt 2 zeigt bereits das Problem, das sich hier in dieser Diskussion stellt. „Evidenz und Vernunft“ werden den „Religionen“ und dem „Glauben“ gegenübergestellt, wobei die Atheisten den logischen Fehler machen, daß sie glauben, ihre Weltsicht sei kein Glaube.

Jede Erkenntnis beruht auf der Interpretation von Fakten (aus der Physik, Genetik, Paläontologie usw.), und jede Interpretation ist von einem Weltbild abhängig. Mit welchem Weltbild werden die Fakten interpretiert? Hier stehen verschiedenste Weltbilder zur Auswahl: Materialismus / Evolutionismus, Monismus, Deismus, Dualismus, Pantheismus, Monotheismus, Theismus, Agnostizismus usw.

---

* Artikel 18 der Allgemeinen Menschenrechtsdeklaration und Artikel 18 des Internationalen Abkommens über zivile und politische Rechte.

** Die Gesellschaften des 21. Jahrhunderts müssen auf einer Kultur des objektiven Wissens und des rationalen Denkens aufgebaut sein, auf der Grundlage von Evidenz, die von den Wissenschaften innerhalb des juristischen Rahmens der internationalen Menschenrechte vorgegeben ist. Religionen gründen von ihrem inneren Wesen her in Glauben und werden von Mythen und Vermutungen geleitet, die von einem selbsteingesetzten Klerus ausgelegt werden. Religionen sollten deshalb in das Privatleben verwiesen werden und im öffentlichen Leben keinen Einfluß haben.

Welches Weltbild auch immer wir wählen, diese Wahl ist ein Akt des Glaubens. Mit anderen Worten, Materialisten und Evolutionisten vertreten genauso einen Glauben wie alle anderen, und dieser Glaube ist keineswegs plausibler als der Glaube der anderen Weltbilder. So ist zum Beispiel nicht bewiesen, daß alles Existierende – Tiere, Pflanzen, Menschen usw. – allein durch eine hypothetische „Selbstorganisation der Materie" entstanden ist.

Die Atheisten unterschlagen diesen Fakt (nämlich daß auch ihre Ansicht ein Glaube ist) und fordern, daß im öffentlichen Leben nur noch atheistische oder höchstens agnostische Weltbilder den Kurs der Gesellschaft bestimmen sollen.

> 3) Wir betonen die Notwendigkeit einer Gesellschaft, die auf Demokratie, Menschenrechten und gesetzlichen Regelungen basiert.* Die Geschichte hat gezeigt, daß die erfolgreichsten Gesellschaften diejenigen sind, die am säkularsten sind.**

Punkt 3 wendet sich – mit Recht – gegen religiös-totalitäre Staatsformen und gegen theokratische Willkür. Die Behauptung jedoch, säkulare Gesellschaften seien die erfolgreichsten, ist sehr fragwürdig, denn die totalitärsten Staatsformen waren nicht religiöse, sondern säkulare, in denen alle Arten von religiösen, nichtmaterialistischen und unkonformen Menschen als „Staatsfeinde" verfolgt wurden (unter Lenin, Stalin, Mao usw.). Säkulare Gesellschaften sind also nicht automatisch vernunftbestimmt und human, wie atheistische Humanisten gerne behaupten. Ebenso ist der Begriff „Demokratie" sehr weitläufig: Die Schweiz ist eine Demokratie, Barack Obama gehört zu den Demokraten, die DDR nannte sich „demokratisch". Was eine „säkulare Demokratie" ist, müßte genau definiert werden.

---

* Brüssel-Deklaration 2007

** Die Sozialwissenschaften zeigen, daß moderne Nationen, die stark religiös geprägt sind, im Hinblick auf die grundlegenden sozialen und wirtschaftlichen Indikatoren – wie die Kriminalitäts- und Inhaftierungsrate, die Lebenserwartung, die problematischen Konsequenzen der Sexualität und das Sichern des allgemeinen Wohlstandes – sich als nicht erfolgreich erwiesen haben. Dies bedeutet konsequenterweise, daß die im säkularen Sinn fortgeschrittensten Demokratien die erfolgreichsten sind.

Ist „säkular“ gleich sozialistisch? Ist eine „säkulare Demokratie“ praktisch eine Diktatur der Atheisten, in der die Vertreter aller anderen Glaubensformen öffentlich keinen Einfluß mehr haben dürfen und unterdrückt, evtl. sogar verfolgt werden? Erinnern wir uns, was der eine Referent im Weltkonferenz-Programmheft schrieb: „Glaube ist dumm und sollte nicht mit Respekt behandelt werden. [...] Man sollte Religion nicht mit Respekt begegnen [...].“ Dadurch wird auch die hier in Punkt 3 erwähnte Bezugnahme auf die Menschenrechte extrem relativiert.

> 4) Wir sind überzeugt, daß das einzig gerechte Regierungssystem in einer demokratischen Gesellschaft jenes ist, das auf Säkularismus beruht: staatliche Neutralität in Bezug auf Religions- und Glaubensangelegenheiten, die niemanden bevorzugt oder diskriminiert.

Hier wird behauptet, das „einzig gerechte Regierungssystem“ sei jenes, das auf Säkularismus beruhe. Die praktische Umsetzung zeigt jedoch, daß die hier geforderte „staatliche Neutralität“ eine Diskriminierung aller nichtmaterialistischen Standpunkte nach sich zieht, wobei dies nicht als Diskriminierung bezeichnet wird, sondern als „Neutralität in Religions- und Glaubensangelegenheiten“.

> 5) Wir fordern, daß Handlungen im Privatleben, welche die Rechte anderer respektieren, nicht Gegenstand juristischer Sanktionen oder staatlicher Vorgaben sein sollen.*

Mit diesem Punkt soll den Problemen vorgebeugt werden, die in totalitären Staatssystemen auftreten können. Es ist zu hoffen, daß sich diese Atheisten auch gegen all jene Tendenzen wehren, die heute immer mehr in Richtung totalitärer Verordnungen gehen (Weltsozialismus usw.). Aber hier sprechen diese Intellektuellen mit Vorliebe schnell von „Verschwörungstheorien“ und lassen einen auffälligen Mangel an Vernunft und freiem Forschen erkennen. Der heilige Begriff „Vernunft“ ist anscheinend ein sehr subjektiver und dehnbarer Begriff. Gewisse Leute halten es für „vernünftig“, Kriege

---

* Der Staat sollte keine Gruppe unterdrücken [Repressalien aussetzen] oder favorisieren.

zu beginnen, den Welthunger zu tolerieren, Getreide an Schlachttiere zu verfüttern, Urwälder abzuholzen, die Anzahl Menschen zu reduzieren, immer mehr Geld zu drucken, usw.

> 6) Wir fordern, daß Gläubige und Nichtgläubige gleichermaßen das Recht haben sollen, am öffentlichen Leben teilzunehmen, und unterstützen deren Recht auf Gleichbehandlung im demokratischen Prozeß.

Dem hier geforderten „Recht auf Gleichbehandlung" steht der praktische Universitäts- und Wissenschaftsbetrieb gegenüber, wo Wissenschaftler(innen) und Akademiker(innen), die ein Darwin-kritisches Weltbild vertreten, sofort von atheistischen Aktivisten bekämpft und nicht selten auch verleumdet werden. Sie sollen ihren Lehrstuhl oder ihre journalistische Anstellung verlieren oder bei Kongressen ausgeladen werden. Der Verdacht drängt sich auf, daß „Gleichbehandlung" hier nur einseitig gemeint ist (eindrücklich dargestellt in der Dokumentation *Expelled* von Ben Stein, 2010).

> 7) Wir unterstützen den Standpunkt, daß alle Menschen ein Recht auf freie Meinungsäußerung haben und daß dieses Recht nur jenen Einschränkungen unterworfen ist, die vom internationalen Gesetz vorgeschrieben sind – Gesetze, die von allen Regierungen respektiert und durchgesetzt werden sollten.* Wir lehnen sämtliche Gesetze gegen Blasphemie und sämtliche Einschränkungen des Rechts, Religionen oder nichtreligiöse Lebenseinstellungen zu kritisieren, ab.**

Hier fordern die Atheisten legitimerweise für sich das Recht ein, Religionen kritisieren zu dürfen, insbesondere das Judentum, das Christenum und den Islam. Atheisten fordern, daß sie an Schulen und Universitäten ihre Meinungen und Doktrinen lehren dürfen – was sie ohnehin schon längst tun –, während alle Formen von religiösen und spirituellen Standpunkten abgelehnt, diskreditiert und diskriminiert werden sollen.

---

* Artikel 19 und 20 des Internationalen Abkommens über zivile und politische Rechte.

** Antrag 1805 (2007) der Parlamentsversammlung des Europarates.

> 8) Wir unterstützen das Prinzip des einen Gesetzes für alle, ohne Sonderbehandlung für Minderheitsgemeinschaften und ohne Recht für religiöse Gerichte, in zivilen Angelegenheiten oder Familiendisputen Urteile zu sprechen.

Dieser Satz richtet sich vor allem gegen die Sonderstellung von Kirchen und gegen die zunehmende Tendenz, daß Moslems auch in westlichen Ländern die Durchsetzung der Scharia für ihre Mitglieder fordern. Die spezifische Formulierung dieses Satzes wird aber auch in atheistischen Kreisen kritisiert, weil keine „Sonderbehandlung für Minderheitsgemeinschaften" auch auf Homosexuelle oder ethnische Gruppen bezogen werden könnte. (Bei der nächsten Weltkonferenz soll die Deklaration in allen beanstandeten Punkten umformuliert werden.)

> 9) Wir lehnen jegliche Diskriminierung entsprechend Rasse, Religion / Glauben, Geschlecht, Klasse, Kaste oder sexueller Orientierung ab, sowohl Diskriminierungen im Beruf (außer für religiöse Führer) als auch in der Bereitstellung sozialer Dienstleistungen.*

Punkt 9 wendet sich gegen jegliche Form von Diskriminierung, betont jedoch, daß „religiöse Führer" und damit auch alle Arten von einflußreichen Personen, die kein atheistisches Weltbild vertreten, in Berufen aufgrund ihrer Einstellung diskriminiert werden dürfen, zum Beispiel daß ihnen ein Lehrstuhl an Hochschulen verwehrt wird.

> 10) Wir lehnen jede Privilegierung religiöser Interessen in der Politik und im öffentlichen Leben ab und vertreten den Standpunkt, daß keine Religion einen gemeinnützigen und steuerfreien Status zugesprochen bekommen soll, ebenso soll der Staat keine Zuschüsse für die Förderung irgendeiner Religion geben, denn dies läuft den Interessen Nichtgläubiger sowie anderer Glaubensrichtungen zuwider. Wir sind gegen die staatliche Förderung religiöser Schulen.

---

* Artikel 14 des Europäischen Abkommens über Menschenrechte und Grundfreiheiten.

Punkt 10 ist eine weitere Illustration des bereits mehrfach erwähnten Widerspruchs: Atheisten fordern vom Staat „Neutralität in Glaubensfragen" und verlangen zugleich, daß öffentlich nur atheistische oder agnostische Weltbilder gelehrt werden dürfen, was eine Diskriminierung aller anderen Weltbilder bedeutet, also *keine Neutralität* und *keine Gleichberechtigung*. Der Staat soll Zuschüsse an weltlich-humanistische Schulen geben, aber nicht an religiöse und alternative. Während zahlreiche Vereine und Institutionen als gemeinnützig anerkannt werden, sollen Religionen von vornherein als „nicht gemeinnützig" diskriminiert werden.

> 11) Wir unterstützen das Recht auf säkulare Bildung und betonen die Notwendigkeit einer Schulbildung, die kritisches Denken und die Unterscheidung zwischen Glauben und Vernunft fördert – als Richtlinie zur Erlangung von Wissen –, ebenso betonen wir die Notwendigkeit einer schulischen Information über die Vielfalt religiösen Glaubens.* Wir unterstützen den Geist des freien Forschens und des Lehrens von Wissenschaft frei von religiöser Einmischung, und wir sind gegen jede religiöse oder anderweitige Indoktrination.

Punkt 11 unterstützt „den Geist des freien Forschens und des Lehrens von Wissenschaft", fügt aber sogleich hinzu, daß das „freie Forschen" keinerlei religiöse, esoterische oder spirituelle Sichtweise mit einbeziehen dürfe, denn dies wäre eine „Einmischung". Sie sind „gegen jede religiöse oder anderweitige Indoktrination" – und fördern gleichzeitig eine materialistische Indoktrination, die aus ihrer Sicht jedoch keine Indoktrination, sondern „Wissenschaft" ist. Auch hier zeigt sich, daß sie fälschlicherweise Wissenschaft mit materialistischer Interpretation gleichsetzen und vom Dogma ausgehen, Wissenschaft dürfe nur materialistisch sein. Mit dieser Grundhaltung drehen sie sich in einem Zirkelschluß und *behindern* das freie Forschen, denn viele wahrhaft freidenkende Menschen, die sich nicht auf einen Materialismus bzw. Atheismus beschränken, haben in den Bereichen der alternativen Forschung (Metaphysik, Parapsychologie, multidimensionale Physik, Psychosomatik, Geistheilung, In-

---

* Artikel 14 des Antrags 1720 (2005) der Parlamentsversammlung des Europarates.

formationsmedizin usw.) seit über einhundert Jahren und erst recht in den letzten Jahren und Jahrzehnten Erkenntnisse gewonnen, die der Menschheit vollkommen neue Bereiche von Wissenschaft und Selbsterkenntnis eröffnet hätten, wenn die materialistisch-intellektuelle Elite diese Forschung nicht von vornherein abgelehnt und diskreditiert hätte (und nicht selten auch bekämpft). Würde diese Forschung – gemäß dem Prinzip der Gleichbehandlung und der gleichen Rechte – genauso gefördert wie jene Forschung, die materialistischen und atheistischen Weltbildern entspringt, hätten Begriffe wie Wissenschaft, Objektivität und Humanität längst eine neue Bedeutung und Dimension gewonnen.

Fazit

Wir sehen hier, daß die Atheisten sich auf eine ähnliche Weise ausdrücken wie die absolutistischen Religionen. Sie bezeichnen ihren politischen Entwurf als „das einzig gerechte Regierungssystem" (Punkt 4) und behaupten, der Atheismus sei „die einzige Weltsicht, die der Wissenschaft entspricht" (P. Z. Myers). Mit anderen Worten, sie vertreten ebenfalls Dogmen: „Wir haben haben die einzige Wahrheit, und das Lehren dieses Säkularismus / Atheismus ist ‚Neutralität in Glaubensfragen', alles andere ist Indoktrination."

Angesichts dieser Einseitigkeiten und Antagonismen lautet meine These, daß Monotheismus (Religionen mit Monopolansprüchen) und Atheismus die zwei Seiten derselben Spaltung sind und daß der Atheismus keine zukunftsfähige und auch keine echte Alternative zum Monotheismus darstellt. Die wirkliche Notwendigkeit der heutigen Zeit sehe ich in der „Überwindung von Atheismus und Monotheismus", so der Untertitel des Buches *Der radikale Mittelweg.* Die Perspektive dieses Mittelwegs erlaubt eine neuartige Sicht sowohl auf den Atheismus als auch auf den Monotheismus – und auf den Weg, der uns aus dieser Spaltung hinausführen kann. Dies ist keine neue Theorie oder Theologie, sondern eine Rückbesinnung auf das Urwissen der Menschheit und die universelle Essenz der Religionen und Mysterienschulen aller Kulturen der Welt.

KAPITEL 6

Matrix Māyā

Leben wir in einer virtuellen Realität?

Alte Mythen sagen, daß wir in einer „verzauberten Welt" oder in einer „gefallenen Welt" leben. Platon bezeichnet unsere Welt in seinem berühmten Höhlengleichnis als eine Schattenwelt, die indisch-mythologische Bildersprache sagt, die gesamte materielle Welt sei Vishnus Traum, der Māyā („Illusion") ermögliche. Buddhistische und moderne monistische Lehren sagen, unsere Welt sei eine Scheinrealität, einige sagen sogar, sie existiere in Wirklichkeit gar nicht. Ähnliches besagt der moderne Begriff „Matrix": Was wir Menschen als Realität wahrnähmen, sei nur eine virtuelle Realität. Und so stellen sich wichtige Fragen: Stimmt es, daß wir in einer virtuellen Realität leben? Falls ja, was bedeutet virtuell? Und was ist dann „reell"? Was bedeutet Māyā? Was ist die Matrix? Wo liegen die Tücken im Weltbild der drei Matrix-Filme, die in Science-Fiction-Kreisen schon seit Jahren einen Kultstatus haben?

Eine Analyse aus theistischer Sicht

Wenn alte Mythen sagen, unsere Welt sei eine „verzauberte" Welt, eine Welt der Māyā, dann meinen sie damit das, was wir heute – in Anlehnung an die Computer-Sprache – als virtuelle Welt bezeichnen. Tatsächlich können uns Computer auf eine metaphorische Weise veranschaulichen, in welcher Art von Welt wir leben und wie das Materielle, d. h. das Virtuelle, mit höheren Realitäten verbunden ist.

Virtuelle Welten

Mit Computern ist es uns möglich geworden, künstliche („virtuelle") Welten zu schaffen: Animationen, Simulationen, Computerspiele. Virtuell bedeutet „scheinbar existent; etwas darstellend, ohne dieses ‚Etwas' wirklich zu sein"*, und bezieht sich heute meistens auf computergenerierte Abläufe, auf die der Mensch durch eine interaktive Verbindung einwirken kann. Was durch dieses Computerprogramm erzeugt wird und was der Mensch dadurch wahrnimmt, wird im Englischen als *Virtual Reality* (VR) bezeichnet, als „virtuelle Realität".

Computerspiele sind ein typisches Beispiel für virtuelle Realitäten. Auf dem Computerbildschirm erscheinen Fantasy- oder Drachenwelten, Verfolgungsjagden, Abenteuer in alten Kulturen oder auf anderen Planeten, Fußball- oder Tennisspiele – der Phantasie sind keine Grenzen gesetzt –, und der Mensch kann über die Tastatur und die Computer-Maus direkt in diese Spiele eingreifen und mitspielen, so daß er selber als virtuelle Figur im Computerspiel präsent ist. Auf diese Weise identifizieren sich Computerfans mit einer *virtuellen Identität.* Im irdischen Alltag empfinden sie sich vielleicht als unbedeutend und anonym, aber wenn sie in ihre Computerwelt eintauchen, sind sie Helden, Rebellen, Pokemon-Stars, Verbrecherjäger, Ufo-Piloten oder was auch immer.

Eine noch komplexere Form von virtueller Realität erlebt der Mensch, wenn er sich über einen sensorischen Handschuh und eine sensorische Brille direkt als Teil der computergenerierten Welt sieht. Diese Technik wird für Flugsimulatoren oder vom Militär für Übungen im Fallschirmspringen, Panzerfahren usw. und immer mehr auch von der Unterhaltungsindustrie eingesetzt. Der Mensch sieht und erlebt eine eigene Welt und kann in ihr aktiv sein, obwohl diese Welt physisch, in der „normalen" Umwelt, inexistent ist, das heißt, sie ist nur virtuell vorhanden. Sie existiert in der Wahrnehmung des Menschen, der sich durch das entsprechende „Interface" mit dieser Computerwelt verbunden hat.

---

* virtuell, von frz. *virtuel,* „wirkungsfähig; der Form / Wirkung nach vorhanden; theoretisch / formell existent", abgeleitet lat. *virtus,* „Tugend, Tapferkeit, Tüchtigkeit, Kraft", wörtl. „Mannhaftigkeit", von *vir,* „Mann, Held". Das lateinische Wort *vir* geht zurück auf das gleichbedeutende Sanskritwort *vīra.*

Im falschen Film?

Das Erleben virtueller Realitäten kann so lebensnah und „lebendig" sein, daß es wie das echte Leben erscheint, weshalb gewisse Computerphilosophen die Frage stellen, ob das Erleben virtueller Realitäten nicht eine Metapher für unsere gesamte Existenz sei. Wir brauchen das Wechselspiel von Mensch und Computer nur einen Schritt zurückzuversetzen, und dann ist unsere physische Welt das virtuelle „Spiel", und wir sind Personen in diesem Spiel, das von vorgegebenen Programmen und Regeln bestimmt wird.

Wenn das ganze materielle Universum eine virtuelle Realität ist, dann stellt sich natürlich die Frage: Was ist die *wirkliche* Realität? Bei einem Computerspiel können wir Raum und Zeit vergessen und uns voll mit der virtuellen Realität identifizieren, aber wenn wir den Computer ausschalten, kehren wir in die „wirkliche" Realität zurück. Aber ist diese Alltagsrealität tatsächlich die *wirkliche* Realität? Falls nicht, was ist dann unser Leben? Ebenfalls eine virtuelle Realität? Ist unser physischer Körper ein organisches Interface zur Virtualität unserer irdischen Realität, während wir in Wirklichkeit „etwas anderes" sind? Haben wir *deshalb* manchmal das Gefühl, „im falschen Film" zu sein?

In den Matrix-Filmen werden diese Fragen ebenfalls gestellt. Die Hauptperson namens Thomas Anderson (mit Internet-Namen Neo) erfährt plötzlich, daß seine irdische Identität eigentlich eine virtuelle Realität ist. Die „wirkliche" Realität außerhalb der Matrix, d. h. außerhalb der Scheinwelt mit all ihren Funktions- und Täuschungsprogrammen, ist in diesen Filmen eine triste Welt: Die wirklichen Menschen liegen bewußtlos in großen Laborbehältern und dienen einer Maschinengesellschaft als lebendige Batterien, während sie wie in einem Traum eine virtuelle Welt erleben, in der sie scheinbar existent und aktiv sind. (Ich werde auf diese Filme in der zweiten Hälfte des Kapitels näher eingehen.)

In atheistisch-esoterischen Weltbildern wird unser Leben oftmals als „Spiel" bezeichnet, das vor dem Hintergrund einer abstrakten Totalität von Energie ablaufe – bis sich unsere Scheinindividualität aufgrund von „Erleuchtung", „Befreiung", „Clearing" usw. in der Totalität von Energie auflöse. Gemäß diesem Weltbild beschränkt sich unser Leben auf das Virtuelle – im Trugschluß, das Virtuelle (= Materielle) sei die einzige Realität.

Materialismus: Virtualität = Realität

Die virtuelle Realität eines Computerspiels ist das Ergebnis einer vielfältigen Arbeit. Intelligenz und Kreativität müssen mit sorgfältiger Informatikarbeit verbunden werden. Ein Computerspiel generiert sich nicht selbst. Wie steht es aber mit dem Universum? Ist das Universum ein unbegrenzter Computer, der sich selbst programmiert? Ja, sagen hier alle atheistischen Lehren: Dieser Computer war aufgrund seiner Unbegrenztheit schon immer existent, weshalb sich die Frage „Wie entstand dieser Universum-Computer?“ nicht stellt!

Die Vertreter des Atheismus – vom Materialismus bis hin zum atheistischen Monismus – sehen nur Materie und Energie und glauben deshalb an eine „Selbstorganisation der Materie“. Bereits im alten Griechenland traten Männer auf, die lehrten (wie z. B. Demokrit und Epikur), Realität bestehe nur aus Materie und Materie sei nichts anderes als die Totalität der unbegrenzten Anzahl von Atomen. Diese Ansicht wurde auch im neuzeitlichen Europa vertreten, als die Kirche ihre absolutistische Macht verlor. Ein früher Vertreter war *Julien O. de La Mettrie* (1709–1751), der als Arzt verkündete, der Geist sei eine Funktion des Körpers, es gebe kein nichtphysisches Leben und kein Leben nach dem Tod, usw. Der Titel seiner bekanntesten Schrift bringt die Kernaussage dieser Weltsicht zum Ausdruck: *L'homme machine* (1747), dt. *Der Mensch eine Maschine.* Physikalisch gesehen sei der Mensch eine Maschine und biologisch gesehen ein Tier. Heute wird La Mettrie vielerorts als Vordenker der modernen Wissenschaft rehabilitiert, wodurch deutlich wird, welche Glaubenssätze die „moderne“, d. h. materialistische Wissenschaft vertritt.

Die logische Folge des Materialismus ist der *Determinismus,* das Weltbild, das besagt, alles funktioniere nach berechenbaren Gesetzen, nach klaren physikalischen und chemischen Aktion-Reaktion-Mustern – was auch bedeutet, daß es keinen davon unabhängigen freien Willen gibt, weder beim Menschen noch bei „Gott“; der Kosmos sei ein seelenloser Weltenmechanismus, der sich nach seinen inhärenten Gesetzen selber organisiere. Ein früher Vertreter dieser Ansicht war der französische Mathematiker und Astronom Pierre Laplace (1749–1827), der in seinem Buch *Mécanique Céleste* („Himmelsmechanik") die Theorie aufstellte, die Umlaufbahnen der Planeten unseres Sonnensystems seien stabil und unveränderlich. Damit antwortete er auf Newtons Ansicht, daß Unregelmäßigkeiten oder Abweichungen im mechanischen Ablauf der Planetenbewegungen durch ein Eingreifen Gottes korrigiert werden müßten. Als Napoleon den atheistischen Laplace fragte, warum er in seinem Buch *Mécanique Céleste* den Schöpfer des Universums mit keinem Wort erwähne, soll dieser die heute sprichwörtliche Antwort gegeben haben: „Durchlaucht, ich bedarf dieser Hypothese nicht."

In der Welt der Newtonschen Physik bewegen sich alle materiellen Objekte tatsächlich nach berechenbaren Gesetzen. Aber auf der Nuklearebene der Materie herrscht Unberechenbarkeit, wie durch die Quantenphysik nachgewiesen wurde. Elektronen machen Quantensprünge. Photonen können als Teilchen oder als Welle auftreten, usw. Wovon ist das mysteriöse Verhalten der Materie in ihrer Grundstruktur abhängig? Was entscheidet, wann eine dieser unberechenbaren, nicht-linearen Reaktionen ausgelöst wird? Welcher Faktor bestimmt, was in der virtuellen Realität geschieht?

Bewußtsein, der Schlüssel zur Realität jenseits der Virtualität

Eine virtuelle Realität ist per Definition eine abhängige, relative Realität. Das virtuelle Computerspiel ist abhängig von Hardware und Software, von Elektrizität und vom Menschen, der dieses Spiel startet und belebt. Die wirkliche Realität ist also immer umfassender als die virtuelle. Die virtuelle Realität könnte aus sich heraus weder entstehen noch existieren. Hierauf wiesen auch die Seher der alten Kulturen hin, als sie sagten, unsere Welt sei „verzaubert" oder sei der Traum Gottes.

Wenn wir die physikalische Welt als virtuelle Realität betrachten, wird offensichtlich, daß unser Leben mehr umfaßt als die Welt, die wir als Menschen wahrnehmen. Das Materielle ist nie isoliert und unabhängig, sondern existiert immer in Beziehung zum Absoluten, so wie auch ein Schatten keine eigene, selbständige Existenz hat.

„Licht und Schatten" ist die klassische Metapher für das Zusammenspiel von absoluter und relativer Realität. Heute können wir auch auf die Metapher von Computer und virtueller Realität zurückgreifen. Schatten symbolisiert die relative, virtuelle Realität der materiellen Welt, Licht die wirkliche, spirituelle Realität. So wie die virtuelle Realität eines Computerspiels nicht absolut von der materiellen Realität verschieden ist, sondern diese nachbildet, so ist auch die virtuelle Realität der materiellen Welt nicht absolut von der spirituellen Welt verschieden, denn diese umfaßt die relativen Realitäten, so wie Licht in einem von ihm scheinbar getrennten Bereich den Schatten umfaßt.

Betrachten wir nun das Universum oder die Gesamtheit der materiellen Welt als eine virtuelle Realität, so ist diese Gesamtheit „eingebettet" in eine alldurchdringende und allgegenwärtige Allrealität. Das Unendliche ist eingebettet in die Ewigkeit.

Das Materielle ist das Unendliche, das Spirituelle ist das Ewige (= das Raum- und Zeitlose). Das Unendliche existiert vor dem ewigen Hintergrund, der jedoch nicht nur „hinter" allem Materiellen, sondern auch alldurchdringend *in* allem Materiellen als der lebendige göttliche Geist gegenwärtig ist. Dies läßt sich physikalisch nur als Konzept umschreiben, aber geistig-individuell können wir dies als lebendige Realität erfahren: in unserem eigenen Leben und im bewußten Betrachten aller Schöpfung, angefangen mit uns selbst.

Die virtuelle Welt unterscheidet sich immer von der realen Welt, aber wir können auch innerhalb der virtuellen Welt die göttliche Realität erleben und erfahren, denn wir als geistige Wesen sind nicht virtuell, sondern spirituell – mit materiellen Erfahrungen, die nicht absolut real, sondern *relativ* real sind, also nicht einfach irreal oder gar inexistent.

Universum, Multiversum, Omniversum

Ein Computer kann verschiedene Programme gleichzeitig laufen lassen, wobei die verschiedenen Fenster parallel zueinander bestehen, ohne sich zu vermischen. Kompatible Programme erlauben innerhalb der Parallelität auch eine Verbindung, z. B. wenn eine Grafik oder ein Foto in ein Textprogramm importiert wird.

Wenn nur schon ein Computer mehrere Programme gleichzeitig betreiben kann, wie viele dann der kosmische Computer? Unendlich viele! Die virtuelle Beschaffenheit der materiellen Welt erlaubt eine für uns unvorstellbare *Multidimensionalität* – ohne daß sich die verschiedenen Dimensionswelten vermischen, es sei denn, es geschehen dimensionsübergreifende Phänomene. Solche Phänomene mögen faszinierend sein, aber sie gehören immer noch zur virtuellen Realität, die eine „Simulation" der wirklichen Realität darstellt. Was in der Simulation vorhanden ist, muß in der wirklichen Realität in seiner ursprünglichen, nicht-virtuellen Form vorhanden sein, insbesondere *Bewußtsein.* Bewußtsein in der materiellen Projektion ist „virtuelles Bewußtsein" (= Identifikation), reines Bewußtsein ist Ausdruck von dem, was wir *in Wirklichkeit* sind (= Identität).

„Universum" ist der Überbegriff für die Gesamtheit aller physikalischen Welten (von den subatomaren Bereichen bis zu den Galaxien und Galaxienhaufen). Die Totalität des multidimensionalen Kosmos mit all den irdisch unsichtbaren Dimensionswelten kann als „Multiversum" bezeichnet werden, die Gesamtheit der materiellen Welt mit all ihren Multiversen als „Omniversum". Der vielschichtig programmierte Kosmos-Computer ist *unendlich,* weshalb diejenigen, die nur die Materie sehen, meinen, dieser Computer programmiere sich selbst (durch „Zufall" und „Notwendigkeit").

Wer sich mit der virtuellen Realität identifiziert, wird glauben, diese Welt sei alles, was es gibt – was nicht verwunderlich ist, denn die materielle (virtuelle) Realität ist unendlich! Die Unendlichkeit ist jedoch ein Aspekt der Ewigkeit, des allgegenwärtigen Urgrundes, von dem alles ausgeht, was in der virtuellen Realität in einer mehr oder weniger beschränkten Simulation vorhanden ist. Wenn wir nun davon ausgehen, daß die materielle Welt eine göttliche Schöpfung ist, dann dürfen wir damit rechnen, daß wir in einer vollkommenen Simulation leben, die den Schein erweckt, sie sei eine aus sich selbst heraus existierende Realität.

Aus der theistischen Sicht können wir jedoch erkennen, daß die Realität sich nicht auf die Simulation beschränkt und daß die materielle Welt einen höheren Sinn hat. Der Grund für ihr Entstehen ist derselbe wie ihr Ziel. Anfang und Ende, Alpha und Omega, Weg und Ziel sind im Absoluten eins. Philosophisch gesprochen:

Die Polarität von Kausalität und Finalität hebt sich in der absoluten Realität auf. Sie existiert nur in der materiellen Realität und ist hier Ausdruck der ewig-lebendigen sowie unendlich-dynamischen Ganzheit Gottes.

Māyā und die verzauberte Welt

Computerspiele bestehen aus virtuellen Personen, die nur jene Eigenschaften und Fähigkeiten haben, die ihnen einprogrammiert wurden. Selber haben sie kein Bewußtsein und nehmen ihre eigene Existenz nicht wahr. In der virtuellen Realität des Kosmos haben wir als handelnde Personen jedoch Bewußtsein und Selbstwahrnehmung. Bedeutet dies, daß ein Computer, wenn er genügend komplex ist, plötzlich Bewußtsein entwickelt, so wie die materialistische Wissenschaft dies heute in bezug auf den Menschen und seinen „Bordcomputer" genannt Gehirn behauptet?

Wäre dem so, dann wäre Bewußtsein ein Aspekt des Gehirns, so wie Hitze und Licht Aspekte des Feuers sind. Wenn das Feuer erlischt, gibt es keine Hitze und kein Licht mehr. Ebenso gibt es laut Materialismus kein Bewußtsein mehr, wenn das Hirn seine Funktion einstellt und stirbt.

Wir spüren jedoch, daß Bewußtsein nicht mechanisch funktioniert, auch nicht einfach quantenmechanisch. Bewußtsein, pragmatisch definiert, ist die Wahrnehmung von dem, was wir fühlen, denken, sehen und tun. Bewußtsein ist also nicht *gleich* Fühlen, Denken, Sehen usw. Bewußtsein ist eine Eigenschaft der Allrealität, so wie ein Computerspiel nicht von den virtuellen Personen, sondern von der Person außerhalb des Computers wahrgenommen wird.

„Dies führt zur Vorstellung, daß das Universum eine Simulation sein könnte, die innerhalb eines unendlichen Bewußtseins besteht. Das Universum besteht kraft der Tatsache, daß das unendliche Bewußtsein es sich vorstellt", schreibt der theistische Physiker und Forscher Dr. Richard L. Thompson* in seinem Buch *Maya: The World*

---

* Richard L. Thompson (1947–2009) ist vor allem bekannt als Co-Autor des in mehrere Sprachen übersetzten Bestsellers *Forbidden Archaeology*, dt. *Verbotene Archäologie.*

as Virtual Reality (2003; S. 85), einem Pionierwerk der modernen, ganzheitlichen Physik. Die Wirklichkeit jenseits der virtuellen Realität bezeichnet er als „Urgrund“ oder „Grundrealität“, engl. *Ground Reality.* „Die Grundrealität ist von ihrem Wesen her zeitlos, obwohl sie – auf zeitlose, ewige Weise – viele vergängliche Sequenzen generiert, die von den in sie eingebetteten Beobachtend-Teilnehmenden *(observer-participants)* subjektiv wahrgenommen werden.“ (S. 86)

Mit diesen Worten faßt Richard Thompson die theistische Sichtweise zusammen. Die göttliche Schöpfung bringt eine unendliche Folge von materiellen Formen („Sequenzen“) hervor, die als Formen vergänglich sind, während die materielle Energie ewig ist.

Die materielle Realität unterscheidet sich von der spirituellen Realität wie ein Traum vom Wachzustand. Die materielle Welt als Gesamtes ist jedoch nicht unser Traum, sondern *Vishnus* Traum!* Wir sind nicht die Hersteller und auch nicht die Programmierer dieses Spiels, sondern die Spieler dieses Spiels, die Personen im Traum. Da Gott jedoch absolut ist, ist auch „sein“ Traum Realität – und wir können innerhalb dieses göttlichen Traumes erwachen …

Theistisches und atheistisches Verständnis von Māyā

Māyā ist eine göttliche Kraft, die selber nicht virtuell ist. Sie ist – in der Computer-Analogie – das *Programm* der virtuellen Realität, das ermöglicht, daß überhaupt eine Simulation entstehen kann.

Der Sanskritbegriff *māyā* hat unterschiedliche Bedeutungen, genauso wie auch der gleichbedeutende moderne Begriff „virtuelle Realität“, der einerseits das beschreibt, was der Computer erzeugt, andererseits auch das, was der Mensch durch den Computer wahrnimmt. Māyā (mit der etymologischen Wurzel *may,* „wechseln, Wandel erzeugen“) ist die göttliche Kraft der Materie, die die Welt des ständigen Wandels, die virtuelle Welt, entstehen läßt.[4] Māyā mit der Bedeutung „Illusion“ (von *mā,* „abmessend; Illusionen schaffend“) bezieht sich auf die beschränkte Sicht des Menschen, wenn er

---

* Ausführlich erörtert im Buch *Gott und die Götter – Das Mysterienwissen der vedischen Hochkultur,* Kap. 3: „Die relative Realität“, Unterkapitel „Die materielle Schöpfung ist Gottes Traum“.

die virtuelle Realität getrennt von der lebendigen Gegenwart Gottes sieht.

Der Mensch ist also keine materielle Maschine und auch nicht einfach eine virtuelle Kreatur, sondern – in seinem Kern – ein ewiges spirituelles Wesen. Eng verbunden mit diesem Wort „Wesen" ist das *Wesentliche.* Wir alle spüren, daß das Wesentliche in unserem Leben nicht Geld, Macht oder Ruhm ist. Wesentlich in unserem Leben ist, daß wir glücklich sind und unsere Berufung erfüllen können – was nur möglich ist, wenn wir uns als spirituelle Wesen, ewige „Seelen", erkennen. Im Licht dieser Erkenntnis bekommt auch das Leben in der materiellen Welt Sinn und Erfüllung.

Was virtuelle Realität aus theistischer Sicht bedeutet, ist leicht zu verstehen: Virtuelle Realität ist die materielle Welt, die ein „Traum Gottes" ist, was bedeutet, daß Gott nicht identisch mit dem Traum ist. Gott ist auch nicht einfach die Summe aller Teile, denn das Ganze ist immer mehr als die Summe seiner Teile. Das Ganze im Sinn von „Gott" ist eine eigene, absolute Realität, die das Relative und Materielle in sich birgt. Die wirkliche Realität ist demnach das Zusammen-Spiel des absoluten und des relativen Bewußtseins. Wenn die „Teile" sich bewußt sind, daß sie nie vom Ganzen (Gott) getrennt sind, leben sie im Bewußtsein der wirklichen Realität, im Bewußtsein der göttlichen Liebe. Das Leben in diesem Bewußtsein ist dann eine ganz besondere Art von „Spiel", im Sanskrit *līlā* genannt, wörtl. „Harmonie; Leichtigkeit; Unbeschwertheit", philosophisch im Sinn von „Handeln in Freiheit, im Bewußtsein der eigenen wirklichen Identität (sanskr. *svarūpa*)". Hier sind wir im Bereich des mystischen Erlebens von Wirklichkeit, die verstandesmäßig nur schattenhaft und theoretisch erfaßt werden kann.

Ganz anders ist das Verständnis von „Spiel" in den atheistischen Weltbildern. Hier bedeutet „Spiel" nicht Handeln im Einklang mit Gottes Realität, sondern Handeln im Rahmen einer virtuellen Realität, die als illusorische Erscheinung eines abstrakten Energietotals gesehen wird. Ohne eine spirituell-ganzheitliche Sicht verlieren sich die Menschen in einer Sicht der Trennung und gehen in Resonanz mit der spaltenden (dia-bolischen) Kraft. In Illusion und Verblendung identifizieren sie sich mit ihrer virtuellen Rolle und entwickeln entsprechende Weltbilder, insbesondere: Die Welt sei letztlich nichts anderes als das Produkt einer Selbstorganisation der Materie; es gebe kein höheres oder absolutes Bewußtsein; Gott sei einfach Energie ohne Bewußtsein und ohne Willen; der Mensch müsse aus dem abstrakten Potential des Universums seine eigene Realität erschaffen und sei vor keiner höheren Instanz verantwortlich. Dies ist die eine Seite der Spaltung (Atheismus). Die andere Seite ist der Monotheismus, der durch die Verabsolutierung des eigenen Gottesbildes nach Monopolmacht strebt und sagt, alle anderen, die nicht diesen „Gott" anerkennen, seien verloren, verdammt und von Gott verstoßen. Beide Einseitigkeiten führen als Konsequenz – auf der Spitze der jeweiligen Machtpyramide – zu einem gewissenlosen, lieblosen und gottlosen Handeln, das durch entsprechende Ideologien und „Theologien" gerechtfertigt wird.

Ein spektakuläres Beispiel für die atheistische Auffassung von „virtueller Realität" liefern die drei *Matrix*-Filme (1999/2003). Eine theistische Version finden wir im Film *Avatar* (2009). Natürlich ist es problematisch, fiktive Werke den Kategorien „atheistisch" oder „theistisch" zuzuordnen, weil die Schöpfer dieser Werke sich dieser Unterscheidung wohl kaum bewußt sind. Die Unterscheidung ist jedoch nicht bloß philosophisch und intellektuell, sondern orientiert sich an der grundlegenden Bewußtseinsausrichtung, und hierin können wir durchaus Unterschiede erkennen und benennen.

Die äußere Handlung der Matrix-Filme

Die drei Matrix-Filme – *The Matrix* (1999), *The Matrix Reloaded* (Mai 2003) und *The Matrix Revolutions* (November 2003), geschrieben und inszeniert von den Brüdern Andy und Larry Wachowski – gehören heute zu den Kultfilmen der Science-Fiction. Viele Fans glauben sogar, diese Filme gäben die ultimative Erklärung der Realität.

Äußerlich gesehen, ist die Matrix-Trilogie eine wilde Abfolge von brutalen Gewaltszenen und philosophischen Sequenzen. Die „guten" wie die „bösen" Helden kämpfen, schießen und töten, ohne ein Gefühl von Bedauern oder irgendwelche Skrupel zu zeigen. Im scheinbaren Gegensatz dazu stehen die Gesprächsszenen, in denen mit kryptischen Schlüsselsätzen, Orakelsprüchen und verwirrenden Belehrungen „geschossen" wird. Die diesbezüglich intensivste

Szene findet sich in *Matrix II,* wo Neo, der Held des Films, den Architekten der Matrix trifft und dieser ihm aus metaphysisch-monistischer Sicht den Ursprung und das Wesen der Matrix beschreibt. Wohlwollende Kritiker nannten diese Filme einen „Hirnsalat“,[5] denn in ihnen wurden scheinbar willkürlich Elemente aus der Bibel, aus der Gnosis, aus der Märchenwelt (Dornröschen), aus *Alice im Wunderland,* aus dem *Zauberer von Oz* und aus bekannten Science-Fiction-Werken (*1984, Schöne Neue Welt, Neuromancer, Star Wars, Star Trek* usw.) zusammengemixt.

Weniger wohlwollende Kritiker zerrissen insbesondere die zweite und die dritte Folge. „Sinnloses Gefasel, stupides Geballer: Mit ‚Matrix Revolutions‘ beenden die Wachowski-Brüder ihre einst viel versprechende Science-Fiction-Trilogie – und tragen ihren eigenen Mythos zu Grabe“, schrieb *Der Spiegel.* Ähnlich die *Washington Post:* „Der Film ist ein einziger Schlamassel. Er ist ein lauter 100-Minuten-Schlachtenfilm mit einem unfaßbaren Anfang und einem lachhaften Ende.“

Wer sich jedoch nicht von den vielen action-überladenen Szenen verwirren oder verärgern läßt, sondern sich die Mühe macht, das scheinbar „sinnlose Gefasel“ philosophisch zu durchleuchten, findet in den drei Filmen ein überraschend konsistentes Weltbild. In nur wenigen Filmen wird der atheistisch-metaphysische Glaube derart plastisch und offen dargestellt wie in den Matrix-Filmen, am Schluß sogar mit der sichtbaren Offenbarung einer luzifer-ähnlichen Gestalt als Gott, die spricht: „Es ist vollbracht.“

Aber alles der Reihe nach. Die Handlung der Filme läßt sich trotz ihrer chaotischen Verworrenheit relativ leicht zusammenfassen: Zu Beginn des 21. Jahrhunderts schufen die Menschen Maschinen mit künstlicher Intelligenz*, die sich ab einem gewissen Zeitpunkt selbständig machten und sich gegen die Menschen erhoben. Da die Maschinen von Sonnenenergie „lebten“, verdunkelten die Menschen den Himmel, um die Maschinen von ihrer Energiequelle zu trennen, aber die Maschinen überwältigten die Menschen und verwendeten fortan *die Menschen* als Energiequellen, indem sie die Nachkommen

* Der ursprüngliche englische Fachausdruck für „künstliche Intelligenz“ lautet *Artificial Intelligence* (AI); deutsche Abkürzung: KI.

ihrer Schöpfer wie lebende Leichen in Laborbottichen züchteten. Der Film zeigt eine Halle voller Laborbehälter, die in gigantischer Übersteigerung an die Anfangszene in Huxleys *Schöne Neue Welt* erinnert. Die in einer gelartigen Flüssigkeit treibenden Menschen sind in einen permanenten Schlafzustand versetzt und sind über Implantate und Schläuche mit dem bioenergetischen Kraftwerk des Maschinenvolkes verbunden. Und hier kommt der springende Punkt: Die schlafenden Menschen sind sich nicht bewußt, daß sie in einer Zuchtanlage gehalten werden, sondern sie leben in einer traumähnlichen virtuellen Welt, mit der sie sich vollständig identifizieren. Sie leben, arbeiten und schlafen in dieser Traumwelt, ohne jemals in der „realen" Welt aufzuwachen. Ironischerweise sieht diese virtuelle Welt aus wie die Welt von 1999.

Neben der gezüchteten Menschheit existiert nur noch eine kleine Gruppe von Menschen, die sich dem Zugriff der Maschinen entzogen hat und den Widerstand aufrecht erhält. Weil die Maschinen die ganze Erde beherrschen und die ganze Erdoberfläche wegen der Verdunkelung wüst und leer ist, haben sich die letzten Menschenrebellen im Erdinnern versteckt, in einer unterirdischen Stadt namens Zion. Mit futuristischen High-Tech-Flugzeugen begeben sich die Rebellen, angeführt von Morpheus, sporadisch in die Nähe der Erdoberfläche, um von dort aus Zugang in die Matrix-Welt zu bekommen. Die Menschen können sich über ein Direktimplantat im Nacken in die neuro-interaktive Cyberwelt der Matrix einloggen und erscheinen dann wie aus dem Nichts in der Matrix-Welt von 1999. Sie versuchen, die Menschen zu kontaktieren und sie über „die Wahrheit" zu informieren. Insbesondere hoffen die Rebellen, in der Matrix jenen „Auserwählten" zu finden, der ihnen prophezeit wurde: eine Messiasfigur, die die Menschen aufwecken und erlösen und die Matrix auflösen wird, damit der Krieg zwischen den Menschen und den Maschinen zu einem Ende kommt. Der Anführer, Morpheus, ist vollkommen überzeugt, daß dieser Auserwählte – so wird er explizit genannt – bald gefunden wird, und er findet ihn, so glaubt er zumindest, in der Gestalt des Computer-Hackers Thomas Anderson, der unter dem Pseudonym Neo im Internet aktiv ist. Morpheus kontaktiert Thomas Anderson (Neo), und es kommt zur berühmten Szene, wo die beiden sich in einer alten aristokratischen

Stadtwohnung treffen. Morpheus empfängt Neo mit den Worten: „Ich will dir sagen, wieso du hier bist. Du bist hier, weil du etwas weißt. Etwas, das du nicht erklären kannst. Aber du fühlst es. Du fühlst schon dein ganzes Leben lang, daß mit der Welt etwas nicht stimmt. Du weißt nicht was, aber es ist da. Wie ein Splitter in deinem Kopf, der dich verrückt macht. Dieses Gefühl hat dich zu mir geführt."

Morpheus bietet seinem Novizen und Hoffnungsträger an, ihn in „die Wahrheit" einzuweihen. „Du wurdest, wie alle, in die Sklaverei geboren und lebst in einem Gefängnis, das du weder anfassen noch riechen kannst – in einem Gefängnis für dein Bewußtsein *(prison for your mind).*"

Morpheus bietet Neo eine blaue Kapsel und eine rote Kapsel an: „Dies ist deine letzte Chance. Danach gibt es kein Zurück. Schluckst du die blaue Kapsel, ist alles aus. Du wachst in deinem Bett auf und glaubst, woran du glauben willst. Schluckst du die rote Kapsel, bleibst du im Wunderland, und ich führe dich in die tiefsten Tiefen des Kaninchenbaus." Neo greift nach der roten Kapsel. „Bedenke, alles was ich dir anbiete, ist die Wahrheit."

Nachdem Neo die rote Kapsel geschluckt hat, wird er an ein besonderes Computerprogramm angeschlossen, das herausfinden kann, wo in der Laborhalle der Maschinen der Körper dieser virtuellen Neo-Gestalt gelagert ist. Sie finden den Körper, er wird geweckt und taucht geburtähnlich aus dem Laborbottich auf und wird in das High-Tech-Flugzeug der Rebellen gebracht. Der physische Neo schlägt die Augen auf, und Morpheus empfängt ihn mit den Worten: „Willkommen in der wirklichen Welt!"

In der Matrix-Welt provozieren die Rebellen einen weltweiten Widerstand, so wie Viren in einem Computerprogramm den allumfassenden Widerstand eines Antivirus-Programms aktivieren. Das Antivirus-Programm der Matrix erscheint in Form der „Agenten", angeführt von „Agent Smith". Für Smith sind die Rebellen Terroristen und böse Verschwörungstheoretiker, Morpheus ist „der gefährlichste Mensch der Welt". Die Rebellen tauchen aus ihrer Parallelwelt in der Matrix-Welt auf und verfügen über Superman-Kräfte, da diese Welt ja „nur" virtuell ist. So beginnt auch der erste Matrix-Film: Die Rebellen-Heldin Trinity befindet sich in der

Matrix-Welt und versucht als Computer-Hackerin, den Auserwählten zu finden, aber sie wird vom Geheimdienst abgehört und geortet. Zwei Polizeiabteilungen dringen in die ärmliche Stadtwohnung ein und wollen diese Frau als Terroristin verhaften, aber Trinity killt mit übermenschlicher Kung-Fu-Technik alle Polizisten eigenhändig, ohne mit der Wimper zu zucken.

Der Rest der Geschichte verläuft wie folgt: Neo wird an Bord des Rebellenflugzeugs mit virtuellen Programmen trainiert, damit er in der Matrix-Welt ebenfalls als Superman auftreten kann, denn immerhin soll er der Erlöser der Menschheit sein. Immer wieder tauchen sie in die Matrix-Welt ein und verfangen sich in verschiedensten Schutz- und Antivirusprogrammen, bis Neo durch die Führung eines Programms namens „Orakel" beim „Architekten", dem Schöpfer der Matrix, ankommt, der sich innerhalb der Matrix als weißbärtiger, würdevoller Bürochef zeigt. Das Orakel und der Architekt sagen Neo das gleiche: Wenn er Zion retten wolle, müsse er zur „Quelle", zum Zentralcomputer der Maschinen, gehen, damit das alte Programm (inkl. Neo) gelöscht und ein neues Programm gestartet werden könne. Gemeint ist ein verbessertes Programm, das eine möglichst perfekte Matrix-Welt entstehen läßt, die gegen Viren wie Neo und Trinity immun ist oder, noch besser, solche Viren gar nicht mehr erst entstehen läßt.

Neo gelangt zum Schluß, daß die Prophezeiung des Orakels, an die Morpheus inbrünstig glaubt, eine Täuschung war. Denn gemäß der Prophezeiung hätte der Krieg der Maschinen gegen „Zion" mit Neos Besuch beim Architekten enden sollen. Neo erkennt, daß er mit seinen Entscheidungen kein Retter, sondern die Ursache des Problems ist: Er ist es, der das Antivirusprogramm „Smith" aktiviert. Am Ende von *Matrix II* konfrontiert Neo Morpheus mit dieser Erkenntnis: „Die Prophezeiung war eine Lüge. Der Auserwählte hat nie etwas beenden sollen. Es [die ganze Geschichte mit der Prophezeiung] war nur ein weiteres Kontrollsystem."

In der Zwischenzeit haben die Maschinen ihren Schlußangriff auf Zion gestartet, indem sie mit gewaltigen Bohrern in das Erdinnere vordringen. Neo muß handeln, und er entscheidet sich, den Anweisungen des Matrix-Orakels und des Matrix-Architekten zu folgen, nämlich: er solle zur „Quelle", zum Zentralcomputer, gehen. Neo will mit dem Zentralcomputer Frieden schließen, um dadurch Zion zu retten. Sein Plan ist, der „Quelle" – dem Gott der Künstlichen Intelligenz – anzubieten, die Matrix vor dem Programm „Smith" zu retten. Denn „Smith" hat sich durch den Kampf mit dem Virus „Neo" infiziert und ist selbst zu einem Virus geworden!

Zusammen mit Trinity macht sich der physische Neo auf den gefährlichen Weg in die Maschinenwelt. Trinity stirbt bei einer Attacke der Wächtermaschinen, aber Neo geht weiter bis zum Zentralcomputer der Künstlichen Intelligenz (KI), der sich als fratzenhafter Gott offenbart. Neo informiert den KI-Gott über die Bedrohung der Matrix durch „Smith" und bietet an, in die Matrix zu gehen, um sich dort mit dem Störprogramm Smith zu verbinden und dadurch dem Zentralcomputer die Möglichkeit zu geben, wieder Zugriff auf Smith zu bekommen.

Der KI-Gott nimmt Neos Selbstaufopferung an. Neo liegt vor dem KI-Gott wie auf einem Altar, seine Arme sind ausgebreitet wie an einem Kreuz. Neo wird durch seine Implantate mit dem Zentralcomputer verbunden und begibt sich als virtueller Agent des Maschinengottes in die Matrix. Zwischen Smith und Neo entbrennt ein erbitterter Kampf, und die beiden werden durch ihren Kampf zu vereinten, gleich starken Gegenpolen. Neo läßt sich vom Antivirus-Programm Smith überschreiben und gibt dadurch dem Maschinengott die Möglichkeit, über ihn auf Smith Zugriff zu bekommen und Smith zu löschen, was bedeutet, daß auch Neo gelöscht wird. Wer in der Matrix stirbt, stirbt auch physisch, und so kommt Neos Aktion einem jesushaften Selbstopfer gleich.

Der KI-Gott spricht vor dem geopferten Neo die biblischen Jesus-Worte: „Es ist vollbracht." Die Maschinen ziehen sich zurück und beenden den Krieg. Zion ist gerettet. Das Programm wird neu gestartet und bildet eine neue virtuelle Welt mit besseren Programmen und – dank Neo – mit besserem Virenschutz. Neo und Trinity sind tot, und Morpheus wird nicht mehr in die Matrix eindringen. Die einzigen „Überlebenden" aus der vorherigen Matrixwelt sind die als Menschen erscheinenden Programme. Ein Inder-Mädchen, das ein spielerisches Grafikprogramm darstellt,* dankt Neo für diese schöne neue Welt und kreiert einen farbigen Sonnenaufgang. Die Trilogie endet mit der Szene, wo sich das Orakel und der Architekt in der neuen Matrix-Welt treffen. Der Architekt fragt: „Wie lange wird dieser Friede dauern?“ Das Orakel antwortet: *„As long as it can“*, in der deutschen Synchronisation: „So lange wie möglich.“

Kein Wunder, daß auch Filmkritiker verwirrt waren und enttäuscht bis verärgert reagierten. Was soll dieser kitschige Sonnenaufgang am Schluß? Was soll dieses halbesoterische Gefasel, diese pseudoreligiöse Symbolik? Konnten sich die Wachowski-Brüder keine bessere Story einfallen lassen?

Der Mix von philosophischen Dialogen mit Action- und Gewaltszenen bis zum Exzeß war provokativ und superteuer und daher bestimmt nicht willkürlich. Was wurde hier gespielt?

Das Weltbild der Matrix-Filme

Das Grundmuster der Matrix-Handlung beruht auf der Annahme, daß Bewußtsein ein Nebenprodukt der Materie ist, was dem Hauptdogma des materialistischen Glaubens entspricht: Es gibt nur Materie, Bewußtsein entsteht im Gehirn, Bewußtsein ist durch Evolution entstanden. Die heute vorherrschende Form von Wissenschaft untersucht deshalb mit großem Aufwand die Funktionsweise des menschlichen Gehirns und macht kein Geheimnis daraus, was das Ziel dieser Forschung ist: das Nachbilden des menschlichen Gehirns durch einen Computer, der ab einem gewissen Grad von Komplexität ein eigenes Bewußtsein entwickeln soll, eine Künstliche Intelligenz. Daß dies theoretisch möglich ist, darin sind sich die Vertreter der materialistischen Wissenschaft und die Macher der Matrix-Filme einig. Die Frage ist nur: Wie weit kann diese Entwicklung gehen? Die Matrix-Filme begeben sich hier hemmungslos in den Bereich der Fiktion und zeichnen ein Szenario von selbständig

---

* In *Matrix III* (Szene in der U-Bahn-Station) begegnete Neo diesem Programm und seinen Eltern. Weil es an sich „keinen Zweck“ erfüllt, rettete der „Vater“ das Mädchen vor dem Gelöschtwerden, indem er seine eigene Funktion auf das Tochterprogramm übertragen ließ. Er betont, daß Liebe vom praktischen Gesichtspunkt her eigentlich eine überflüssige Option darstellt, da sie für das Funktionieren der Programme nicht erforderlich ist.

gewordenen Maschinen, die sich die Menschen untertan gemacht haben und sie als bioelektrische Energiequelle verwenden – nicht nur für die eigene Energieversorgung, sondern auch für die Energieversorgung des Zentralcomputers, der die virtuelle Matrix-Welt für die bewußtlosen Menschen erzeugt.

Natürlich ist dieses Szenario Unsinn, und es beinhaltet Widersprüche, die die ganze Geschichte in Frage stellen: Warum müssen die Maschinen für die Menschen in den Laborbottichen eine virtuelle Welt erzeugen? Diese Menschen sind ja bereits machtlos und befinden sich zu 100 % unter der Kontrolle der Maschinen. Und wenn die Maschinen die Menschen für ihre Energiegewinnung brauchen und Menschen nur organische Maschinen sind, dann müßten die Maschinen diese Energie auch künstlich erzeugen können. Es sei denn, Menschen wären nicht bloß organische Maschinen! Aber dies wiederum widerspräche dem Grunddogma des materialistischen Weltbildes. Und *dieses Weltbild* gilt es in den Matrix-Filmen zu erkennen. Die Story mit wild gewordenen technorganischen Maschinen, die „Zion“ angreifen, um die irdische Basis der Matrix-Terroristen zu vernichten, ist nur eine oberflächliche Spielerei, eine Tarnung der wirklichen Botschaft.

Das Weltbild der Matrix-Filme ist nicht einfach materialistisch. Es stellt die subtilste Form von Atheismus dar. Jeder Materialist ist ein Atheist, aber nicht jeder Atheist ist ein Materialist. Die Weltbilder auf den höchsten Stufen der atheistischen Machtpyramide sind metaphysisch-monistisch: Es gibt nur Materie, aber Materie kann sich in unterschiedlichen Verdichtungsstufen und Dimensionswelten manifestieren, was bedeutet: Der Mensch besteht sowohl aus einem grobstofflichen als auch aus einem feinstofflichen Körper, und ebenso besteht das Universum aus grobstofflichen und feinstofflichen Welten. Dies sind grundlegende metaphysische Wahrheiten. Das atheistische Weltbild beschränkt die Realität jedoch auf diese materiellen Erscheinungsformen, das theistische nicht.

Vertreter des atheistisch-metaphysischen Glaubens wissen aufgrund ihres nicht-nur-materialistischen Weltbildes, daß höherdimensionale astrale Welten und Wesen existieren und daß Magie und okkulte Praktiken nicht Aberglaube, sondern *höhere Wissenschaft* darstellen. In diesem Weltbild haben auch Konzepte von Karma und

Reinkarnation Platz, wie auch in den Matrix-Filmen zum Ausdruck kommt: Der Auserwählte gilt als Reinkarnation des ersten Rebellen aus der Frühzeit der Matrix, und der „Merowinger“ (das Paßwort-Programm, das den „Schlüsselmacher“, den Zugangscode zum Zentral-Computer, gefangen hält) spricht ausführlich über „Kausalität“, über Karma und Determinismus, aber mit einem – aus theistischer Sicht – einseitigen, halbwahren Verständnis.

Im atheistischen Weltbild ist Energie die ursprüngliche und höchste Realität. Dieser „Gott“ ist ein abstraktes Energietotal und Energiepotential ohne Bewußtsein und ohne Willen. Die Welt, in der wir leben, ist demzufolge eine virtuelle Scheinwelt, die aus der Selbstorganisation dieser Energie („Materie“) entstanden ist. Diese Scheinwelt entstand aus Zufall und Notwendigkeit entsprechend den in der Materie wirkenden Gesetzen, hat aber keinen höheren Sinn und folgt keiner höheren Gerechtigkeit. Dies ist nicht Science-Fiction, sondern „höchste“ Science in atheistischer Auslegung, wie auch der berühmteste Darwinist der Gegenwart, Prof. Richard Dawkins, bestätigt und offen bekennt:

> In einem Universum mit blinden physikalischen Kräften und genetischer Verdoppelung werden manche Menschen verletzt, andere haben Glück, und man wird darin weder Sinn noch Verstand noch irgendeine Gerechtigkeit finden. Das Universum, das wir beobachten, hat genau die Eigenschaften, mit denen man rechnet, wenn dahinter kein Plan, keine Absicht, kein Gut oder Böse steht, nichts außer blinder, erbarmungsloser Gleichgültigkeit.[6]

In den Weltbildern des Materialismus und atheistischen Monismus ist die höchste Einheit (Gott) das „Universum“, ein Begriff, den auch Dawkins explizit verwendet. Dieses Universum existiert ohne Plan und Absicht und funktioniert entsprechend seiner inhärenten Selbstorganisation mit „nichts außer blinder, erbarmungsloser Gleichgültigkeit“. Dieses Universum ist der Gott der Atheisten und wird in den Matrix-Filmen durch den Maschinengott dargestellt. Dieser Maschinengott erscheint innerhalb der Matrix als „Architekt“ und als „Orakel“, als Vater und Mutter der Matrix. Teil der virtuellen Realität ist der scheinbar freie Wille, der jedoch – gemäß diesen Weltbildern – eine Illusion ist:

> [D]as sogenannte autonome „Ich" ist ein Produkt unbewußter, neuronaler Prozesse, „Geistiges" beruht auf „Körperlichem", „Willensfreiheit" – im strengen Sinne! – ist eine Illusion, religiöse „Visionen" sind auf Überaktivitäten im Schläfenlappen zurückzuführen usw.

Dies sind Glaubenssätze aus dem *Manifest des evolutionären Humanismus* (S.12) von M. Schmidt-Salomon (2006). Wir sprechen hier also nicht einfach von filmischen Hollywood-Ideen, sondern von den zentralen Überzeugungen der heutigen akademischen und weltpolitischen Elite!

Die Matrix-Filme zeigen uns in allegorischer Überspitzung, was die Konsequenzen dieses Weltbildes sind und welche Weltordnung und welche Art von Frieden die Vertreter dieses Weltbildes anstreben. Morpheus, Trinity und Neo wehren sich gegen diese Art von Frieden, aber am Schluß gibt Neo seine Rebellion auf und willigt in die Kooperation ein (bis hin zur Selbstaufopferung). Gemäß dem Matrix-Weltbild ist dies der Schlüssel zum Weltfrieden: die Erkenntnis der „Illusion" des freien Willens und die Hingabe an die allmächtige, sich selbst organisierende Materie. Der Film zeigt auch, was das Schicksal der widerspenstigen Rebellin Trinity ist: Sie muß sterben. Und der quasi-religiöse Morpheus wird so dargestellt, daß er auch am Schluß immer noch an eine höhere Macht glaubt und die Prophezeiung nicht als das erkennt, was sie ist: die Wirkungsweise eines systeminhärenten Programms.

„Zion", Religion, Illusion

Das Ziel des Rebellenführers Morpheus bestand anfänglich darin, möglichst viele Menschen zu erlösen, das heißt: die Menschen der Matrix aus ihrer Illusion zu wecken und ihre Körper aus den Laborbottichen zu befreien, um sie dann nach „Zion" zu holen. Für dieses Ziel, glaubt Morpheus, sind alle Mittel erlaubt. Dies zeigt sich z.B. in der Szene der virtuellen Kung-Fu-Schulung, nachdem Neo als physischer Mensch aus dem Laborbottich befreit worden ist. Mit einem Lächeln spricht Morpheus zu Neo: „Einige Regeln können gebogen werden, andere gebrochen. *(Some rules can be bent, others broken.)*" Warum? Weil in diesem Weltbild alles relativ ist.

Alles geschieht nach den Regeln der kosmischen Selbstorganisation, ohne Plan, ohne Absicht und höheren Sinn, letztlich ohne Maßstäbe für Gut und Böse, genau wie das „evolutionäre" Weltbild postuliert. Und diejenigen, die diese „Wahrheit" erkannt haben, fühlen sich nicht an Maßstäbe von Gut und Böse gebunden, denn solche gibt es gemäß ihrer Vorstellung letztlich nicht. Im Universum regiert nichts „außer blinder, erbarmungsloser Gleichgültigkeit".

Dementsprechend handeln auch die Matrix-Helden in der virtuellen Welt mit einem coolen moralischen Relativismus. Gefühllos und ungehemmt werden alle Menschen, die sich ihnen in den Weg stellen, abgeknallt.[7] „Ich brauche Waffen – jede Menge Waffen." Dieser Satz des virtuellen Neo an seinen *operator* in Zion zur Bestellung von virtuellen Waffen ist in gewissen Computer-Freak-Kreisen fast schon zu einer sprichwörtlichen Wendung geworden.

Daß auf den höchsten Matrix-Ebenen ein moralischer – und mörderischer – Relativismus „jenseits von Gut und Böse" herrscht, ist auf das entsprechende atheistisch-monistische Weltbild zurückzuführen. In Wirklichkeit, so glaubt man dort, sei das Weltgeschehen nichts anderes als ein Ausdruck der sich selbst organisierenden Materie entsprechend vorgegebenen Gesetzen. Was immer geschehe, geschehe entsprechend diesen Gesetzen. „Wo andere Zufälle sehen, sehe ich Konsequenzen", sagt der Merowinger in *Matrix II.* Wer von einem Kugelhagel oder von einer Bombe oder von einer Krise oder von was auch immer getroffen werde, entscheide nicht der Zufall oder eine höhere Verantwortung, sondern nur die „Konsequenz" der Gesetze der Kausalität. Wäre es nicht das „Karma" einer Person oder einer Nation, von einem Krieg heimgesucht zu werden, würde dieser Krieg nicht stattfinden. Die Tatsache aber, daß dieser Krieg stattfinden könne, zeige, daß hier einfach die Gesetze am Wirken seien. Und als Kriegsherr sei man deshalb frei von Schuld; die Konzepte von Schuld und Sünde sowie Täter und Opfer seien ohnehin nur falsche, dualistische Denkmodelle.

Die Halbwahrheit dieser Argumentation wird im letzten Teil des vorliegenden Kapitels, „Die Realität jenseits der Matrix", näher beleuchtet. Verfolgen wir hier zuerst die Spur dieses einflußreichen Weltbildes bis zur letzten Konsequenz, so wie sie auch in den Matrix-Filmen mit einem gewaltigen Spektakel zum Ausdruck kommt.

Wenn letztlich die gesamte Realität nur ein abstraktes Energiepotential ist, die vergängliche, illusorische Welten hervorbringt, so stellt sich die Frage: Wie echt ist die scheinbar reale Welt? Ist sie auch nur eine Scheinwelt? Und was ist schlecht an der Welt der Matrix? In den Matrix-Filmen wird die Matrix-Welt in hellen, lebendigen Farben gezeigt, die physisch-reale Welt als düstere, farblose Welt. Kein Wunder, daß ein Mitglied von Morpheus' Team (namens Cypher) wieder zurück in die virtuelle Welt will und in Judas-Manier Morpheus verrät, damit er wieder in die Matrix integriert wird. Und darauf laufen die Matrix-Filme hinaus: Warum ausbrechen? Warum Rebellion? Warum „Freiheit"? Das Orakel und der Architekt führen Neo hin zum Glauben, daß alle Vorstellungen von Liebe und einer Freiheit jenseits der Materie Illusionen sind. Rebellion ist sinnlos. Der Weg zum Frieden ist die Kollaboration mit der Matrix und den Mächten hinter der Matrix.

Was ist dann die Bedeutung von „Zion", jener Welt von Menschen, die nicht in den Laborbottichen des Maschinengottes liegen? „Zion" definiert sich als das Gegenteil der Maschinenwelt und besteht aus Menschen, die auf einen Erlöser warten und glauben, es gebe ein Leben jenseits der Maschinenwelt, d. h. jenseits der sich selbst organisierenden Materie. „Zion" ist in den Matrix-Filmen der Sammelbegriff für alle Arten von Religion, und Religion wird als Illusion dargestellt. Die Zion-Hoffnungen auf Freiheit, Erlösung und ewiges Leben sind gemäß den atheistischen Weltbildern Illusion: es gibt kein Leben jenseits der Materie! Nachdem Neo sich geopfert hat, brechen die Maschinenwesen ihren Angriff auf „Zion" ab, weil Neo, der Erlöser und Messias, die Illusion der Religion eingesehen hat und sich selbst löschen ließ. Die Menschen in „Zion" interpretieren den Rückzug der Maschinenwesen als Folge der Erlösungstat des Messias Neo, aber die Zuschauer haben bereits gezeigt bekommen, daß diese Interpretation ein Trugschluß, eine Selbsttäuschung, ist. So wie die Menschen der Matrix in einer Scheinwelt leben, leben die religiösen Menschen der realen Welt ebenfalls in einer Matrix, nämlich in der Matrix ihres illusorischen Glaubens an Freiheit, Liebe und Erlösung. Die Vernichtung von „Zion" ist deshalb nicht mehr erforderlich, weil die „realen" Menschen aufgrund ihrer Religion die Rebellion aufgegeben haben. „Zion" ist ebenfalls ein Kontrollsystem, denn die Prophezeiung eines Erlösers stammte vom Orakel aus der Matrix!

Morpheus glaubt bis zum Schluß an die Realität des freien Willens und des Erlösers. Aber die Filmemacher gaben dieser Figur, die den religiösen Glauben verkörpert, bezeichnenderweise den Namen Morpheus. Morpheus ist der Gott des Schlafes und der Träume.* Er, der möglichst viele Menschen aus der Matrix retten will (eine deutliche Parallele zum biblischen „Menschenfischer"; Mt 4,19), lebt selbst in einer Scheinwelt, in einem „Wahn", weil er an die Illusion des Erlösers glaubt und bis zum Schluß daran festhält – während im Film längst gezeigt wurde, daß Neo getötet und als Programm gelöscht wurde. Mit solchen Details verraten die Filmemacher, an welches Weltbild sie selber glauben.

Das Geheimnis der Matrix

Gemäß dem Matrix-Weltbild ist die ideale Welt eine perfekt nach der Programmierung (Selbstorganisation) ablaufende Scheinwelt, wobei die größte Bedrohung der Matrix das Entstehen von „Viren" ist, insbesondere der Glaube an eine Realität jenseits der materiellen Welt, was den Glauben an einen freien Willen nach sich zieht. Bei Neos Begegnung mit dem Paßwort-Programm „Merowinger" sagt diese Figur: „Es gibt nur eine Konstante, eine Universalität. Es ist die einzige echte Wahrheit: Kausalität. Aktion, Reaktion. Ursache und Wirkung." Neo protestiert: „Alles beginnt mit einer Entscheidung!" „Nein. Falsch. Entscheidung [freier Wille] ist eine Illusion, entstanden zwischen denen mit Macht und denen ohne. […] Dies ist die Natur des Universums. Wir verleugnen es, wir kämpfen dagegen an, aber das ist nur vorgetäuscht, es ist eine Lüge. […] Kausalität. Es gibt kein Entrinnen davon. Wir sind für alle Zeit ihre Sklaven. Unsere einzige Hoffnung, unser einziger Friede ist es, dies zu verstehen, das Wieso zu verstehen."

Ähnliches sagt der Architekt bei der Begegnung mit Neo: „Das Leben ist das Ergebnis einer unausgeglichenen Gleichung, die bei

* „Morphium" ist deshalb auch der Name einer starken schmerzstillenden und berauschenden Droge.

der Programmierung der Matrix aufgetreten ist. Du [Neo] bist die mögliche Auswirkung einer Anomalie, die ich trotz meiner Bemühungen nicht beseitigen konnte aus dem, was ansonsten eine Harmonie mathematischer Präzision ist."

Ganz am Schluß von *Matrix III* tritt der Architekt wieder in Erscheinung und trifft das Orakel. Er fragt: „Wie lange, denkst du, wird dieser Friede dauern?" Das Orakel antwortet: *„As long as it can."* Das heißt: Solange das Programm funktioniert und nicht durch einen neuen Virus gestört wird. Das Orakel stellt eine Gegenfrage: „Was ist mit den anderen, die raus wollen?" Architekt: „Sie werden befreit werden." Orakel: „Gibst du mir dein Wort?" „Was denkst du, was ich bin? Ein Mensch?" Damit will der Architekt sagen: Ich bin keine virtuelle Figur, sondern das kausale und zentrale Programm. Diejenigen, die aus der virtuellen Realität ausbrechen wollen, diese Realität also nicht als endgültig akzeptieren wollen, werden „befreit" wie Neo, nämlich gelöscht.

In diesem Weltbild ist das Leben letztlich sinnlos und ohne reale Existenz. Dies spricht Agent Smith im Schlußkampf mit Neo aus, bevor beide gelöscht werden: „Der Sinn des Lebens ist *zu enden.* Warum? Warum aufstehen? Warum weiterkämpfen? Glauben Sie, daß Sie *für* irgend etwas kämpfen? Für mehr als Ihr Überleben? Was ist es? Können Sie mir das sagen? Wissen Sie es überhaupt? Ist es Freiheit oder Wahrheit, vielleicht Frieden, oder ist es vielleicht für Liebe? Illusionen! Launen der Wahrnehmung, vorübergehende Konstrukte eines schwächlichen menschlichen Intellekts, der verzweifelt versucht, eine Existenz zu rechtfertigen, die ohne Bedeutung und ohne Bestimmung ist. Und sie alle sind so künstlich wie die Matrix selbst! Aber nur ein menschlicher Verstand kann etwas so Geistloses *(insipid)* erfinden wie die Liebe."

„Der wirkliche Friede"

Die vermeintliche Wahrheit der atheistischen Erleuchtung besagt, daß es letztlich keinen freien Willen gibt, weil das Absolute nur eine abstrakte Energie ohne Bewußtsein und ohne Willen ist. Das heißt: Alles in der Matrix ist programmiert, auch die Abweichungen und die Störungen. Friede kehrt nur ein, wenn alle Störungen behoben sind, und die größte Störung stellen diejenigen dar, die an einen freien Willen glauben! Deshalb wird Morpheus als „Terrorist" und als „der gefährlichste Mensch der Welt" bezeichnet. Im Gegensatz zu Morpheus glaubt Neo am Schluß, daß er selbst nur eine Störung ist, eine Anomalie, die sogleich ein Gegenprogramm aktiviert, das so lange aktiv ist, wie die Anomalie existiert. Die Alternative „Neo" wurde vom Architekten des Programms und seinem ergänzenden Gegenpol, dem Orakel, bereits vorausgesehen. Bevor Neo erschien, war bereits das Gegenprogramm, der „Virusschutz", vorhanden, weshalb Neo sehr verwirrt war, als die Orakel-Frau ihn mit seiner Prädestination und Vorprogrammierung konfrontierte.

Das Orakel erklärt Neo (in *Matrix II*), daß alles Programm ist und daß gewisse Programme einfach gelöscht werden, wenn bessere Programme erscheinen oder – was sie nicht ausspricht – wenn sich ein Programm als störend erweist. Indirekt sagt sie zu Neo, daß er selber ebenfalls ein solches störendes, aber bereits vorhergesehenes Programm ist und daß er deshalb in die „Quelle" zurückkehren soll. Neo ahnt, was damit gemeint ist: „In den Zentralcomputer der Maschinen?" Orakel: „Ja! Dort, wohin du gehen mußt, dort wo der Weg des Auserwählten endet. [...] Du kannst Zion retten, wenn du die Quelle erreichst."

Bei der Begegnung mit Neo sagt der Architekt, der virtuelle Gott der materiellen Selbstorganisation (der Gott des Deismus), genau das gleiche: „Dein Leben ist das Ergebnis einer unausgeglichenen Gleichung, die bei der Programmierung der Matrix aufgetreten ist. Du bist die mögliche Auswirkung einer Anomalie, die ich trotz meiner Bemühungen nicht beseitigen konnte – aus dem, was ansonsten eine Harmonie mathematischer Präzision ist. [...] Die Aufgabe des Auserwählten ist es nun, zur Quelle zurückzukehren, eine temporäre Weitergabe deines Codes zu ermöglichen und dann das Betriebssystem neu zu starten. [...]"

Der Architekt sagt also, daß die Vorstellung eines freien Willens eine Anomalie ist, die aufgelöst werden muß. Wenn ein Programm zurück in die Quelle geht, bedeutet dies, daß es gelöscht, d. h. aufgelöst und aus der Existenz genommen wird. „Neo" ist eine Anomalie, weil er am Glauben an den freien Willen und die Liebe (an seiner Liebe zu Trinity) festhält und deshalb für die Störung der virtuellen

Welt verantwortlich ist (weil er das Antivirus-Programm auslöst) – und somit auch verantwortlich für die Störung der Weltordnung, wie sie die irdischen Architekten anstreben. Und Neo kommt nach all diesen Begegnungen und „Einweihungen" genau zur selben Ansicht: Der Mensch ist ein Programm. Die innere Stimme des Zweifels und die Suche nach Ausstieg, nach Höherem, nach Gott, ist ein integraler Systemfehler und muß behoben werden! – Genau das sagen auch die modernen Materialisten und Atheisten (Stichwort „The God Delusion", Dawkins). In sozialistischen Systemen wurden Menschen wie Neo und Morpheus wegen eines angeblichen Gehirnfehlers in psychiatrischen Kliniken inhaftiert. Hier ist die irdische Realität den Matrix-Filmen längst vorausgegangen.

Im Gegensatz zu Morpheus absorbiert Neo die atheistische Weltsicht, und das mit aller Konsequenz: vorbildlich als Held auf Großleinwand. Was er bewirkt, wird im Film als „der wirkliche Friede" bezeichnet (Titel der 31. Szene von *Matrix III*). Er begibt sich zur „Quelle" und opfert sich, weil er als Virus das Antivirusprogramm aktiviert hat, das sich – durch Neos Schuld – verselbständigte und dadurch selbst zu einer Störung wurde. Neo vereinigt sich mit dem amok-laufenden Smith und läßt sich vom Maschinengott löschen, wodurch auch Smith gelöscht wird. „Es ist vollbracht", spricht der Maschinengott und beendet die sechste Matrixwelt. Er zieht den Stecker, um es salopp auszudrücken, und startet die Matrixwelt Nummer 7, eine schöne neue Welt ohne Störenfriede, die an etwas jenseits der Matrix glauben, wie z. B. an eine spirituelle Identität, eine Seele, einen freien Willen oder gar einen Gott mit Bewußtsein und Willen. Die Lebensmaxime „Dein Wille geschehe" wurde demnach vom größten Störenfried aller Zeiten verkündet …

Parallele zu Orwells „1984"

Die Matrix-Filmemacher meinten es mit dieser ultimativen Symbolik anscheinend ernst und fügten an verschiedenen Stellen entsprechende Hinweise ein. Ein ganz besonderer Hinweis erscheint nebenbei und kurz in *Matrix I,* wodurch der Bogen des oben beschriebenen Weltbildes vom Anfang der Trilogie bis zum Ende gespannt wird. Ziemlich am Anfang von *Matrix I* wird gezeigt, wo der rebellische Hacker Neo wohnt: in einer Stadtwohnung mit der Nummer 101. Wer den Klassiker von George Orwell, *1984,* kennt, erkennt sogleich die makabre Anspielung. Im Roman *1984* wird der dortige Antiheld, der Rebell Winston Smith, am Schluß in das „Zimmer 101" gebracht. „In Zimmer 101 erwartet einen das Schrecklichste der Welt", heißt es dort. Zimmer 101 ist das ultimative Folterzimmer in George Orwells 1984-Diktatur. Hier gibt der Mensch unter der Übermacht der „Wahrheit" die „Illusion" des freien Willens auf und beugt sich dem „Großen Bruder", dem Maschinengott der Matrix. („Big Brother is watching you.") *1984* endet damit, daß der Wille von Winston Smith endgültig gebrochen ist. Smith funktioniert nur noch als programmiertes Wesen und hat akzeptiert, wie absolut und unvermeidlich die Herrschaft des Großen Bruders ist:

> Seit jenem ersten Tag im Ministerium für Liebe [Systemausdruck für das Gehirnwäschezentrum] hatte sich vieles in ihm verändert, doch die endgültige, unerläßliche, heilende Wandlung hatte sich erst jetzt, in diesem Moment vollzogen. [...] Er blickte zum gewaltigen Gesicht [des Großen Bruders] empor. Vierzig Jahre hatte er gebraucht, um herauszufinden, was für ein Lächeln sich unter dem dunklen Schnurrbart verbarg. O grausames, unnötiges Mißverständnis! O störrische, eigensinnige Verbannung von der liebenden Brust. [...] Aber jetzt war alles gut, es war alles in Ordnung, der Kampf war zu Ende. Er hatte sich selbst überwunden. Er liebte den Großen Bruder.

Damit endet der Roman *1984,* verbunden mit der Andeutung im zweitletzten Abschnitt, daß Winston Smith jetzt – und erst jetzt – bereit war, dem System durch den Tod geopfert zu werden, und er akzeptiert diesen Tod nun ohne Widerwillen.

Genau den gleichen Weg geht Neo. Auch er blickt am Schluß „zum gewaltigen Gesicht empor" und gibt alle Rebellion auf. Auch er erkennt durch seinen Tod, daß „alles gut" wird: Ordnung, Friede, Ende des Kampfes. Genauso wie Winston Smith sich dem System hingibt, so gibt sich Neo dem Maschinengott hin und opfert sich selbst für die Rettung der Matrix, um „Frieden" zu finden.

Während *1984* aber eine trist-pessimistische Zukunftsvision darstellt, geschrieben als scharfe Kritik und Zukunftswarnung (Winston Smith ist am Schluß ein geknicktes Wesen, das getötet wird), wird das Aufgeben der Suche nach Freiheit – das Aufgeben von spiritueller Rebellion und individueller Religion – in den Matrix-Filmen als zwingende Konsequenz der „Wahrheit“ dargestellt, als Schlüssel zum Globalfrieden. Genau so wie es heute auch gewisse „Architekten“ der neuen Weltordnung fordern.

Der Maschinengott als höchste Matrix-Realität

Ein Grundthema, auf dem die Matrix-Filme aufbauen, ist das menschliche Gefühl, daß an der normalen Welt etwas nicht stimmt. Der junge Computer-Hacker Neo wird intensiv von diesem Gefühl getrieben und findet dadurch zu Morpheus, der ihn in die „Wahrheit“ über die Matrix-Welt einweiht. Aber ist das, was Morpheus so leidenschaftlich vertritt, wirklich die ganze Wahrheit? Wer Morpheus nachfolgt, erwacht aus der farbigen Matrix-Welt in der düsteren „wirklichen Welt“. Wofür steht die Matrix tatsächlich, wofür die „reale Welt“ von Zion?

Der Film enthält wichtige Hinweise auf die metaphysische Zuordnung von Matrix und „realer Welt“. Wer in der Matrix stirbt, stirbt auch physisch. „Dein Körper kann ohne Geist nicht leben“, wird Neo nach seinem Erwachen aus dem Laborschlaf belehrt. Ebenso sagt Morpheus: „Du wurdest, wie alle, in die Sklaverei geboren und lebst in einem Gefängnis, das du weder anfassen noch riechen kannst, in einem Gefängnis für dein Bewußtsein.“ In der metaphysischen Allegorie steht die Matrix demnach für die feinstoffliche, mentale Welt, die „reale Welt“ für die physische Welt. Die Maschinenwelt steht für das atheistische Konzept der Selbstorganisation der Materie.

Wer die Welt auf diese Faktoren beschränkt, kann nicht verstehen, was freier Wille wirklich ist, und verliert sich in Fragen wie: Existiert die äußere Welt nur in der Vorstellung des Beobachters? Ist die äußere Welt nur eine virtuelle Welt, eine Illusion?

In *Matrix I* ist das Hauptthema das Aufgeben der irdischen Identifikationen (durch die rote Pille), in *Matrix II* ist es das Aufgeben des Unterscheidens der Dualität von Gut und Böse und in *Matrix III* das Aufgeben des freien Willens mit Hingabe an den luziferischen Architektengott, die Personifikation der Selbstorganisation der Materie. Der zweite und dritte Film waren noch komplexer als der erste, weshalb diese beiden Filme von den meisten Kritikern nicht verstanden wurden.

Wie bereits erwähnt, ist der filmische Einweihungsweg der Matrix-Folgen eine Darstellung der atheistisch-metaphysischen Weltbilder und ihren Konsequenzen. Die Sichtweise, daß die Welt nicht auf das Grobstoffliche und das Feinstoffliche beschränkt ist, daß es noch höhere, ewige Realitäten geben könnte, wird als Illusion klassiert. Die Filme suggerieren, daß kein wirklicher Ausstieg möglich ist. Das Höchste, was Neo will, ist Frieden. Und Agent Smith, sein *alter ego,* sagt ihm während des Schlußkampfes: „Die Bestimmung allen Lebens ist *zu enden.*"

Weil unsere Welt in Wirklichkeit aber eine göttliche Allegorie ist, finden sich überall Lichtstrahlen, die über die materielle Dimension unserer Welt hinausweisen. So auch in den Matrix-Filmen. Selbst wenn man an ein atheistisches Weltbild glaubt und Schatten für die einzige Realität hält, sind Schatten nichts anderes als ein indirekter Beweis dafür, daß es jenseits der Schatten Licht geben muß. Am Schluß, kurz bevor Trinity stirbt, erheben sich beide zu einem Flug über die Wolken hinaus, und beide sind fasziniert von der Schönheit des Sonnenlichts jenseits der irdischen Verdunkelung. Und Neo erblickt mit seinem inneren Auge kurze Visionen einer Lichtdimension jenseits der physischen und der virtuellen Welt. Ebenso zeigt der Film, daß Glaube, Liebe und Hoffnung psychische Faktoren sind, die den Menschen Kraft und Ausdauer geben können, dargestellt durch die Menschen von „Zion", die im Kampf gegen die Maschinen bis zum Schluß ausharrten. Doch diese Faktoren werden letztlich als Illusion und Selbsttäuschung hingestellt. („Der wirkliche Friede" entstand nicht durch diese Faktoren, sondern durch Neos Tod und Löschung.) Der Architekt sagt am Schluß seiner Begegnung mit Neo: „Hoffnung, sie ist die wesentlichste menschliche Illusion", denn Neo hält zu diesem Zeitpunkt noch an seiner Hoffnung fest, seine Geliebte Trinity retten zu können. Der Architekt prophezeit ihm Trinitys Tod und auch die Löschung des „fundamentalen Makels" und der „Anomalie" namens Neo mitsamt seinen Hoffnungen auf Liebe und freien Willen. Und die weiteren Entwicklungen verlaufen genau so, wie der Architekt voraussagte: Trinity stirbt, und Neo wird gelöscht. Er trifft den Architekten nie wieder.

Die Realität jenseits der Matrix

Diejenigen, die ihre Existenz auf den grobstofflichen und den feinstofflichen Körper beschränken und nicht über die grobstofflichen und feinstofflichen Welten hinaussehen, kommen mit ihrer Wissenschaft und Science-Fiction nicht über Illusion und Projektion hinaus. Die virtuelle Welt, die Illusion ermöglicht, ist aber nicht das Werk eines kosmisch-mechanischen Architektengottes, eines „Demiurgen", wie die Gnostiker meinen, sondern die Schöpfung des lebendigen Absoluten, das als Ewigkeit die Unendlichkeit der materiellen Welten in sich birgt.

Die theistische Offenbarungsschrift Indiens, die *Bhagavad-Gītā,* sagt deshalb (7,14): *daivī hy eṣa guṇa-mayī, mama māyā duratyayā.* „Diese göttliche *(daivī)* Matrix *(māyā),* die aus den Guṇas, den drei Resonanz- und Reaktionsprogrammen, besteht *(guṇa-mayī),* verwirrt / verblendet alle Seelen, die sich in ihr [in dieser Matrix] aufhalten."

Krishna, der Sprecher der *Bhagavad-Gītā,* beschreibt die Matrix als *mama māyā duratyayā.* „Sie ist meine *(mama)* Māyā, und sie ist nur sehr schwer zu überwinden *(duratyayā).*" Doch die Realität hört hier nicht auf. In der zweiten Hälfte des Verses 7,14 wird sogleich klargestellt: „Diejenigen, die sich mir hingeben, können diese Māyā leicht überwinden."

Jenseits aller materiellen Projektionsflächen ist nicht einfach ein abstraktes Energiepotential, sondern das absolute Total, die Ganzheit Gottes, die Bewußtsein, Willen und Liebe umfaßt und von der wir ein Teil sind. Deswegen haben wir einen absolut freien Willen, aber dieser freie Wille manifestiert sich nicht auf der Ebene der materiellen Projektionsflächen, sondern ist ein lebendiger Teil von uns selbst. Das projizierte, „falsche" Ich hat keinen freien Willen, das spirituelle, reale Ich hat aber sehr wohl einen freien Willen, und dieser freie Wille erlaubt es uns zu wählen, inwieweit wir uns in die göttliche Ordnung des lebendigen Gottes, in das Bewußtsein der Liebe, einordnen wollen oder nicht. Niemand ist gezwungen, sich einzuordnen und hinzugeben. Diese Entscheidung ist vollkommen frei und vollkommen individuell. Aber was auch immer unsere Entscheidung ist, sie zieht Konsequenzen nach sich, die nicht mehr direkt unserem freien Willen unterstehen. Wer nur die materielle Welt sieht, sieht nur die Welt der Konsequenzen und verfällt deshalb dem Irrglauben, es gebe nur materielle Konsequenzen und Gleichungen – und keinen freien Willen. Wer jedoch jenseits, hinter und in der Materie das Wirken des göttlichen Bewußtseins sieht, erkennt sich selbst als ein bewußtes göttliches Wesen mit freiem Willen und mit Verantwortung. Wenn andere Menschen aufgrund meiner Handlungen leiden, ist dies nicht das „schlechte Karma“ dieser Menschen, sondern die Folge meines freien Willens, die *für mich* schlechtes Karma erzeugt. Jeder Versuch, die Verantwortung durch atheistisch-monistische Philosophien von sich zu weisen, stellt eine luziferische Selbstrechtfertigung und Selbsttäuschung dar.

Solange wir in der Matrix gefangen sind, glauben wir mehr an die Welt (die materielle Kausalität) als an uns selbst. Wir lassen uns sagen, was wir glauben sollen. Wir lassen uns sagen, daß wir krank sind und sterben müssen, wenn wir eine bestimmte „Krankheit“ haben. Wir lassen uns sagen, daß wir evolvierte Tiere sind und daß Tiere (und Pflanzen) zufällig aus Materie entstanden sind. Und wir trennen uns von dem Bewußtsein, daß wir göttliche Mitschöpfer sind – ewige Teile des lebendigen Ganzen.

„Avatar: Aufbruch nach Pandora“

Wahrheit ist immer einfach, und so läßt sich auch der Film *Avatar,* der einem theistischen Verständnis von virtueller Realität entspringt, leicht zusammenfassen.

Der Begriff „Avatar“ kommt aus dem Sanskrit und bedeutet ursprünglich „in die Materie herabgestiegenes göttliches Wesen; göttliche Inkarnation“. Bekannt sind die zehn Vishnu-Avatare, die im Hinduismus beschrieben werden. Heute wird dieser Begriff auch in der Computersprache verwendet und bezeichnet virtuelle Figuren in einem Computerspiel. In den Matrix-Filmen sind die Figuren Smith, Orakel, Architekt, Merowinger usw. Avatare der Maschinen, d. h. Avatare ohne „realen“, physischen Körper. Wenn Morpheus, Trinity und Neo in der virtuellen Welt erscheinen, sind sie Avatare mit physischen Körpern, die während ihres Matrix-Einsatzes bewußtlos im Flugzeug der Rebellen liegen. Die „normalen“ Menschen sind Avatare, deren physisches Original in den Laborbehältern der Maschinen in einem koma-artigen Zustand liegt.

Nochmals eine andere Bedeutung bekommt der Begriff „Avatar" im gleichnamigen Film. Hier geht es nicht um virtuelle Körper, sondern um physische Zweitkörper, die zu Leben erwachen, wenn der originale Mensch geistig in seinen jeweiligen Zweitkörper, seinen Avatar-Körper, eingeht.

Die im Film dargestellte Geschichte handelt weit in der Zukunft, im Jahr 2154: Die Menschen haben einen rohstoffreichen Planeten entdeckt, den sie Pandora nennen, und wollen ihn erobern, so wie einst die europäischen Siedler Nordamerika eroberten, indem sie die Ureinwohner bekämpften und ermordeten. Weil Menschen in der Atmosphäre von Pandora nicht überleben können, müssen sie mit technischen Anzügen und Kampfapparaten in diese Welt eindringen. Zuerst wollen sie jedoch das Vertrauen der Einheimischen gewinnen, weshalb ausgesuchte Forscher und Diplomaten einen Avatar-Körper bekommen, der in seiner Eigenart dem Körper der Einheimischen von Pandora entspricht. Sie legen sich in einen solarium-ähnlichen Apparat und fallen in einen koma-ähnlichen Zustand, während sie mit ihrem feinstofflichen Körper ihren grobstofflichen Körper verlassen und in den Avatar-Körper eingehen, der dann wie aus einem Schlaf erwacht. Dieses Phänomen ist grundsätzlich nicht unrealistisch. In der Parapsychologie spricht man von Seelentransfer und Walk-In.*

Die Pioniere dieser Pandora-Mission – ein Ex-Marine-Soldat namens Jake Sully und die Biologin Dr. Grace Augustine – sollen in ihren Avatar-Körpern mit den Ureinwohnern von Pandora, einem hochspirituellen Naturvolk, Kontakt aufnehmen, sie ausspionieren und gleichzeitig über diplomatische Beziehungen versuchen, an die Rohstofflager zu kommen, die genau unter dem höchsten Naturheiligtum der Pandorianer liegt. Jake Sully und Dr. Augustine entwickeln jedoch eine große Sympathie für die Pandorianer und

---

* Ein eindrückliches Beispiel für einen Walk-In, der in der ersten Hälfte des 20. Jahrhunderts im deutschsprachigen Europa auftrat, beschreibe ich im Buch *Unsichtbare Welten,* Kap. 2, Unterkapitel „Ein Medium, das die Dunkelmächte durchschaute".

wollen sie nicht an die Menschen verraten. Bei Jake entsteht sogar eine Liebesbeziehung zur Tochter des Pandora-Häuptlings. Die „Amerikaner" sind wütend über diesen Verrat und starten einen militärischen Großangriff auf das Heiligtum der Pandorianer. Dieser Angriff hinterläßt verheerende Naturzerstörungen, aber zuletzt wird er niedergeschlagen, und die Menschen werden von Pandora verbannt. Sie müssen „zurück in ihre eigene sterbende Welt", wie es im Film formuliert wird. Nur wenige Menschen können auf Pandora bleiben. Jake Sully stirbt als Mensch und inkarniert vollends in seinem Pandora-Körper und kann so die Häuptlingstochter von Pandora heiraten.

Die Pandora-Bewohner sehen ihre Welt und den Kosmos im Zusammenhang mit dem allumfassenden, lebendigen Gott („Eywa") und leben daher in Harmonie mit der göttlichen Ordnung. Pandora erscheint – in phantasievoller Darstellung – wie eine ferne Vergangenheit der Menschheit und gleichzeitig auch wie ein Bild aus der Zukunft.

Der Schluß des Films, wo Jake Sully in seinem Avatar-Körper in der Welt von Pandora reinkarniert, ist ein Hinweis auf die Transformation der irdischen Menschheit durch die Aktivierung des Lichtkörpers. Hierzu gehört auch die „Scheidung der Geister", von der in der Bibel gesprochen wird (Mt 10,22; 13,49; 25,32; Joh 5,24 usw.). Wenn die Menschen ihre Gier und Gottlosigkeit nicht überwinden und weiterhin an ein Universum ohne Seele, ohne höheren Sinn und ohne höhere Gerechtigkeit glauben, erkennen sie die besondere Zeitqualität nicht und müssen „zurück in ihre eigene sterbende Welt".

Teil 2

Weltbilder zwischen Materialismus und Ganzheitlichkeit (Theismus): Monismus, Monotheismus, Deismus

KAPITEL 7

Dualismus im Namen von Einheit

Die Einseitigkeit der atheistischen Esoterik

Theistische und atheistische Esoterik klingen bei einem ersten Vergleich sehr ähnlich. Beide verwenden Begriffe wie Einheit, Karma (Kausalität), Realität und Illusion, usw. Wie lautet die theistische Erklärung dieser Begriffe, wie die atheistische? Was sind die entsprechenden Konsequenzen dieser unterschiedlichen Definitionen? Die Spur der atheistischen Esoterik führt uns in bizarre Gedankenwelten, die in der Weltgeschichte schon seit längerer Zeit äußerst problematische Konsequenzen verursachen – obwohl die entsprechenden Kreise durchaus überzeugt sind, daß sie die einzig wahren „Realisten" sind. Einige bezeichnen sich sogar als „erleuchtet" und haben auch dann kein schlechtes Gewissen, wenn sie Kriege und andere Machenschaften inszenieren, ja sie glauben sogar, sie seien frei von „Karma". Dieser für viele überraschende Umstand wird im vorliegenden und in den zwei folgenden Kapiteln mit Insider-Zitaten und brisanten Beispielen veranschaulicht.

Überraschend ist hierbei vielleicht auch, wie weit solche Ansichten in der modernen Esoterik verbreitet sind. Der Grund liegt darin, daß die Strömung des „New Age" ursprünglich – Anfang des 20. Jahrhunderts – aus den Kreisen der atheistischen Esoterik hervorgegangen ist. Zusätzlich kamen im Verlauf des 20. Jahrhunderts aus dem Osten Vertreter des atheistischen Monismus in den Westen oder sandten ihre (zumeist westlichen) Schüler und Schülerinnen hinaus in die Welt. Um so wichtiger ist die Frage: Wie kann theistische von atheistischer Esoterik unterschieden werden?

Die Verabsolutierung der Einheit

Auch die atheistische Esoterik spricht von „Gott", und das mag verwirrend sein. Wenn ein Weltbild Gott beinhaltet, wie kann es dann atheistisch sein? Das entscheidende Kriterium ist natürlich, was jemand unter „Gott" versteht. Die atheistische Esoterik sagt, Gott sei die Einheit und nur die Einheit sei Realität, was bedeutet, daß alles, was nicht „Einheit" ist, Illusion ist. Man glaubt, nur die „Einheit" sei Realität, Vielheit sei Illusion, alles Relative sei Illusion, alles Individuelle sei Illusion, vor allem sei die Unterscheidung von Gut und Böse Illusion!

Demgegenüber betont das theistische Verständnis, daß Gott nicht einfach „Einheit" ist, sondern GANZHEIT. Ganzheit umfaßt sowohl Einheit als auch Vielheit! Wir müssen also unterscheiden zwischen einer ganzheitlichen Spiritualität und den verschiedenen Formen von Einheitslehren. Wenn man nicht die Ganzheit, sondern nur die Einheit als Realität sieht, führt dies zu einem falschen Verständnis von Einssein, Heilsein und Ganzsein.

Hierzu drei Zitate, die diese einseitige Sicht von Einheit und Einssein illustrieren. Diese Zitate veranschaulichen, daß in der Weltsicht der esoterischen Einheitslehren Dualität und Polarität gleichgesetzt werden, obwohl Polarität und Dualität eben gerade *nicht* dasselbe sind (der Unterschied von Polarität und Dualität wird im weiteren Verlauf dieses Kapitels dargelegt). Wer Dualität und Polarität gleichsetzt – was alle Einheitslehren tun („alles ist eins") –, fällt in die typische Esoterik-Falle: Man meint, gut und böse seien eine polare Einheit und seien nicht zu trennen, was zur Ansicht führt, wer Gutes tue, nähre dadurch auch das Böse. Und wer Böses tue, fördere indirekt das Gute! Gut und Böse – beides ist eins, denn „alles ist eins" …

> Weigere ich mich auszuatmen, so kann ich auch nicht mehr einatmen. Nehme ich den negativen Pol des elektrischen Stroms weg, so verschwindet auch der positive Pol. Genauso bedingt der Friede den Krieg, das Gute erzwingt das Böse, und das Böse ist der Dünger des Guten. […] Alle Dinge sind an sich völlig wertfrei und neutral. Die Einstellung des Menschen macht aus ihnen erst Gegensätze der Freude und des Leids.[8]

> Allein unsere Überlegungen zum Polaritätsgesetz führen zu der Konsequenz, daß Gut und Böse zwei Aspekte ein und derselben Einheit und daher in ihrer Existenz voneinander abhängig sind. Das Gute lebt vom Bösen und das Böse lebt vom Guten – wer absichtlich das Gute nährt, nährt unbewußt das Böse mit.[9]

> Das höchste Ziel des Menschen – nennen wir es Weisheit oder Erleuchtung – besteht in der Fähigkeit, alles anschauen zu können und zu erkennen, daß es gut ist, wie es ist. Dies meint wahre Selbsterkenntnis. Solange einen Menschen noch irgend etwas stört und solange er noch irgend etwas für veränderungsbedürftig hält, hat er Selbsterkenntnis noch nicht erreicht.[10]

Intuitiv spüren die meisten Menschen, daß bei solchen Ansichten etwas nicht stimmen kann. Wer das Gute tue, fördere dadurch auch das Böse? Wer Böses tue, diene indirekt dem Guten? Wenn wir Gutes tun, fehle uns das Böse zur Ganzheit? *Stimmt das?*

Natürlich nicht. Aus theistischer Sicht sind dies Trugschlüsse, die nur dann entstehen, wenn man die Wahrheiten des Monismus gleich in drei Punkten mißversteht und zu Halbwahrheiten verkommen läßt. Man verabsolutiert „Polarität", wodurch man die Einheit auf die Polarität reduziert („die Einheit der Gegensätze"), und setzt dabei auch noch Polarität mit Dualität gleich, weil man glaubt: „Alles ist eins." Und damit kann „alles" gerechtfertigt werden. Man muß aber hintereinander drei Denkfehler begehen („Ganzheit = Einheit"; „Einheit = Polarität"; „Polarität = Dualität"), bis man zu den genannten Trugschlüssen kommt! Befindet man sich jedoch auf dieser Denkschiene, glaubt man auf einmal, Gut und Böse seien untrennbare Pole und seien nur subjektive Wertungen, weil es „in Wahrheit" weder Gut noch Böse gebe …

Wie aus den weiteren Ausführungen hervorgeht, gehören solche „Wahrheiten" zu den Einweihungsgeheimnissen der höchsten Ebenen gewisser Machtpyramiden und haben dadurch schon seit längerer Zeit einen gewaltigen Einfluß auf die Weltgeschichte. Wenn wir aus theistischer Sicht esoterische, monistische und okkulte Philosophien beleuchten, ist dies also nicht einfach ein trockenes Philosophieren, sondern eine geistige Pionierarbeit. Wir durchschreiten in diesem Labyrinth die verschiedenen Gedankengänge, um zu erkennen, wo die Sackgassen und Halbwahrheiten sind. Aus höherer Sicht – im Licht der Ganzheit – gehören all diese Wege zum gleichen Labyrinth, und dennoch ist nicht alles eins.

Der Einheit-Vielheit-Dualismus

„Atheistische Esoterik“ ist ein Überbegriff für die verschiedenen Formen von einseitigen Einheitslehren, die philosophisch als *atheistischer Monismus* bezeichnet werden. Der atheistische Monismus ist ein *undifferenzierter* Monismus, weil er die Einheit verabsolutiert („alles ist eins“) und deshalb nicht zwischen Ganzheit, Einheit, Polarität und Dualität differenziert. Ironischerweise führt die Verabsolutierung der Einheit zu einem neuen Dualismus: *Einheit ist Realität, Vielheit ist Illusion.*

Dualistisch bedeutet: die Ganzheit spaltend. Dualistische Weltbilder – die atheistischen / monistischen wie die monotheistischen – entspringen einer spaltenden („diabolischen“) Kraft und führen zu einem ausgrenzenden Elitärdenken.

Die Vielheit ist aus der Einheit hervorgegangen, das ist eine grundlegende Wahrheit. Aber was bedeutet „Einheit“?

Der undifferenzierte Monismus sagt, Einheit sei Abwesenheit von Vielheit und diese Einheit sei die einzig wirkliche Realität; alles andere, d. h. die Vielheit (Bewußtsein und Individualität sowie die gesamte materielle Welt), sei letztlich Illusion; es gebe keinen Gott, vor dem man verantwortlich sei; es gebe nur „Einheit“ und die ihr innewohnenden Gesetze; die Unterscheidung von Gut und Böse sei nur subjektiv und von der jeweiligen Sichtweise der Menschen abhängig; objektiv gebe es weder Unrecht noch Sünde, weder Täter noch Opfer. „Alles ist eins. Alles ist Gott. Alles ist gut.“ Wenn täglich 20 000 Kinder verhungern, Menschen unter Kriegen, Diktaturen oder Verfolgung leiden, Erwachsene Kinder mißhandeln, die Reichen die Armen ausbeuten, usw., dann sei das alles „gut so, wie es ist“, es sei eine „notwendige Erfahrung“, eine Realität, die sich diese Menschen selbst geschaffen haben …

So unglaublich und unmenschlich diese Weltsicht klingt, sie ist weit verbreitet, obwohl sie nur selten so deutlich ausformuliert wird. Von gewissen Elitekreisen wird sie sogar als höchste Form von Realismus und „Erleuchtung“ angesehen – weshalb sie diese „Wahrheit“ des „alles ist eins“ auch praktisch umzusetzen.

Die verschiedenen Formen der atheistischen Esoterik mit ihren Konsequenzen widersprechen jeder natürlichen Intuition und sind nur theoretische Kopfprodukte, denn das Leben zeigt uns ständig, daß nicht alles „eins" und nicht alles gut ist.

Die genannten Trugschlüsse werden meistens nicht bewußt vollzogen, aber dennoch sind sie die Ursache davon, warum in esoterischen und „integralen" Kreisen vielerorts gerade das Unterscheiden von Gut und Böse als „unerleuchtet" und „dualistisch" verpönt ist. Es wird behauptet, dieses Unterscheiden entspringe dem Ego, und gerade „das Ego" müsse überwunden und getötet werden, man dürfe keine eigenen Interessen und keine Vorstellungen von „gut" und „böse" haben, man müsse in ein wunschloses, nicht-urteilendes, neutrales Einssein gehen – was manchmal auch (fälschlicherweise) als „bedingungslose Liebe" bezeichnet wird.

Kein Wunder, daß arglose Wahrheitssucherinnen und -sucher bei solchen Lehren in eine große Verwirrung und in einen existentiellen Konflikt mit ihrer Intuition geraten. Diese Lehren propagieren nicht nur ein einseitiges und undifferenziertes, sondern auch ein *unmögliches,* da praktisch nicht umsetzbares Konstrukt. Es werden falsche Ideale von „Erleuchtung" beschworen, und es wird suggeriert, diesem Ideal könnten nur wenige „Meister" und „Erleuchtete" entsprechen. Einige spielen die Rolle der Erleuchteten, andere verdrängen die anfänglich empfundenen Widersprüche und Gewissensmeldungen und akzeptieren „demütig", daß sie eben noch nicht erleuchtet sind und daß sie erst in einem nächsten Leben dieses „Ideal" von „Einssein" erreichen werden. Es wird zwar gesagt: „Erleuchtung ist sofort und im JETZT möglich", aber praktisch erleben die Menschen, daß sie diese „Erleuchtung" eben nicht haben. Wie in monotheistischen Kreisen werden auch in esoterisch-monistischen Kreisen die Menschen auf eine Zeit nach dem Tod vertröstet.

Die Ähnlichkeit zwischen dem Monismus und Monotheismus – als entgegengesetzte Abweichungen vom selben ganzheitlichen Verständnis – zeigt sich darin, daß beide zu einem Dualismus führen: Der atheistische Monismus führt zum Dualismus Einheit–Vielheit. Der Monotheismus führt zum Dualismus Gott–Welt.

Während im Materialismus die Materie verabsolutiert und „vergöttert" wird, bewirken der atheistische Monismus und der Monotheismus eine Abwertung der Natur und der Materie. Die einen sagen, die Vielheit / Polarität / Materie sei Illusion oder eine minderwertige Realität, die anderen sagen, das Materielle / Irdische sei sündhaft und antigöttlich. Und beide sagen, der Mensch habe letztlich keinen freien Willen: Die Vorstellung von Individualität und freiem Willen sei „in Wirklichkeit" eine Illusion (= atheistischer Monismus) bzw. eine durch die Ursünde entstandene Anmaßung des Menschen (mehr dazu im nächsten Kapitel).

Interessanterweise vertritt das Alte Testament, das einige pauschal ablehnen, andere wiederum verabsolutieren, in seinem Kern eine ganzheitliche Spiritualität. Gleich am Anfang wird betont: „Gott schuf Himmel und Erde … und sah, daß es gut war." Himmel und Erde sind eine Schöpfung Gottes, das Materielle und Irdische ist weder Illusion noch eine minderwertige Realität, es hat einfach eine andere, aber ebenfalls göttliche Funktion. Das Materielle ist „relativ", aber relativ bedeutet nicht etwa „minderwertig" und auch nicht „Illusion".

„Alles ist eins" – auch Gut und Böse?

Die „Einheit" des atheistischen Monismus ist ein abstraktes, neutrales Total von Energie, das weder Bewußtsein noch Wille hat; dieses Absolute ist bewußt-los, willen-los, gott-los. Wenn hier von „Gott" gesprochen wird, müssen wir uns bewußt sein, daß *dieses* Konzept von „absolut" gemeint ist. Dementsprechend wird auch der Begriff „Liebe" verwendet.

„Liebe" bedeutet im atheistischen Monismus, in der „Einheit" zu leben, das heißt: Einssein ohne Bedingungen, ohne Wünsche, ohne Willen. Liebe sei reine Einheit ohne Gegenüber, Ich = Du = Gott. Liebe bedeute, alles ohne Bedingungen zu „lieben", wir lieben *alles,* sowohl das Gute als auch das Böse. „Liebe" kenne keine Kategorien von Gut und Böse, denn das wären Bedingungen. Das Unterscheiden von Gut und Böse sei ein Zeichen von mangelnder Liebe und mangelnder Erleuchtung …

Die Ansicht, Gut und Böse seien als „Polarität" untrennbar miteinander verbunden, führt zu einer Rechtfertigung des Bösen („das Böse fördert das Gute; ohne das Böse gäbe es nichts Gutes") und entspringt einem einseitigen, d. h. halbwahren Verständnis von Karma, welches besagt: „Es gibt keinen Zufall, es gibt keine unschuldigen

Opfer, es gibt kein Unrecht. Alles, was geschieht, haben die Opfer selber in ihr Leben gerufen. Wäre es nicht ihr Karma gewesen, wäre es ihnen nicht zugestoßen. Die Tatsache aber, daß es ihnen zustößt, zeigt, daß es ihr Karma war, d. h. von ihnen selbst verursacht wurde. Denn alle schaffen ihre eigene Realität."

In solchen New-Age-Halbwahrheiten wird meistens verschwiegen, daß die Annahme, es gebe keine unschuldigen Opfer, auch bedeutet, daß es keine schuldigen Täter gibt – was jedoch nur für die „Erleuchteten" gilt. Für den kleinen Menschen gilt: „Es gibt kein Unrecht, es gibt keine berechtigte Anklage, sondern nur Selbstanklage. Wenn du in einen Krieg oder in Konzentrationslager gerätst, bist du selber schuld, und du kannst niemand anderem die Schuld geben, denn du hast dir diese Realität selber kreiert!"

Diese Aussage ist nicht unwahr, sie ist halbwahr, und das macht die Verwirrung nur noch schlimmer. Es wäre besser, nichts von Karma und Reinkarnation zu wissen, als mit solchem Halbwissen zu argumentieren. Wenn wir die Aussagen des atheistischen Monismus in diesen ungeschminkten Konsequenzen betrachten, wird erkennbar, daß es sich hier um eine „Philosophie der Täter" handelt, die ein großes Bedürfnis haben, die Unterschiede von Gut und Böse zu verwischen, um dadurch das Böse in unserer Welt zu rechtfertigen.

Es ist erstaunlich zu sehen, wie gewisse New-Age- und Selbstermächtigungs-Gurus predigen, es gebe kein unverdientes Glück und kein unverdientes Leid. Wenn einige wenige den Großteil der Weltfinanzen besitzen, sei das ihr verdientes Glück, und wenn andere durch Ausbeutung usw. litten, sei das ihr verdientes Leid. Denn „jedem geschieht nach seinem Glauben", wie es auch schon in der Bibel heiße! Daß in dieser selbstgerechten Auslegung vielleicht etwas nicht stimmen könnte, merken solche Monismusgläubige meistens erst dann, wenn sie selber mit Leid und Ungerechtigkeit konfrontiert werden.

Hier sei die Frage erlaubt: Wie kann sich jemand für das Gute, für Gerechtigkeit und für den Frieden einsetzen, wenn er glaubt, Gut und Böse seien untrennbar verbunden, das Gute nähre das Böse, und es gebe kein Unrecht (alles ist gut so, wie es ist), alles sei eine notwendige Erfahrung? Dieser Glaube verunmöglicht jegliche Einsicht, jegliche Reue, jegliche Wiedergutmachung und damit jegliche

Befreiung von Karma – und so bleiben diese Gläubigen gefangen in ihrer Selbsttäuschung. Bis sie zu wirklicher Erleuchtung und Erlösung kommen.

Advaita: theistischer oder atheistischer Monismus?

In der heutigen Esoterik wird das Prinzip der Kausalität vor allem mit dem Begriff „Karma" in Verbindung gebracht, was zeigt, von wo in diesen Fragen der stärkste Einfluß ausgegangen ist: von Indien.

Karma ist das Prinzip der Kausalität, das sowohl theistisch als auch atheistisch und monotheistisch verstanden werden kann. Das theistische Verständnis von Karma wird im vorliegenden Kapitel an späterer Stelle erörtert werden.

Wie das Prinzip der Kausalität (Karma) kann auch der Monismus unterschiedlich verstanden werden. In der indischen Philosophie wird der Monismus „Advaita" genannt, wörtl. „Nondualität; keine Zweiheit". Hier stellen sich dieselben Fragen, wie wir sie bereits zu Beginn des Kapitels formuliert haben: Was bedeutet Einheit? Wenn Einheit die absolute Realität ist, was ist dann die Vielheit?

Im der Sanskritsprache lautet das Wort für Einheit „Brahman". Atheistische Advaita-Vertreter verabsolutieren das Brahman und bezeichnen alles Materielle als „Illusion", während die Vertreter des theistischen Monismus zwischen „Einheit" und „Ganzheit" unterscheiden, sanskr. „Brahman" und „Parabrahman".

Brahman ist die All-Einheit, das Energietotal, aus dem alle geschaffenen Formen hervorgehen. Brahman ist die „Nondualität", Atman ist die „Individualität". Die Advaita-Vertreter, die von einem undifferenzierten Monismus ausgehen, setzen Atman mit Brahman gleich und sagen, Atman sei absolut identisch mit Brahman: Ich = Du = Gott = Einheit.

Wenn diese nonduale Einheit die absolute Realität ist, dann ist die Welt der Zweiheit und Vielheit Māyā, „Illusion". All diese einseitigen Einheitslehren können im Sanskrit zusammengefaßt als *Māyāvāda* bezeichnet werden, „Māyā-Lehren", d.h. Lehren, die sagen, Vielheit / Individualität sei Māyā. In diesen Lehren wird argumentiert, Brahman sei Unendlichkeit, die kein eigenes Bewußtsein und keinen Willen habe, denn wenn das Brahman etwas wollen würde, würde ihm etwas fehlen. Das Ziel sei deshalb die Überwindung der Welt, die Überwindung des Ichs, denn wer an einem eigenen, individuellen Bewußtsein und Willen festhalte, sei getrennt vom Brahman.*

Der Begründer des Monismus in Indien, Shankara (siehe Kastentext auf der folgenden Doppelseite), lehrte nicht einen Monismus zur Ego-Rechtfertigung, sondern übersetzte die Lehren des damals in Indien vorherrschenden Buddhismus in eine vedische Terminologie, um dadurch eine Verbindung dieser beiden Richtungen zu ermöglichen und eine gemeinsame Diskussionsgrundlage zu schaffen. Die Lehre des Shankara ließ es offen, ob man in die Richtung des atheistischen oder des theistischen Monismus gehen will.

Der bedeutendste Vertreter dieser offenen Art von Monismus war der indische Mystiker *Ramana Maharshi* (1879-1950). Ramana versuchte, die theistische Sichtweise in den Monismus und den Monismus in den Theismus zu integrieren, denn sein Hauptanliegen war eine differenzierte Suche nach Selbsterkenntnis.

> Das Ich wirft die Illusion des „ich" ab und bleibt trotzdem übrig als Ich – das ist das Paradoxe an der Verwirklichung des Selbst. [...] Wenn man glaubt, daß der Geist von der Wirklichkeit getrennt ist, nennt man das *māyā*. Tatsächlich befindet sich der Geist stets in der Wirklichkeit, kann also gar nicht von ihr getrennt sein. Wird diese Wahrheit erkannt und erfahren, hört *māyā* auf zu existieren. [...] „Sein" ist der natürliche Zustand. Diesen auf „ein Mensch sein" zu begrenzen, entspricht nicht der Wirklichkeit.[11]

Die meisten Gurus in der Shankara-Linie wählten jedoch den Weg des atheistischen Monismus und lehrten Theorien, die vom Prinzip her ähnliches besagen wie die Prädestinationslehren der mono-

---

* Östliche und westliche Gurus dieser Linien haben damit ein starkes Manipulationsinstrument in der Hand, mit dem sie wie folgt argumentieren können: „Wenn ihr nicht tut, was ich sage, seid ihr vom Ego beeinflußt und noch nicht erleuchtet. Wenn ihr in euch irgendeinen Zweifel an dieser Philosophie oder an mir verspürt, ist das ein Zeichen, daß ihr noch nicht erleuchtet seid und euer Ego noch nicht wirklich getötet habt. Ihr habt noch keine echte Wunsch- und Ichlosigkeit erreicht."

Monismus und Theismus in Indien

Die überragende Persönlichkeit der indischen Geistesgeschichte in der Zeit vor Christus war Buddha (ca. 560–480). Er wandte sich als Reformator gegen das Kastensystem und gegen die Autorität der Sanskritschriften sowie gegen die Vormachtstellung der Priesterkaste; er selbst stammte aus der Adelskaste. Er lehnte die Ritualistik und Dogmatik der Priesterschaft ab und lehrte in der Sprache des Volkes einen Weg der Selbstbefreiung, den jeder Mensch selber gehen kann. Es gibt keinen Gott, keine göttliche Gnade und keine Individualseele; Ziel ist die Auflösung der eigenen Persönlichkeit im *Nirvāṇa,* wörtl. im „Aufhören des Wehens", im „Nichtsein", im Verlöschen der eigenen Existenz. Aus philosophischer Sicht war dies ein Monismus, der sich in den Jahrhunderten nach Buddhas Tod in unterschiedlichsten Formen weiterentwickelte.

Für rund eintausend Jahre war der Buddhismus die vorherrschende Philosophie in Indien, mit Nāgārjuna (2. Jh. n. Chr.) als einflußreichstem Vertreter. Der von ihm gelehrte Monismus wird *śūnyavāda* („Lehre von der Leere") genannt. Im 8. Jahrhundert begründete der junge indische Lehrer *Shankara* (nach traditionellen Angaben wurde er nur 32 Jahre alt) eine Renaissance der vedischen Philosophie. Mit ihm wurden die Sanskritschriften wieder zur Diskussionsgrundlage, und er verfaßte einen ausführlichen Kommentar zur Schrift *Vedānta-Sūtra,* mit dem er seinen Advaita-Vedānta begründete: die Lehre, das *anta* („Ende; Ziel") des Veda sei Advaita, das Erkennen der Nondualität. Er selbst bezeichnete seine Advaita-Lehre als *abheda-darśana,* „Unterschiedlosigkeit-Philosophie" (= undifferenzierter Monismus). Durch seine Alleinheitslehre gelang es ihm, den buddhistischen Monismus in vedischen Begriffen auszuformulieren: Nirvāṇa = Brahman; Brahman und Atman sind letztlich dasselbe; „Alles ist eins", jegliche Nichteinheit, d. h. alles materiell und individuell Existierende, ist Illusion (Māyā).

Obwohl Shankara bis heute zu den größten Lehrern der indischen Geistesgeschichte gehört, war seine Alleinheitslehre nicht unwidersprochen. Die Lehre der Nondualität führt nicht zwingend zu einem Monismus, zumindest nicht zu einem *atheistischen* Monismus. Nondualität als grundlegende Erkenntnis kann auch zu einer ganzheitlichen Spiritualität führen, was all jene betonten, die nicht bei Shankaras Monismus stehenbleiben wollten.

200 Jahre nach Shankara trat der große südindische Lehrer Rāmānuja (ca. 1055–1137) auf; er lehrte einen differenzierten Monismus (Viśiṣṭa-Advaita) und betonte die *qualitative* Einheit von Atman und Brahman: Atman ist nicht identisch mit Brahman, aber auch nicht getrennt, und Gott ist mehr als nur Brahman (Nondualität); die Welt und die Materie sind nicht Illusion, sondern ebenfalls Realität – eine relative Realität, aber dennoch eine göttliche Realität.

Unter dem Einfluß Shankaras und Buddhas wurde die qualitative Einheit, wie Rāmānuja sie erklärte, vielerorts jedoch monistisch verstanden. Drei Generationen nach Rāmānuja betonte *Madhva* (ca. 1238–1317) deshalb die qualitative Verschiedenheit: der Teil ist nie das Ganze; Atman und Brahman sind verschieden; die Individualität ist unvergänglich.

Eine zentrale Person in den späteren Generationen dieser theistischen Schule in Indien war *Krishna Caitanya* (1486–1534), auch Gaura, „der Goldene", und Gauracandra, „Goldener Mond", genannt. Er, ein Zeitgenosse von Nostradamus und Luther, lehrte, daß Gott nicht nur Einheit, sondern Ganzheit ist und daß Shankaras *abheda* („Nichtverschiedensein") nur die eine Seite der Realität beleuchtet und dabei die andere Seite, das „Verschiedensein" *(bheda)* = Individuellsein, fälschlicherweise als Illusion *(māyā)* bezeichnet. Caitanya betonte das gleichzeitige Eins- und Verschiedensein durch das Mysterium der Gottesliebe *(bhakti)*. Ziel ist nicht die Verschmelzung mit Gott oder die Auflösung der eigenen Individualität, sondern das Bewußtsein der lebendigen Einheit mit Gott (= Liebe) und die Einheit mit dem Willen Gottes. Während die Monisten die *bhakti* als Sentimentalität und unerleuchtetes Getue belächelten, lebte Caitanya – im Rahmen der Vorgaben der konservativen brahmanischen Kultur – eine ekstatische Gottesliebe. In seiner Heimat Bengalen, dem Staat im Mündungsgebiet des Ganges, führte er religiöse Gespräche mit dem islamischen Schah, dem Oberhaupt der damaligen Besatzungsmacht in Nordostindien.

Siehe auch: A. Risi, *Gott und die Götter – Das Mysterienwissen der vedischen Hochkultur,* Kap. 6, „Buddha, Shankara, Caitanya", und Kap. 7, „Vedische und abendländische Prophezeiungen".

theistischen Religionen: *Es gibt nur Brahman, die Vorstellung eines individuellen Seins (Atman) ist Illusion; Gott ist Brahman, die absolute Einheit; alles, was geschieht, ist notwendig und entspricht der zwingenden Abfolge von Ursache und Wirkung; wenn wir von „Gottes Willen" sprechen, ist damit dieses kosmische Spiel gemeint, denn alles ist Einheit (Brahman), es gibt keinen individuell Handelnden und letztlich auch keine persönliche Schuld, alles ist vorprogrammiert und prädeterminiert, alles ist Schicksal, wir können nicht anders handeln; alles, was geschieht, ist gut.*

Die einflußreichsten Vertreter dieser atheistisch-esoterischen Sichtweise von Advaita (Nondualität) in der zweiten Hälfte des 20. Jahrhunderts waren die indischen Gurus Nisargadatta, sein Schüler Ramesh Balsekar und Poonja (auch Papaji genannt). Sie berufen sich auf Shankara und Ramana Maharshi, aber vermischten die Konzepte des differenzierten und undifferenzierten Monismus, womit sie mehr der Verwirrung als der Unterscheidung dienten.

> Für Nisargadatta [...] gibt es keinen Schöpfer mit unbegrenztem Intellekt. Gott existiert nicht unabhängig von der Schöpfung. Was existiert, ist das „totale Wirken" (oder Funktionieren) der letzten oder absoluten Realität, was sich in der unbegrenzten Anzahl von sich verändernden Formen der Manifestation zum Ausdruck bringt. Diese Absolute Realität ist identisch mit dem Selbst.
>
> Nisargadattas Lehren beziehen sich auch auf unseren Begriff der Kausalität, von dem er sagt, daß er falsch interpretiert werde. Er lehrte, daß das vielseitige Zusammenspiel der verschiedenen Kräfte im Universum so weitreichend und unfaßbar ist, daß der Begriff der Kausalität, wie er gegenwärtig verstanden wird, seine Bedeutung verliert. Die endlosen Faktoren, die erforderlich sind, damit etwas geschieht, bedeuten, daß wir höchstens sagen können, alles schaffe alles; auch die Entscheidungen, die wir treffen, sind prädeterminiert: durch unsere Gencodes, durch unsere Erziehung, unsere mentalen Ausrichtungen und Begrenzungen, unsere ethischen und philosophischen Ideale, usw. All diese Faktoren fügen sich auf eine einzigartige Weise zu den unterschiedlichen Personen zusammen und formen sich nach den jeweiligen Zusammenhängen immer wieder um.
>
> Dies führt zur radikalen Ansicht, daß es so etwas wie einen „Handelnden" nicht gibt. Er und andere Lehrer des Vedanta sagen, daß wir als reines Bewußtsein nichts tun, denn unsere wahre Natur oder

Identität ist nicht das Psychische und nicht das Physische, sondern das, was das Psychische und das Physische wahrnimmt. Verstand und Körper handeln aus sich selbst heraus [entsprechend den genannten prädeterminierenden Faktoren], und wir sind die Beobachter von ihnen, obwohl der Verstand oftmals meint, er sei der Handelnde. […] „Es gibt nur Leben, es gibt niemanden, der das Leben lebt.“[12]

Es ist unbestreitbar, daß alles, was geschehen ist – Kriege, Naturkatastrophen, Krankheiten oder was auch immer – nur geschehen konnte, weil es Gottes Wille war. […] Die Bestimmung des einen, entsprechend Gottes Willen, war es, ermordet zu werden, und die Bestimmung des anderen, den Mord zu begehen. […] Das ist der Sinn des Lebens. Das Leben beginnt, das Leben endet. Niemand braucht sich um Schuld und Sünde, Vergangenheit und Zukunft zu kümmern; kein Bedauern wegen der Vergangenheit, keine Erwartungen für die Zukunft.[13]

KEINE Schöpfung,
KEINE Auflösung,
KEINE Bindung,
KEINE Befreiung,
KEIN Sucher nach Befreiung,
Niemand, der befreit wird,
Das ist die letzte Wahrheit.
Absolute Nichtmanifestation ist die einzige Wahrheit. / Schöpfung weist auf einen unbefriedigten Wunsch auf seiten des Schöpfers hin. Wenn die letzte Realität in sich selbst vollkommen ist, dann kann man ihr nie den Akt der Schöpfung zuschreiben. […] Unwissenheit läßt Wünsche entstehen. Wünsche lassen die Welt entstehen. Wenn du erkennst, daß Unwissenheit selbst nicht existiert, wirst du die illusorische Natur deiner Wünsche entdecken. Als Ergebnis wird die ganze Welt illusorisch und nichtexistent. Die Welt hat niemals existiert. Wenn keine Vergangenheit stattgefunden hat, wie könnte dann der Wunsch entstehen, etwas zu besitzen? Wenn es keinen Wunsch gibt, wie kann man dann die Welt als Realität sehen? Wenn es keinen Wunsch mehr gibt, wirst du die illusorische Beziehung zwischen dem Sehenden und dem Gesehenen entdecken.[14]

In den letzten Jahrzehnten sind aus der indischen Advaita-Strömung auch westliche Schüler und Schülerinnen hervorgegangen, die heute in aller Welt Zusammenkünfte (Satsang) veranstalten und über Erleuchtung, Einheit, Auflösung des Egos usw. sprechen. Diejenigen, die an der monistischen Lehre irgendwann Zweifel entwickelten, gingen weiter in Richtung Theismus oder „zurück" in Richtung Buddhismus. Die folgende Beschreibung bezieht sich auf einen damals jungen und heute einflußreichen amerikanischen New-Age-Lehrer, der nach seiner Ernüchterung mit dem monistischen Advaita diese Erfahrung mit buddhistischen Lehren zu neutralisieren versuchte:

> Er stellt die Advaita-Lehre in Frage, da sie eine Menge Freiraum für menschlichen Verfall biete. Da die Persönlichkeit ja nicht real ist, kann man unter Advaita-Anhängern alles Mögliche durchgehen lassen, sowohl unmoralisches Verhalten als auch Selbstsucht, was für andere Leid bedeutet. Die Advaita-Leute sagen stets, wir seien nicht in der Lage, menschliches Handeln zu bewerten. [...] Er nennt dies die „Advaita-Schiebung", mit deren Hilfe die Advaita-Lehre vom Einssein dazu mißbraucht werde, alle möglichen Formen unethischen Verhaltens zu rechtfertigen.[15]

Was dieser kritisch gewordene Advaita-Schüler als „Verfall", „unmoralisches Verhalten" und „Selbstsucht" bezeichnet, bezieht sich in erster Linie auf das Kastensystem in Indien. Denn wenn Kausalität (Karma) nur funktional und mechanisch verstanden wird, führt dies zu den beschriebenen Ego-Rechtfertigungen. Deshalb ist es nicht erstaunlich zu erfahren, wer in Indien diese „Philosophie der Täter" begründete: die Vertreter der obersten Kaste! Die Kastenbrahmanen behaupteten, sie seien durch das „Karma" berechtigt, all ihre Privilegien zu genießen, weshalb nur jemand, der dank dieser Prädestination in einer Brahmanen-Familie geboren werde, Mitglied der obersten Kaste sein könne. Ebenso sollen alle anderen *ihr* „Karma" akzeptieren, insbesondere die große Masse der untersten Kaste, die Schudras (Arbeiter, Knechte und Handlanger), und die kastenlosen „Unberührbaren".

Das Problem in all diesen Weltbildern ist offensichtlich der undifferenzierte Monismus. So stellt sich nun die Frage, was die *differenzierte,* d. h. theistische Form des Monismus ist und wie der Theismus die beschriebenen Einseitigkeiten überwindet. Dies soll das Thema der folgenden Ausführungen sein: Wie lautet das ganzheitliche Verständnis von „alles ist eins", von Karma, von Ego, von Māyā, von

Polarität / Dualität und von Ganzheit und Einheit? Im Licht dieser Ausführungen können wir auch die Einseitigkeit der atheistischen Esoterik nochmals neu erkennen und durchschauen.

Was bedeutet „Alles ist eins"?

Die Vielheit ist aus der Einheit entstanden und existiert vor dem Hintergrund dieser Einheit. Die Einheit und die Vielheit sind nicht Gegensätze, sondern zwei Aspekte der *Ganzheit.* Gott als Ganzheit ist nicht einfach das Total aller Energie oder das Total aller Teile, denn das Ganze ist immer mehr als die Summe der Teile. Gott ist die allumfassende Realität, die sowohl Energie als auch Bewußtsein ist. Wird Gott nur als Energie (Nondualität) gesehen, fallen wir in die Einseitigkeit der atheistischen Weltbilder. Wird Gott nur als Bewußtsein, d. h. nur als „Person" gesehen, fallen wir in die Einseitigkeit des Monotheismus, der ein menschengemachtes Bild von Gott vertritt (ein Gott mit Monopolansprüchen von seiten der jeweiligen Gläubigen).

Die Erkenntnis der Nondualität (Einheit) bedeutet aus theistischer Sicht, daß wir uns nicht mit der Dualität identifizieren und angesichts der Gegensätze in der materiellen Welt (Freud / Leid, Erfolg / Mißerfolg; Gut / Böse usw.) eine innere Neutralität entwikkeln. Diese Neutralität ist die Grundlage eines jeden höheren spirituellen Verständnisses. Wirkliches Gottesbewußtsein umfaßt jedoch nicht nur die Erkenntnis der Nondualität, sondern auch der *Individualität.*

Einheit im theistischen Sinn ist das „unteilbare Sein", was die wörtliche Bedeutung von *Individualität* ist. „Individualität" und „Nondualität" sind zwei Begriffe für „Einheit" und beschreiben die zwei grundlegenden Aspekte der Ganzheit: Nondualität ist die Einheit aller Energie, und Individualität ist die Einheit des Bewußtseins. Da die Ganzheit sowohl das Relative als auch das Absolute umfaßt, ist das unteilbar-bewußte = individuelle Sein die ursprüngliche Eigenschaft sowohl des Absoluten als auch des Relativen. Nur weil Gott Bewußtsein und Willen hat, finden wir diese Eigenschaften auch in den „Teilen" Gottes.

Das theistische Verständnis von „alles ist eins" lautet: *alles ist ver-*

bunden, alles ist Teil derselben Ganzheit, alles ist eins *und verschieden,* verbunden und individuell. Die Einheit allen Seins ist lebendig, differenziert und nicht getrennt; wir sind in Verschiedenheit eins mit Gott. Einheit in der Vielfalt, Vielfalt in der Einheit.

Weder identisch noch getrennt

Durch das differenzierte Verständnis von Einheit eröffnet sich uns eine umfassende Wahrnehmung von Realität. Vor dem Hintergrund / Urgrund der Ganzheit ist alles eins *und „verschieden"* (differenziert, individuell). Wirkliche Einheit erleben wir, wenn wir unsere untrennbare Verbundenheit mit dem Ganzen wahrnehmen, was nur mit einem entsprechenden Bewußtsein möglich ist: mit dem Bewußtsein der lebendigen Einheit, dem Bewußtsein der Liebe.

Individualität im ursprünglichen, spirituellen Sinn ist also keine Illusion, wie die Monisten meinen, sondern der Schlüssel zur Realität. „Ich" und „Du" sind keine getrennten Standpunkte, sondern eine Verbundenheit im Licht der Ganzheit.

Der spaltende Geist verdunkelt das Bewußtsein der Liebe und kehrt es in Selbstherrlichkeit, Gleichgültigkeit und Gewissenlosigkeit. Philosophisch gesprochen, erzeugt der spaltende Geist die Sichtweise eines *undifferenzierten Einsseins* (Monismus) und *eines undifferenzierten Getrenntseins* (Dualismus).

Wenn alles undifferenziert „eins" ist, wie der atheistische Monismus lehrt, dann gibt es letztlich keinen Unterschied zwischen Gott und der Welt. Gott ist die Welt und die Welt ist Gott. Gott ist der Mensch und der Mensch ist Gott. Der Mensch hat keine Verantwortung vor Gott. Letztlich ist jegliche Vielheit – und damit auch die Unterscheidung von Gut und Böse – Illusion. Damit ist für die „Erleucheten" alles erlaubt …

Undifferenziertes Getrenntsein ist die Grundlage des Dualismus. Wie im Buch *Der radikale Mittelweg* (Kapitel 15) dargelegt, gehören zum Dualismus die Weltbilder des Monotheismus und der Gnosis. Das gnostisch-deistische Weltbild wird Thema des übernächsten Kapitels sein (die Geheimlehren des Freimaurertums und deren theistischer Kern). Im Monotheismus zeigt sich der Glaube an eine undifferenzierte Getrenntheit darin, daß die eigene Religionsinterpretation als die einzige Wahrheit bezeichnet wird. Wer nicht der jeweiligen Gruppe angehört, kommt ewig in die Hölle, weshalb sich im Umgang mit den „anderen" die Unterscheidung von Gut und Böse erübrigt, denn in die Hölle kommen sie alle …

Auch hier zeigt sich, wie sehr sich die beiden Gegenteile – Atheismus und Monotheismus – in der praktischen Konsequenz gleich sind, denn sie sind das Ergebnis der gleichen Spaltung.

In Wirklichkeit jedoch ist der Mensch weder identisch mit Gott noch getrennt von Gott. Wir als ewige Individuen („Seelen") sind *qualitativ eins* mit Gott und *quantitativ verschieden* von Gott.

„Qualitativ eins" bedeutet: Als Teil des Ganzen haben wir die gleichen grundlegenden Eigenschaften wie Gott. Gott ist ewig – wir sind ewig. Gott „hat" Bewußtsein – wir „haben" Bewußtsein. Gott „hat" Willen – wir haben Willen. Deshalb konnte Jesus beten: „Dein Wille geschehe!"

„Quantitativ verschieden" bedeutet: Wir sind individuell. Wir sind Teile des Ganzen, aber nicht das Ganze. Gott ist für uns ein „Du", aber ein „Du", von dem wir nicht getrennt sind, denn in spiritueller Liebe erleben wir unsere individuelle Einheit mit Gott. In Liebe sind wir untrennbar eins.

Nur wo der spaltende Geist das undifferenzierte Einssein oder Getrenntsein propagiert, werden Ich und Du zu einer Dualität. Das „Du" ist dann Illusion oder ein Gegen-Teil. Getrenntsein, Identischsein – beides ist Illusion. Der spaltende Geist suggeriert: Entweder bist du getrennt von Gott oder identisch mit Gott. In Wahrheit sind wir weder getrennt von Gott noch identisch mit Gott.

Dasselbe gilt für die Realität von Gott und Welt. Die materielle Schöpfung ist nicht getrennt von Gott – wie der Dualismus lehrt –, aber auch nicht identisch mit Gott, wie der Atheismus lehrt, genauer gesagt der *Pantheismus* und der *Deismus* (ausführlich erklärt und unterschieden in meinen früheren Büchern).

Der Pantheismus („Allgottlehre") sagt, Gott sei die Schöpfung, und setzt Schöpfung und Schöpfer gleich. Praktisch führt dies zu einem respektvollen und verantwortungsbewußten Umgang mit der Natur, weshalb der Pantheismus ein wichtiger Schritt hin zu einem ganzheitlich-theistischen Verständnis ist.

Der Deismus (von lat. *deus,* „Gott") spricht zwar von einem Gott als Baumeister des Kosmos und Initiator der Schöpfung, doch dieser Gott ist nur ein theoretisches Konzept und ist inhaltlich nichts anderes als eine Personifikation der hypothetischen Selbstorganisation der Materie, weshalb dieser Gott nicht in seiner Schöpfung eingreifen kann, keine Gebete erhört und keine Gnade kennt – denn er ist nur die Personifikation des gnadenlosen Wirkens der Naturgesetze (mehr hierzu im übernächsten Kapitel, „Weltmacht im Namen von Erleuchtung").

Allpräsenz, Immanenz und Transzendenz

Die theistische Weiterentwicklung des Pantheismus ist der *Panentheismus* („Alles-in-Gott-Lehre"): Gott ist verbunden mit der Welt und die Welt ist verbunden mit Gott. Gott ist in der Welt und die Welt ist in Gott, aber Gott ist nicht identisch mit der Welt und die Welt ist nicht Gott. Wie im Buch *Der radikale Mittelweg* beschrieben, entspricht der Panentheismus der Erkenntnis der Immanenz Gottes in der Welt, ohne dabei Gott auf die Immanenz zu beschränken. In vedischen Begriffen ist dies die Paramātmā-Erkenntnis.

Gott als Ganzheit ist für den menschlichen Verstand nicht vollständig erfaßbar, weshalb die theistische Theologie betont, daß ein ganzheitliches Verständnis von Gott immer gleichzeitig die Aspekte der Allpräsenz, der Immanenz und der Transzendenz umfassen muß. Sobald einer dieser drei Aspekte isoliert betrachtet wird – was zu einer Verabsolutierung dieses Aspektes führt –, haben wir nur noch eine Halbwahrheit bzw. eine Drittelwahrheit. Wird die Allpräsenz verabsolutiert, wird Gott nur noch als Energie gesehen (= Monismus). Wird die Immanenz verabsolutiert, wird Gott nur noch als Natur und Universum gesehen (= Pantheismus, Deismus). Wird die Transzendenz verabsolutiert, wird Gott als „Person" gesehen, die sich nur durch eine bestimmte Konfession offenbart (= Monotheismus).

> Die pan*en*theistische Schöpfungsspiritualität überwindet sowohl den unheilvollen Gott-Welt-Dualismus als auch den unheilvollen Einheit-Polarität-Dualismus, der passiv ausgrenzend wirkt, da versucht wird, alles, was ist, unterschiedslos zu integrieren. Sie bietet uns die goldene Mitte zwischen Getrenntsein von Gott und undifferenziertem Einssein mit Gott und Gottes Geschöpfen und Schöpfung. / Die

> Welt ist in Gott und Gott ist in der Welt. Wir kommen von Gott; wir sind in Gott; wir bleiben für immer und ewig in Gott. / Wir sind weder getrennt von Gott noch identisch (eins) mit Gott. Wir sind in Verschiedenheit mit Gott und Gottes Geschöpfen und Schöpfung vereint. / […] Das bedeutet: Gott der Liebe liebt alle Menschen, auch jene, die schlecht und böse gehandelt haben, aber nicht böses Verhalten und Handeln.[16]

Liebe ist die höchste Realität

Gott und Welt (Schöpfer und Schöpfung) sind in Verschiedenheit vereint. Erst wenn der Mensch sich selbst und Gott als unteilbares ewiges Sein und Bewußtsein („Individuum") erkennt, erkennt er, daß – und warum – Liebe die höchste Realität ist. Denn Liebe ist das Bewußtsein, in dem wir als Teile Gottes jene Wahrheit erkennen, die wir als absolut bezeichnen dürfen, nämlich daß wir nie von Gott getrennt sind. Jede andere Stufe von Bewußtsein, die vom Weg der Liebe – dem Mittelweg jenseits aller Einseitigkeit – abweicht, verkennt diese Tatsache und führt zu Schlußfolgerungen, die mit Respekt vor allen Menschen nicht mehr viel zu tun haben, von Liebe ganz zu schweigen.

Die Weltbilder, die einseitig das „nur identisch" oder das „nur getrennt" sehen, gründen nicht in der Liebe und können daher auch nicht wirklich unterscheiden, denn das göttliche Unterscheidungskriterium ist genau diese Liebe. Was entspringt dieser Liebe? Was führt zu dieser Liebe? Und was nicht?

In den monistischen Weltbildern wird „Gott als Du" als Illusion bezeichnet, denn „alles ist eins". Gott ist im praktischen Leben also kein Faktor, selbst wenn man der Form halber von Gott spricht.

Die Alles-ist-eins-Philosophien verkennen Gott und damit auch die Menschen als Gegenüber und sehen sie letztlich nicht als „Du". Ohne die Wahrnehmung des Du sind wirkliche Liebe und wirkliches Mitgefühl nicht möglich, denn wenn man meint, alles sei gut so, wie es ist, kann man angesichts des Leids und der Ungerechtigkeit der Welt nicht mit echtem Mitgefühl reagieren.

Wirkliche Liebe lebt von Gott als Du, mit dem ich eins bin. Ohne dieses Du bin ich nichts! Im Licht dieses Du erkenne ich mich als Teil der Ganzheit. Gott ist in mir und ich bin in Gott – das ist eine grundlegende Erkenntnis von Mystikerinnen und Mystikern aller Kulturen und Religionen.

In der bekanntesten heiligen Schrift Indiens, der *Bhagavad-Gītā*, sagt Krishna: „Wer wahre Selbsterkenntnis erlangt hat *(yoga-yuktātmā),* sieht mich als Überseele (Paramātmā) in allen Wesen und sieht jedes Wesen in mir. Ein solcher Mensch sieht überall die göttliche Realität. / Wer mich überall sieht und alles in mir sieht, ist niemals von mir getrennt, und ich bin niemals von ihm getrennt." (6,29–30)

Praktisch dasselbe steht im Neuen Testament, im 1. Johannes-Brief 4,16: „Gott ist Liebe. Wer in der Liebe lebt, der lebt in Gott, und Gott lebt in ihm." (Einheitsübersetzung)

„Ich bin Dein, und Du bist mein", das ist die ekstatische Gemütsstimmung des Menschen, der in heiligen Momenten Gottes Liebe erfahren und erleben durfte. Ausdrucksstark formulierte dies z. B. der Schweizer Nationalheilige Bruder Klaus (1417–1487):

Mein Herr und mein Gott,
nimm alles von mir,
was mich hindert zu Dir.

Mein Herr und mein Gott,
gib alles mir,
was mich fördert zu Dir.

Mein Herr und mein Gott,
nimm mich mir
und gib mich ganz zu eigen Dir.[17]

Māyā und die monistische Definition von Liebe

Der Monismus lehrt, daß nur die Einheit Realität sei. Fakt jedoch ist, daß wir Menschen zuerst einmal eine *Vielheit* wahrnehmen: uns selbst, die Welt, die zahllosen Formen, Gegenstände, Personen usw. Wenn Einheit die einzige Realität ist, dürfte es eigentlich keine Vielheit geben. Es gibt sie aber – zumindest nehmen wir sie wahr. Und hier setzen die Monisten an und entgegnen: Ja, die Welt existiert in unserer Wahrnehmung, aber diese Wahrnehmung ist Illusion!

Einheit sei die einzige Realität, alles andere – jede Form von Beziehung, jede Form eines Gegenüber, jede Form von Subjekt-Objekt-Wahrnehmung, jede Form von Vielheit und Individualität, jede Form von Denken und Verstehen – sei Illusion. Die nächste Frage lautet dann aber, *wer* diese Illusion hat. Wenn Einheit die einzige Realität ist, dürfte es eigentlich niemanden geben, der wahrnimmt und in dessen Wahrnehmung sich eine Welt voller Vielheit bildet. Hier antwortet der atheistische Monismus: die Unterscheidung von Wahrnehmung, wahrnehmender Person und Wahrgenommenem sei eine Illusion, diese Dreiheit sei in Wirklichkeit eins, und diese Einheit sei „Liebe"; diese Einheit sei jenseits des Verstandes und jenseits von aller Vorstellung; jegliche „Vorstellung" und jedes Denken seien Illusion; solange man noch Fragen nach dem Ursprung des Ichs stelle, stehe man unter der Macht der Trennung (= Illusion), denn „in Wirklichkeit" gebe es dieses Ich gar nicht, sondern nur das Selbst, das die Einheit („Gott") sei; jedes Verstehen-Wollen bewege sich im Bereich von „Vorstellungen" und „Logik", was nichts als „Illusion" und „Kopflastigkeit" sei, usw.

Auf diese Weise vertreten sie ebenfalls Vorstellungen und Konzepte, nämlich daß man über Realität und Einheit nicht sprechen könne – und sprechen selber sehr viele Worte über ihre monistischen Vorstellungen.

> Leiden ist Illusion. […] Die Schuld besteht darin, daß du glaubst, dich vom Einen getrennt zu haben und ein Individuum zu sein. Du glaubst, du bist „Gerd", und „Gerd" ist so und so, eine Persönlichkeit. Die Schuld ist der Glaube, daß die Welle etwas anderes ist als der Ozean. […] Es wird davon gesprochen, Schuld abzutragen. Schuld abzutragen würde voraussetzen, daß diese Schuld wirklich ist. Es gibt nichts abzutragen. […] Der Wunsch nach Freiheit ist auch ein Konzept, aber vielleicht das einzig förderliche Konzept. […] Es gibt kein Konzept von Liebe, das der Geist erfassen könnte. Sobald du dir auch nur die geringste Vorstellung von dem machst, was Liebe ist, mußt du eine Vorstellung davon haben, was sie nicht ist oder was sie nicht darf. Liebe ist, daß Kriege geführt werden, und Liebe ist, daß Frieden ist. […] Liebe hat nichts mit irgend etwas in der Persönlichkeit zu tun. Sie hat nichts Individuelles. Sie hat nichts mit Beziehung zu tun. Aus Liebe entsteht alles, was entsteht.[18]

„Aus Liebe entsteht alles, was entsteht" – also auch Krieg, Gewalt, Betrug usw. Liebe „hat nichts mit Beziehung zu tun": nichts mit einer Beziehung unter den Menschen und erst recht nichts mit einer Beziehung zu Gott. Die monistische „Liebe" ist also beziehungslos, unterscheidungslos, gottlos! Hier wird Einheit mit Ganzheit gleichgesetzt, ebenso wird nicht zwischen „Individuum" und „Persönlichkeit" unterschieden. Das auf diesem Weltbild beruhende Konzept von „Liebe" führt in der Konsequenz zu den zitierten Aussagen: „Aus Liebe entsteht alles, was entsteht", und Liebe habe „nichts mit Beziehung zu tun", weil es nur die Einheit gebe, weshalb jegliche Unterscheidung, z. B. von Krieg und Frieden, eine Illusion sei. Was hier gewisse Esoteriker mit guten Absichten theoretisch ausformulieren, führen andere mit weniger guten Absichten praktisch und konkret in der Weltgeschichte aus …

Stimmt das wirklich: Sind alle Unterscheidungen Illusion? Ist Beziehung Illusion? Ist alles Individuelle Illusion? Atheistische Monisten sagen hier ja – und sie hätten recht, wenn die Realität tatsächlich nur „Einheit" wäre. Aus theistischer Sicht ist die Realität aber *Ganzheit,* und diese Sicht erlaubt eine differenzierte Wahrnehmung der Einheit. Einheit ist ein Aspekt der Realität, ein Aspekt der Ganzheit, aber nicht die ganze Realität! Einheit im Licht der Ganzheit ist nicht nur Nondualität, sondern auch Individualität. Realität umfaßt sowohl die Nondualität als auch die Individualität. Der Monismus erzeugt hier den Dualismus von Nondualität (= „einzige Realität") und Individualität (= „Illusion").

Wenn wir die Individualität als die essentielle Eigenschaft der Realität erkennen, lösen sich alle Widersprüche und monistischen Wortspielereien auf. Vielheit ist nicht Illusion, die Welt ist nicht Illusion, wir sind nicht Illusion – weil alles Teil der Ganzheit ist. Liebe hat sehr wohl mit Beziehung zu tun, sowohl mit der Beziehung der Menschen untereinander als auch mit unserer Beziehung zu Gott. Gott ist unser Du, von dem wir nicht getrennt sind, aber dieses Nicht-getrennt-Sein nehmen wir nur im Bewußtsein der Liebe wahr. Und aus diesem Bewußtsein heraus können wir auch unterscheiden, ohne zu urteilen, und erkennen, was der Liebe entspringt und was der Illusion.

Nicht die Welt, nicht die Materie, nicht die Vielheit ist Illusion, sondern unsere dualistische Wahrnehmung, mit der wir die Einheit oder die Vielheit verabsolutieren. Māyā existiert nur in unserem Bewußtsein, d. h. Māyā ist immer subjektiv, nie objektiv. Monisten hingegen sagen, Māyā sei objektiv, das heißt, die Welt sei Illusion. Aus theistischer Sicht ist jedoch nicht die Welt Illusion, sondern nur unsere *einseitige Sicht* der Welt (Verneinung oder Verabsolutierung). Māyā bedeutet, sich getrennt vom Ganzen zu sehen, indem man vom Weg der göttlichen Liebe und Ordnung – vom „Mittelweg" – in die Einseitigkeit des Atheismus / Monismus oder Monotheismus abgleitet und sich mit etwas identifiziert, was man nicht ist. Im Materialismus meint man, man sei der Körper und man höre auf zu existieren, wenn der Körper stirbt. Im Deismus meint man, man sei Bestandteil einer kosmischen Maschinerie, die sich durch eine Selbstorganisation der Materie gebildet habe. Im Monismus meint man, man sei eine Welle im Meer, die als Welle eigentlich gar nicht existiere. Im Monotheismus meint man, man sei Teil der einzig richtigen Konfession und nur diese Konfession führe zu Gott.

Aus theistischer Sicht sind all diese Vorstellungen Ausdrucksweisen der großen Illusion namens Māyā.

Der Unterschied von Ego und Individualität

Ebenso unterschiedlich sind die Vorstellungen von dem, was „Ego" ist. Die materialistischen und monistischen Lehren sagen, das Ich des Menschen sei eine Illusion, die sich mit dem Tod des Gehirns bzw. mit dem Tod des Ichs auflösen werde. Monotheistische Lehren sagen ebenfalls, das Ich des Menschen sei letztlich eine Illusion, da Gott den Weg zur Erlösung vorgegeben habe, entweder durch seine „einzig richtige" Religion oder durch seinen direkten „unergründlichen Ratschluß" (siehe nächstes Kapitel).

Aus theistischer Sicht ist das Ich keine Illusion, sondern Ausdruck der Individualität, die ein Aspekt der göttlichen Realität ist. Unser Leben in der Materie ist nur möglich über das Schöpfungsprinzip der Identifikation.[19] Dieses Schöpfungsprinzip ermöglicht es, daß wir – als ewige Geistwesen (Teile Gottes) – uns auch als Mensch, als Mann oder Frau, als jung oder alt, wahrnehmen können. Māyā und „Ego" (= falsche, einseitige Identifikation) entsteht dann, wenn wir *nur noch* und ausschließlich die materielle Identifikation sehen und deshalb meinen, wir seien nur Körper, wir seien nur Einheit, wir seien nur in Verbindung mit der Materie lebende Wesen (es gebe kein von der Materie unabhängiges Bewußtsein); wir seien nur dann von der Materie und von der „Sünde" erlöst, wenn wir zur einzig richtigen Religion gehören, usw.

Ganzheitliche Spiritualität führt weder zu einer Ich-Verneinung noch zu einer Ich-Überhöhung („Mich gibt es eigentlich gar nicht" oder „Ich bin alles, ich bin Gott"), sondern zu einem gesunden Gleichgewicht von spiritueller Individualität und menschlicher Persönlichkeit. Wir sind ganz Mensch und sind uns gleichzeitig bewußt, daß wir ewige Geistwesen sind. „Mensch" ist nicht unsere ewige Identität, aber unsere *momentane* Identität. Wenn wir beides im Licht der Ganzheit sehen, können wir ganz im Moment, im Hier und Jetzt, leben. Wenn wir einseitig nur das Ewige sehen wollen oder uns in der Materie verlieren, verpassen wir sowohl das Ewige als auch das Leben in der Gegenwart.

Unser Denken, unsere Gefühle, unser Körper, unsere Persönlichkeit sind relative Realitäten. Wir sind *in* der Welt, aber nicht *von* der Welt (Joh 17,11/16). Ein häufiges Zitat lautet hier: „Wir sind geistige Wesen, die eine menschliche Erfahrung machen, und nicht Menschen, die eine geistige Erfahrung machen." Natürlich sind wir auch Menschen, die eine geistige Erfahrung machen, aber diese geistige Erfahrung ist nicht auf unser Menschsein und nicht auf unser eines Erdenleben beschränkt. Unser Bewußt-Sein und Individuell-Sein verlöscht nicht mit der Erlösung, Erleuchtung oder Einswerdung, sondern findet in diesem Ganz-Sein seine Vollkommenheit.

Ohne dieses ganzheitliche Bewußtsein fallen die Menschen entweder in eine Art von Weltverneinung und Weltflucht (Verneinung des Relativen und Individuellen) oder in eine Monopolisierung von Erleuchtung bzw. Erlösung (Verabsolutierung des Relativen und Persönlichen).

Polarität und Dualität: nicht dasselbe

Was ist der Unterschied zwischen Polarität und Dualität? Wie bereits mehrfach betont wurde, sollten diese Begriffe nicht gleichgesetzt werden, denn sie sind nicht Synonyme. Polarität und Dualität können unterschiedlich erklärt werden. Die Erklärung, die ich hier gebe, geht von der wörtlichen Bedeutung aus. „Polarität" enthält den Begriff „Pol": Elektrizität besteht aus zwei Polen, die nicht zu trennen sind und sich gegenseitig bedingen. Ebenso hat eine sich drehende Kugel zwei Pole. Bei der polaren Einheit von Nordpol und Südpol einer Kugel oder beim positiven und negativen Pol der Elektrizität ist klar, daß hier gleichwertige Gegenteile gemeint sind, wo es kein Gut und Böse gibt – im Gegensatz zur Dualität, die entsteht, wenn ein natürliches Gleichgewicht gebrochen wird. Hieraus lassen sich folgende Definitionen ableiten:

- **Polarität:** die Zweiheit von gleichwertigen, sich gegenseitig ergänzenden Polen, die erzeugt wird durch das natürliche Gleichgewicht der göttlichen Ordnung. Polarität ist das Grundprinzip der göttlichen Schöpfungsdynamik und ist Ausdruck der ursprünglichen Harmonie der materiellen Welt. Die Grundaspekte der Polarität sind Raum und Zeit, „positiv" und „negativ", maskulin und feminin, Schöpfung und Auflösung, Licht und Schatten (als physikalische Phänomene), usw. Die Polarität als Grundprinzip der göttlichen Schöpfungsdynamik zeigt sich auch im Ein- und Ausatmen, angefangen mit dem Urschöpfergott Vishnu, der die Universen aus- und einatmet. Daß unser Atmen mit dem kosmischen Pulsieren verbunden ist, zeigt sich in jenen Formen von Meditation, die vom Grundrhythmus des Ein- und Ausatmens ausgehen.

- **Dualität:** die Zweiheit von gegenteiligen, sich gegenseitig ausschließenden Gegensätzen, die verursacht wird durch Spaltung und Einseitigkeit (= Störung der göttlichen Ordnung durch einen unharmonischen, nicht ganzheitlichen Gebrauch des freien Willens). Dualität entsteht, wenn jemand den göttlichen Mittelweg verläßt und das in der Schöpfung angelegte Gleichgewicht bricht, was religiös als Sünde bezeichnet wird. Weil Dualität mit der Spaltung und Störung eines natürlichen Gleichgewichts zusammenhängt, hat sie immer zwei Aspekte: das Zuviel und das Zuwenig. Deshalb sprechen wir auch von der Doppelnatur des Bösen, weil ein Zuviel immer auch ein Zuwenig beinhaltet. Das Zuwenig kann als „ahrimanisch", das Zuviel als „luziferisch" bezeichnet werden.

Die Dualität steht immer im Gegensatz zur Polarität, weshalb die typischen Beispiele von Dualität folgende Gegenüberstellungen sind: gut und böse, gottzugewandt und gottabgewandt, Liebe und Haß, „Licht" und „Schatten" (als spirituelle Symbolik im Sinn von „Im-Licht-Sein" und „Getrenntheit vom Licht").

Wer Dualität und Polarität gleichsetzt – was alle Einheitslehren tun („alles ist eins") –, fällt in die bereits erwähnte Esoterik-Falle: Man meint, gut und böse seien eine polare Einheit und seien nicht zu trennen, so wie bei der Elektrizität der eine Pol nicht von dem anderen zu trennen sei.

Dies jedoch ist ein großer Irrtum, der einer Verwechslung der Ebenen entspringt. Nicht zu trennen sind die gleichwertigen Pole der Polarität, doch Polarität ist nicht dasselbe wie Dualität. Nur wer diese elementare Unterscheidung nicht kennt, kann sagen, Gut und Böse seien genauso voneinander abhängig wie der positive und der negative Pol der Elektrizität. Gut und Böse sind nicht gleichwertige „Pole", sondern Aspekte der Dualität. Was innerhalb der Dualität nicht zu trennen ist, sind die Prinzipien des Zuviel und des Zuwenig. Wer irgendwo im Zuviel ist, ist woanders automatisch in einem Zuwenig: Im Monotheismus ist das Zuviel die Verabsolutierung des Relativen (= menschengemachte Vorstellung eines „einzigen" Gottes), und das Zuwenig ist das mangelnde Verständnis von dem, was Ganzheit (der absolute Gott) bedeutet. Da Monotheismus und Atheismus die beiden Seiten derselben Spaltung sind, ist beim Atheismus das Zuviel ebenfalls die Verabsolutierung des Relativen und das Zuwenig ein mangelndes Verständnis von Ganzheit, einfach mit umgekehrten Vorzeichen. Im Atheismus wird die Nondualität (die „Materie", die „Energie", die neutrale „Einheit", die abstrakte „Potentialität") als einzige Realität gesehen, weshalb die Vertreter dieser Lehren die Ganzheit verkennen und behaupten, es gebe kein absolutes Sein und Bewußtsein (= keine Individualität) jenseits der Nondualität.

Die Dualität des Zuviel und Zuwenig steht immer dem Gleichgewicht gegenüber, zu dessen Gegenteil sie sich gemacht hat. Das typische Symbol hierfür ist die „Dunkelheit", die sich vom Licht getrennt und vom Licht ausgegrenzt hat. In diesem philosophisch-symbolischen Sinn ist Dunkelheit das Gegenteil von Licht, aber Licht ist nicht das Gegenteil von Dunkelheit, denn die Ausgrenzung erfolgte nur von der Seite der Dunkelheit. Nicht das Licht erzeugt die Dunkelheit, sondern die Kräfte, die sich aus eigener Initiative vom Licht trennen und sich selbst aus dem Licht ausgrenzen – und dann monotheistische oder atheistische Philosophien kreieren, um sich selbst und ihr Verhalten zu rechtfertigen.

Das Gute ist nicht abhängig vom Bösen

Weil Dualität sich immer nur durch sein Gegenteil definieren kann, beschreiben wir sie mit Begriffspaaren wie gut und böse, gottzugewandt und gottabgewandt, Unschuld und Schuld, Opfer und Täter, usw. Das bedeutet aber nicht, daß gut und böse gleichwertig und gleich-gültig sind, wie die Einheitslehren der atheistischen Esoterik behaupten. Warum nicht?

Die Begriffe „gut" und „böse" sind relativ, aber das Relative ist nicht Illusion. Relativ bedeutet „abhängig von Bedingungen; in Relation stehend". Das Relative definiert sich nicht aus sich selbst heraus, sondern ist abhängig von höheren Kriterien. Philosophisch gesprochen: Das Relative ist abhängig vom Absoluten. Ob etwas gut oder böse ist, kann unterschieden werden anhand des Maßstabs der göttlichen Liebe, wie auf S. 65f. bereits erwähnt wurde.

Bildlich gesprochen, stehen die Aspekte der Polarität *nebeneinander* (sie sind gleichwertig), die Aspekte der Dualität stehen *untereinander* (sie sind nicht gleichwertig, sondern gegensätzlich). Das Gute ist nicht einfach deswegen gut, weil es das Gegenteil des Bösen ist. Das Böse definiert sich jedoch durch eine Negation des Guten. Ebenso besteht die negierende („negative") Seite der Dualität immer aus zwei Einseitigkeiten, dem Zuviel und dem Zuwenig:

Gut
|
Böse:
Zuviel / Zuwenig

Liebe
|
Haß:
Rache / Abwendung

gottzugewandt
|
gottabgewandt:
Ego-Überhöhung (Selbsttäuschung) /
Selbst-Erniedrigung (Trennung von der Quelle)

Warum sind Gut und Böse nicht gleichwertig, es sind doch beides relative Realitäten? Weil das Relative nicht unabhängig existiert, sondern immer eingefügt ist in das Ganze und immer einen Bezug zum Absoluten hat. Deshalb ist es entscheidend, was wir unter „absolut" verstehen. Im ganzheitlichen Welt- und Gottesverständnis sehen wir das Absolute als den lebendigen Gott mit Bewußtsein und Willen, weshalb wir hier – und nur hier – einen absoluten Maßstab haben, nämlich Gottes Willen (= Liebe, Verbundensein mit der Quelle, Einssein mit Gott und allen Teilen Gottes). Das Gute, auch das relative Gute, steht in Resonanz mit Gottes Willen, im Gegensatz zum Bösen, das sich selbst abtrennt und abspaltet so wie die symbolische Dunkelheit vom Licht.

Wir müssen also auch in der Dualität unterscheiden: Das Böse ist das Gegenteil des Guten, aber das Gute ist nicht einfach das Gegenteil des Bösen. Das Gute definiert sich nicht durch sein Gegenteil, sondern durch seine Entsprechung mit der göttlichen Ordnung. Mit anderen Worten: Das Gute kann aus sich selbst heraus existieren, das Böse hingegen ist nur eine Verneinung der göttlichen Ordnung.

Irrtum ist verfehlte Wahrheit, aber die Wahrheit ist nicht ein verfehlter Irrtum. Haß ist Mangel an Liebe, aber Liebe ist nicht Mangel an Haß. Krieg ist Abwesenheit von Frieden, aber Friede ist nicht einfach Abwesenheit von Krieg. Das Böse ist die Kraft, die sich gegen die göttliche Ordnung wendet und als spaltende Kraft in die eine oder die andere Form von Einseitigkeit führt, bis in die Extreme.

Die einseitige Logik der atheistischen bzw. monistischen Esoterik führt zum Trugschluß, gut und böse seien gleichwertig und könnten nur gegenseitig existieren, das heißt: Liebe könne nicht ohne Haß existieren und ohne Haß gäbe es keine Liebe. Ohne Lüge gäbe es keine Ehrlichkeit. Ohne Dunkelheit gäbe es kein Licht! Ohne das Böse gäbe es nichts Gutes – das ist die archetypische „luziferische" Rechtfertigung des Bösen. Die atheistische Esoterik tendiert dazu, ein Sprachrohr dieser Weltsicht zu sein.

Das theistische Verständnis von Karma

Fast alldurchdringend ist in der Esoterik-Szene die Ansicht, es gebe keinen Zufall und keine unschuldigen Opfer. Wenn ein Schänder ein Kind ergreife, sei dies nicht Zufall, sondern das „Karma" und die „Resonanz" dieses Kindes! Wer heute Opfer sei, sei im letzten Leben selber ein Täter gewesen!

Betrachten wir diesen Glauben etwas näher. Wenn Person A der Person B etwas antut, dann bedeutet das gemäß der einseitig-monistischen Logik, daß B im letzten Leben dem A etwas angetan hat. Aber dort fing's gemäß dieser Logik ebenfalls nicht an, da es keine Zufälle und keine unschuldigen Opfer gibt. Also hatte vorher der A dem B etwas angetan, weil B vorher dem A etwas angetan hatte, weil A vorher dem B etwas angetan hatte, usw. Wann hat dies begonnen? Wenn diese Kettenreaktion irgendwann einmal begonnen hat, würde dies bedeuten, daß ein unschuldiger Mensch Opfer eines Täters wurde, was gemäß dieser Art von esoterischer Logik ja nicht möglich ist! Damit geraten die Anhängerinnen und Anhänger dieser Logik in die gleiche Falle wie die Vertreter des Monotheismus, die eine Prädestinationslehre vertreten (siehe nächstes Kapitel).

Irgend etwas kann an dieser Logik nicht stimmen. Der Hauptfehler ist hier, daß Karma mit Prädestination gleichgesetzt wird, was eine Halbwahrheit ist, denn Prädestination ist nur die eine Hälfte des Karma-Gesetzes, des Gesetzes von Ursache und Wirkung (Kausalität). Prädestination ist die eine Seite des Karma, der freie Wille die andere. Kausalität (Karma) bedeutet die Abfolge von Ursache und Wirkung gemäß dem Prinzip von Aktion und Reaktion. Was immer wir tun (Aktion), erzeugt eine Reaktion. Die Reaktion ist prädestiniert, aber was wir in der prädestinierten Situation dann tun, entscheiden wir mit unserem freien Willen. Das heißt: In der Reaktion wirkt die Prädestination, in der Aktion der freie Wille.

Betrachten wir obiges Beispiel: Selbst wenn B dem A etwas angetan hat und A im nächsten Leben gemäß Prädestination in die Situation kommt, dem B etwas Ähnliches anzutun, hat A den freien Willen zu entscheiden, wie er sich dem B gegenüber verhalten will. Denn wir wissen immer, daß Gewalt, Betrug, Mord usw. verboten, kriminell und „nicht gut" sind. Entscheidet sich A für eine ungute Tat gegenüber B, wird auch A zum Täter. Die beiden sind dann nicht etwa quitt, sondern wir haben nun zwei Schuldige: zwei Täter, zwei Opfer, und diese Kettenreaktion geht so lange weiter, bis einer freiwillig aufhört, d. h. aus dem Teufelskreis von Schlagen und Zurückschlagen aussteigt und als Opfer das Getane verzeiht und losläßt bzw. als Täter das Getane bereut und wiedergutmacht. Dies meinte Jesus, als er sagte: „Wenn dich einer auf die Wange schlägt, dann halte auch die andere hin" (Lk 6,29); „Liebt eure Feinde und betet für sie" (Mt 5,44).

Prädestiniert ist immer nur die Situation, aber die Prädestination zwingt uns nicht zu einer bestimmten Handlung, weil immer auch der freie Wille vorhanden ist. Ja, es stimmt: Es gibt keine Zufälle. Alles, was geschieht, hat eine Ursache, und die Hauptursache ist immer die Entscheidung des Täters – und nicht das „Karma" des Opfers.

Der Mensch ist ein Schöpferwesen: Er schöpft durch seinen freien Willen seinen Lebensweg und seine Zukunft, und er kann durch seinen Willen jederzeit zu einem Täter werden. Er kann andere Menschen in eine Karma-Kettenreaktion hineinziehen, wenn er sich entscheidet, ein Gleichgewicht zu brechen und Unrecht zu tun. Durch diese Entscheidung begeht er einen Übergriff und greift durch seinen Fall in die Dualität („Sünde") in das Leben anderer

Menschen ein, mit denen vorher noch kein problematisches Verhältnis bestand. Karma-Kettenreaktionen sind materielle Abfolgen von Ursache und Wirkung, und alles Materielle hat einen Anfang und ein Ende. Also hat in jeder Karma-Kettenreaktion irgend jemand einmal begonnen – durch einen Übergriff, durch einen Gewaltakt, durch ein Unrecht.

Vielerorts wird verkündet, wir seien die Schöpfer unserer eigenen Realität, was eine große Wahrheit ist. Aber diese Wahrheit kann nur mit einem ganzheitlichen (= theistischen) Karma-Verständnis richtig (= ganzheitlich) verstanden werden.

Opfer, Täter und Tat

Jede Karma-Kettenreaktion hat einen Anfang, der von einer Person gesetzt wird, die eine entsprechende Tat ausführt und andere Menschen zu Opfern macht. Hier stellt sich die Frage: *Entspricht es nicht der Resonanz dieser Menschen, daß gerade sie zu Opfern werden?*

Diese Frage ist berechtigt, sollte aber nicht von der Schuld des Täters ablenken, und die Antwort lautet: „Urteilt / richtet nicht, damit ihr nicht gerichtet werdet. Denn euer Urteil wird auf euch zurückfallen …" (Mt 7,1-2). Niemandem steht es zu, über andere Menschen zu urteilen und zu sagen: „Das ist deine Resonanz, das ist dein Karma, diese Realität hast du dir selber geschaffen."

Natürlich hat jede Situation auch einen höheren Sinn und einen Aspekt, der uns etwas lehren will. Dies können wir jedoch immer nur *auf uns selber* anwenden: Was will diese Situation mir zeigen? In welcher Form kann ich als Opfer hier aus der Liebe heraus reagieren? Denn Liebe hat verschiedene Formen: Nachsicht, Entgegenkommen, Freundlichkeit, aber auch Strenge und ein klares Setzen von Grenzen. Auch eine Konfrontation und ein Zur-Rede-Stellen können Ausdruck von Liebe sein.

In jeder Situation – ob als Täter oder als Opfer – müssen wir uns fragen, was diese Situation uns lehren will. Aber genauso wie wir duale Verhältnisse nicht umdrehen dürfen („Haß ist das Gegenteil von Liebe, also ist Liebe das Gegenteil von Haß"), dürfen wir auch die Situation von Aktion und Reaktion nicht einfach umdrehen und sagen: „Wir tun euch jetzt etwas an, und ihr habt dies gefälligst zu akzeptieren und zu tolerieren, indem ihr euch fragt, was diese Situation euch lehren will, denn wäre es nicht euer Karma, würde dies euch nicht zustoßen“, usw.

Ein weiterer Aspekt dieses Trugschlusses ist, daß diejenigen, die die Einheit verabsolutieren, nicht klar zwischen Täter und Tat unterscheiden. Sie meinen, weil jede Tat zu einer Situation führt, die auch einen höheren Sinn hat, sei dies eine Entschuldigung für den Täter. „Ich bin die Kraft, die stets das Böse will und stets das Gute schafft“, rechtfertigt sich Mephisto in Goethes *Faust.* Viele Monisten glauben dies ebenfalls und verteidigen deshalb das Böse, indem sie sagen, das Böse und das Gute seien nicht zu trennen, ohne das Böse gäbe es nichts Gutes, das Gute sei die andere Seite des Bösen, usw.

Täter und Tat sind jedoch nicht „eins“, weshalb Jesus mit theistischer Schärfe sagte: „Hasse die Sünde, aber liebe den Sünder!“[20] Verzeihen bedeutet nicht, das Böse gutzuheißen. Sünde ist Sünde, weil sie den Menschen vom Bewußtsein der Ganzheit trennt und entsprechende Gedanken und Taten nach sich zieht. Gott ist nicht einfach eine abstrakte, neutrale Einheit, sondern Gott hat einen Willen, was bedeutet: *Gott will gewisse Dinge und andere Dinge nicht.* Dieser Gedanke ist für Atheisten und Monisten ein Greuel, weshalb sie verschiedenste Philosophien aufstellen, um zu zeigen, daß Gott kein eigenes Bewußtsein und keinen Willen hat, sondern nur „Einheit“ und „Energie“ ist.

Gottes Wille und Gottes Gesetz

Die beschriebenen Ego-Rechtfertigungen beruhen auf dem Fehler, Kausalität (Karma) nur funktional und „mechanisch“ zu verstehen. Wie bereits erwähnt, wurde diese „Philosophie der Täter“ hauptsächlich von den Vertretern der obersten Kaste der Religionen propagiert. In Indien sagten die Kastenbrahmanen, es sei das Karma, das bestimme, wer in welcher Kaste geboren werde, und das göttliche Weltgesetz (Dharma) verlange, daß der Mensch diese „Ordnung“ akzeptiere: „Das Dharma verlangt, daß wir Kastenbrahmanen unsere Privilegien akzeptieren, genauso wie die Menschen der unteren Kasten und auch die Kastenlosen und Unberührbaren *ihre* Stellung akzeptieren sollen.“

Offensichtlich wird hier auch der Begriff des „Dharma" einseitig und damit falsch ausgelegt. Was bedeutet Dharma im ursprünglichen, theistischen Sinn?

Wie jede Realität, beruht auch das Dharma auf der Ganzheit und nicht nur auf der Einheit. Die Ganzheit ist – als göttliche Realität – die auf Gottes Bewußtsein und Willen beruhende Ordnung. Diese Ordnung existiert sowohl auf kosmisch-globaler Ebene als auch auf gesellschaftlicher Ebene und im persönlichen Leben. Die Ordnung ist vorgegeben, der Mensch kann keine Ordnung schaffen – er kann die Ordnung nur stören oder mit ihr harmonieren. Diese Entscheidung ist eine Entscheidung auf der Seelenebene und ist Ausdruck des freien Willens.

Ob wir die Ordnung stören oder mit der Ordnung harmonieren, beides hat Konsequenzen, die nicht mehr direkt unserem freien Willen unterliegen. Wir haben immer unseren freien Willen, zumindest potentiell, aber der freie Wille ist nicht eine mentale oder intellektuelle Funktion, sondern eine spirituelle. Wer den individuell-spirituellen Kern des Menschen bestreitet oder verkennt, bestreitet oder verkennt dadurch auch den freien Willen des Menschen. Konkret äußert sich der freie Wille in den Fragen des Dharma: Erkenne ich die Lernaufgaben? Erfülle ich sie? Wie handle ich? Was verursache ich dadurch für mich und für andere?

Gottes Wille ist es, daß wir in der Realität der Ganzheit leben und diese Realität entsprechend wahrnehmen – durch das Bewußtsein des individuellen Einsseins, d. h. durch das Bewußtsein der Liebe. Wer gemäß Gottes Willen lebt, sieht und erlebt die Welt und das eigene Leben ganz anders als jemand, der diesen Willen nicht sehen will.

Gottes Wille und Gottes Gesetz sind also nicht dasselbe. Gottes Wille entspricht der Ordnung von Harmonie und Liebe. Gottes Gesetze regeln die funktionalen und „mechanischen" Abläufe gemäß Ursache und Wirkung. Gottes Gesetze sind gnadenlos, aber Gott selbst ist natürlich nicht gnadenlos.

Monisten setzen Gottes Gesetze und Gottes Willen gleich („alles ist eins"), Monotheisten erheben ihre religiösen und kulturellen Gesetze zu Gottes Willen – was beides letztlich zu einem gnadenlosen Umgang mit der Welt und den Mitmenschen führt, vor allem wenn diese nicht zum eigenen Kreis der „Erleuchteten" bzw. „Erlösten" gehören.*

Die unumstößliche und vorgegebene göttliche Ordnung wird im Sanskrit „Dharma" genannt, was meistens mit „Gesetz" oder „Weltgesetz" übersetzt wird (*dharma* bedeutet wörtlich „das Festgesetzte; das Vorgegebene"). Dieselbe Bedeutung hat das ägyptische Wort *ma'at* und das hebräische Wort *torah.* Torah (oder Thora), „Gesetz", ist die hebräische Bezeichnung für die heilige Schrift des Judentums, die auch im Alten Testament der Bibel enthalten ist. Wenn wir verstehen, daß *torah* nicht einfach ein Buch ist, sondern *dharma* und *ma'at,* dann verstehen wir auch die kryptische Aussage der jüdischen Mysterienlehren, daß *torah* existiert habe, bevor die Welt existierte, und wenn die *torah* gebrochen werde, stürze die Ordnung der Welt zusammen.

Monotheistische Gläubige („Fundamentalisten") setzen *torah* jedoch mit einer Ansammlung von irdischen Schriften und Gesetzen gleich. Dabei sind diese Schriften und Gesetze nicht *torah,* sondern *Ausdruck* von *torah* und sollten aus dem Geist der göttlichen Ordnung heraus gelesen und interpretiert werden. Ansonsten werden die Menschen der inneren Bedeutung dieser Schriften nicht gerecht – und dienen einem anderen Geist, auch wenn sie dies im Namen von „Gott" und „Gesetz" tun.

---

* In der modernen Esoterik werden oftmals nur die Gesetze Gottes betrachtet und dadurch verabsolutiert, vor allem das Gesetz der Resonanz. Dies führt zur Ansicht, alles, was die Menschen tun, und alles, was ihnen widerfahre, sei das Ergebnis ihrer eigenen „Resonanz". Ein relativ harmloses Beispiel für diese Ansicht findet sich im esoterischen Bestseller-Film *The Secret.* Dort werden an einer Stelle alte Filmaufnahmen von Fabrikarbeitern am Fließband gezeigt. Gleichzeitig werden Großkapitalisten mit Portrait und Namen eingeblendet, und der Kommentar suggeriert, dies seien Männer, die durch ihre „Resonanz" Reichtum und Erfolg in ihr Leben gerufen hätten, während die Menschen am Fließband nur deshalb in diese mißliche Lage geraten seien, weil sie das „Secret" nicht gekannt hätten.

Fragen zu den Themen Einheit, Karma und freier Wille

Stellt der Glaube an eine Seele, die beim Tod den Körper verläßt, nicht ebenfalls einen Dualismus dar? Ist dies nicht eine Aufspaltung der Einheit in zwei entgegengesetzte Seiten: „Geist" und „Materie" / unsterbliche Seele und sterblicher Körper?

Die Auffassung, beim Tod gebe es keine Seele, die den Körper verlasse, weil dies einen Leib-Seele-Dualismus darstellen würde, entspringt einer Verwechslung von Polarität und Dualität. Wenn die Seele den Körper verläßt und wir dies – aus irdischer Sicht – als „Tod" bezeichnen, ist dies kein Dualismus, denn Dualismus bedeutet „Verabsolutierung der Dualität". Einen physischen Tod erleben wir nur in der physischen Welt. Für uns als spirituelle Individuen gibt es „weder Geburt noch Tod" (siehe S. 257f., 261). Geburt und Tod, d.h. das Entstehen und Vergehen einer physischen Form, sind Aspekte der *Polarität,* sind also zwei nicht zu trennende Seiten unseres relativen Daseins in der Welt der Materie.

Diejenigen, die hier einen vermeintlichen Leib-Seele-Dualismus reklamieren, sind auf zwei Seiten zu finden, die selbst ebenfalls entgegengesetzt sind. Die einen ziehen aus diesem Argument den Schluß, es gebe nur Materie (= materialistischer Monismus), die anderen, es gebe für den Menschen nur ein einziges Erdenleben, danach folge das endgültige Gottesgericht für die verstorbene Seele (= religiöser Dualismus).

Wenn in kirchlichen Kreisen gesagt wird, der Mensch sei eine körperlich-geistige Einheit, so ist dies eine Ansicht, die auf Aristoteles zurückgeht (Hylemorphismus, „Einheit von *hyle,* ‚Stoff', und *morphe,* ‚Form') und von Thomas von Aquin übernommen wurde. Auf der Grundlage dieser Ansicht wird dann auch argumentiert, Reinkarnation sei eine Irrlehre. Wenn christlich orientierte Esoteriker ähnliche Argumente gegen die Reinkarnation vorbringen, wollen sie damit der „wissenschaftlichen" Evolutionstheorie Rechnung tragen, weil sie glauben, der Mensch sei durch eine evolutionäre Linie aus dem Tierreich entstanden. Sie scheuen sich, die Realität einer unsterblichen Seele anzunehmen, weil sie meinen, damit fielen sie in einen Leib-Seele-Dualismus.

Beide Seiten machen hier den gleichen Fehler, vor dem die theistischen Mysterienlehren immer wieder warnen: die Verabsolutierung einer relativen Sichtweise, einerseits der monistischen, andererseits der dualistischen. Wir sollten die Realität aber nicht auf eine „Einheit“ oder „Zweiheit“ beschränken, sondern sie als die *Ganzheit* sehen, die sie ist. Als Ganzheit umfaßt die göttliche Realität nicht nur die Nondualität (Energie), sondern auch die Individualität (ewiges Bewußtsein). Das bedeutet: Wir sind ewige Teile Gottes und sind in Individualität („Verschiedenheit“) mit Gott eins. Die Seele ist in einem vergänglichen Körper, ist aber nicht mit dem Körper identisch und nicht auf dessen zeitlich begrenzte Existenz beschränkt. Dies ist kein Leib-Seele Dualismus, weil der Leib und die Seele nicht absolut getrennt sind, sondern innerhalb der Ganzheit existieren. Alle inkarnierten Seelen bilden innerhalb der Ganzheit eine vergängliche Einheit von Körper und Seele – eine Einheit, die nur vor dem Hintergrund der Ganzheit möglich ist. Hier kommen wir zum Mysterium von Gottes Allpräsenz und Immanenz (Stichwort „Brahman“ und „Paramātmā“).

Der Mensch ist als Mensch tatsächlich nicht „nur“ ein geistiges Wesen, denn er hat auch einen Körper und ist *als Mensch* eine Einheit von Körper, Geist und Seele. Als Menschen sind wir multidimensionale Wesen (wir haben sowohl einen grobstofflichen als auch einen feinstofflichen Körper), in unserer spirituellen Identität sind wir ewige Seelen (Individuen, „Geistwesen“).

Wenn es Reinkarnation und Karma gibt, ist es dann nicht unsinnig, wenn wir für etwas bestraft werden, was wir in einem früheren Leben getan haben? Wie sollen wir lernen können, wenn wir nicht wissen, wofür wir bestraft werden?

Das Leben stellt uns immer wieder in ganz besondere Situationen, die uns etwas spiegeln und uns etwas lehren – falls wir bereit sind zu lernen. Es geht um das Lernen und Erkennen *im Hier und Jetzt.* Was wir jedoch zu lernen und zu erkennen haben, ist absolut individuell, denn dies ist abhängig von unserem Lebensweg durch die Inkarnationen hindurch. Ob dieser Lebensweg ein Drehen im Kreis ist oder ein Vorwärtsschreiten (inkl. Erkennen, Bereuen, Korrigieren, Lernen, Erreichen neuer Bewußtseinsdimensionen), bestimmen wir durch unsere Offenheit, Ehrlichkeit, Demut und Wahrheitsliebe.

Denn sonst sehen wir die vielen Zeichen nicht und werden eher Gott anklagen, als in unserer Mentalität etwas zu korrigieren.

Wie kann man für das, was man in einem früheren Leben getan hat, Verantwortung übernehmen, wenn man nicht weiß wofür?

Hier gilt dieselbe Antwort wie für die obige Frage. Wir müssen nicht für das Vergangene Verantwortung übernehmen, sondern für das, was wir im *Hier und Jetzt* tun. In welche Situation wir geraten, hat mit den Weichenstellungen in unserem früheren Leben zu tun, aber die Verantwortung bezieht sich immer auf die *gegenwärtige* Situation. Wenn Person A Person B etwas antut und Person B im nächsten Leben Person A etwas Ähnliches antut, wodurch Person A als ehemaliger Täter selber zum Opfer wird, ist Person B für diese Tat voll verantwortlich, denn sie wußte, daß diese Handlung ungut ist. Ebenso muß Person A als jetziges Opfer Verantwortung übernehmen und entscheiden, ob sie zurückschlagen oder ob sie eine andere Konsequenz ziehen will. Die Verantwortung liegt immer in der Gegenwart, genauso wie die Chance, etwas zu lernen und aus dem Kreis von Schlagen und Zurückschlagen auszusteigen.

Wenn Reinkarnation ein fortlaufender Vervollkommnungsprozeß ist, müßten heute dann nicht viele vollkommene oder fast vollkommene Menschen auf der Erde leben? Wie läßt sich dies mit dem Umstand vereinbaren, daß heute Egoismus, Lüge und Selbstzerstörung so vorherrschend sind?

Diese Frage beruht auf einem linearen Denken. Zu einem ganzheitlichen Verständnis von Karma gehört auch das Wissen um die geistige Herkunft der Menschheit und um die zyklische Natur der Zeit. Der Mensch ist nicht über eine angebliche Makroevolution aus dem Tierreich entstanden, sondern hat einen geistigen Ursprung. Viele der Menschen, die in einem früheren Zeitalter lebten, leben heute nicht mehr auf der Erde (Stichwort „aufgestiegene Meister", „aufgestiegene Seelen"), während andere Seelen neu auf die Erde gekommen sind. Jedes Zeitalter stellt andere Anforderungen, weshalb es möglich ist, daß im Lauf der Zeit Seelen aus unterschiedlichsten Dimensionen auf dem Schulungsplaneten Erde geboren werden.

Reinkarnation ist kein automatischer Vervollkommnungsprozeß, denn jedes Individuum hat einen freien Willen. Wenn wir aus früheren Leben lernen, dann führt dies nicht zu einer materiellen, sondern zu einer spirituellen Vollkommenheit, und diese ist materiell meistens nicht spektakulär. „Vollkommenheit" bedeutet bewußtes Verbundensein mit der Quelle und Schöpfen aus dieser Quelle. Menschen, die in diesem Bewußtsein leben, können in kleineren oder größeren Kreisen aktiv sein, wobei viele sich ihrer eigenen spirituellen Größe selbst (noch) nicht bewußt sind.

Dies provoziert zwei Fragen: Es leben immer mehr Menschen auf der Erde. Woher kommen diese Seelen? Und woher kommt das Karma der ersten Menschen, die kein „vorheriges Leben" hatten? Wann bekam das Mensch werdende Tier zum ersten Mal ein Karma?

Wer an Evolution und das entsprechende materialistische Weltbild glaubt, kann nicht an Karma glauben, weil das Prinzip des Karma (Kausalität entsprechend dem individuellen freien Willen) von diesem Weltbild abgelehnt wird. Also erübrigt sich die obige Frage, wenn man an eine darwinistische Evolution glaubt. Aber wie bereits in der vorigen Antwort betont wurde: Der Mensch ist nicht über eine angebliche Makroevolution aus dem Tierreich entstanden, sondern hat einen geistigen Ursprung. Die ersten Menschen entstanden, indem höherdimensionale Lichtwesen (im Hebräischen *Elohim* genannt) ihren Lichtkörper verdichteten und stufenweise zu einem organischen Körper werden ließen. Die ersten Menschen waren also nicht tierisch und primitiv, sondern spirituell vollkommen. Die Menschen gerieten erst in einem folgenden Zeitalter in den Kreislauf des Karma – durch den archetypischen ersten Übergriff.

Als der Karma-Kreis von Tätern und Opfern begann, entwickelte sich dieser Kreis im Lauf der zunehmenden Verdichtung und Verdunkelung zu einer Abwärtsspirale, weshalb zunehmend auch Seelen aus den Dunkelwelten auf der Erde inkarnieren konnten. Die Menschen des ersten Zeitalters waren allesamt Seelen aus den Lichtwelten. Mit dem Übergriff und den folgenden Ereignisketten kam es zunehmend zu einer Vermischung der inkarnierten Licht- und Dunkelwesen, so daß heute praktisch in jedem Menschen Einflüsse von beiden Seiten vorhanden sind. Das bedeutet: Alle Menschen haben ihre Stärken und Schwächen, aber vor allem haben sie die ganz individuelle Berufung, sich wieder zu erinnern, daß sie in Wirklichkeit Lichtwesen sind, die letztlich nichts anderes suchen als Einheit und Ganzheit, die Welt der Liebe.

Habe ich das richtig verstanden: Wir alle sind unsterbliche spirituelle Wesen, die in vergänglichen Körpern leben, um in dieser Welt bestimmte Erfahrungen zu sammeln?

Das klingt gefährlich „esoterisch“. Wir sind ja nicht hier, um „bestimmte“ Erfahrungen zu sammeln, sondern wir erfahren hier, was wir und andere verursachen. Das ist nicht dasselbe.

Wir erfahren also nicht nur, was wir selbst verursachen, sondern auch, was andere verursachen? Aber man wird doch nicht zufällig zu einem Opfer?

Wir als Menschen sind Schöpferwesen und können jederzeit neue Karma-Ketten erschaffen, indem wir mit unseren Handlungen andere Menschen in unsere „Geschichten“ hineinziehen. Wir leben hier in der Welt des freien Willens, wo sowohl das Gute als auch das Böse möglich ist. Wie Jesus so treffend sagte: „Dies ist die Welt der Verführung, das heißt, es ist immer möglich, das Böse zu tun. Es ist unvermeidlich, daß Böses getan wird, aber wehe denen, die es tun!“ (Mt 18,7)

Es stimmt: Es gibt keine Zufälle, alles hat eine Ursache, und die Hauptursache ist immer die Entscheidung des Täters.

Das bedeutet, daß Menschen scheinbar wahllos zu Opfern werden können?

Es ist nicht wahllos. Jemand wählt durch seine Entscheidung das Opfer aus. Nochmals: Es ist nichts Zufall, nichts geschieht wahllos, alles hat eine Ursache, und die Hauptursache ist immer die Entscheidung des Täters bzw. der Täter. Warum der Täter gerade diesen Menschen und nicht einen anderen Menschen auswählt, mag eine Vorgeschichte haben, aber diese Vorgeschichte ist irrelevant angesichts der Tatsache, daß Realität immer im JETZT stattfindet. Was auch immer in einem vorherigen Leben geschehen sein mag, wenn eine Person sich entscheidet, etwas Ungutes zu tun, ist sie dafür verantwortlich und schafft dadurch eine neue Karma-Kette. Es steht uns nicht zu, über andere Menschen zu urteilen und zu sagen: „Diese Person / dieses Volk hat dieser Person / diesem Volk etwas angetan, deswegen ist es dein / euer Karma, daß …“ Eine solche Ansicht würde bedeuten, daß Menschen Gott spielen wollen – was heute viele tun –, ganz zu schweigen davon, daß sie hinsichtlich des Karma-Verständnisses nur eine Halbwahrheit vertreten.

Es ist erstaunlich, daß in gewissen Esoterikschulen die Ansicht vertreten wird, das Opfer sei schuldiger als der Täter, oder beide seien gleich schuldig – auch wenn ein Pädophiler ein Kind vergewaltigt. Es ist eigentlich offensichtlich, daß jeder, der zum Täter wird, auch eine gewisse freie Wahl hat, sich gegen Gottes Willen zu entscheiden und sich an der Schöpfung und / oder an anderen Menschen zu versündigen. Was ist für diese Menschen die Konsequenz für ein solches Handeln?

Jeder ist für das verantwortlich, was er tut, mit entsprechenden Konsequenzen im gegenwärtigen Leben und auf die eine oder andere Weise auch im nächsten. Aber es gibt immer auch das Prinzip der Gnade, d. h. der Karma-Überwindung, wenn man erkennt, daß man in die eine oder andere Richtung vom Pfad der göttlichen Ordnung abgewichen ist, und sich entscheidet, wieder auf diesen Weg zurückzukehren. Dies ist ähnlich, wie wenn in einem finsteren Raum plötzlich die Fenster geöffnet oder gar die Mauern niedergerissen werden. Dann ist dort, wo vorher Finsternis war, Licht, wie wenn dort schon immer Licht gewesen wäre. Die indische Religion, der oftmals von Unwissenden oder von monotheistischen Gläubigen vorgeworfen wird, sie lehre, der Mensch sei endlos in Karma-Zyklen gefangen, kennt sehr wohl den Begriff der Gnade (sanskr. *kṛpā, prasāda, dayā*) und betont, daß die Gebundenheit an Karma-Ketten überwunden werden kann, nämlich genau durch das oben beschriebene Prinzip von Eigenverantwortung, freiem Willen und Gnade. Eine der berühmtesten Stellen aus der *Bhagavad-Gītā* (18,65-66) lautet:

> Richte dein Denken, deine Hingabe, dein Wollen und dein innerstes Selbst auf mich. So bist du warhaft in mir, und ich verspreche dir,

daß wir immer in Liebe verbunden sein werden. / Gib alle Arten von Dogmen [sowohl konfessionelle als auch materialistische] auf und lebe ganz im Vertrauen auf mich. *Ich* werde dich von aller Sünde [von allem, was dich von mir trennt] befreien. Fürchte dich nicht.

Eigenverantwortung und freier Wille sind entscheidende Faktoren, aber selbst wenn wir uns entschließen, in der Finsternis die Fenster zu öffnen, sind nicht wir es, die die Dunkelheit auflösen. Das Licht, das die Finsternis auflöst, ist das perfekte Symbol für Gottes Gnade. Denn Gott ist nicht nur Einheit, sondern Ganzheit ...

Es gibt Lehren, die besagen, nicht das Böse sei die Sünde, sondern die Polarität sei Sünde. Nur schon dadurch, daß wir hier in der materiellen Welt leben, seien wir sündig. Sind wir allesamt Sünder oder gefallene Engel? Haben wir nur eine Chance, hier rauszukommen, wenn wir in der Einheit erleuchtet sind oder unser Bewußtsein nur noch auf Gott richten?

Das klingt so, wie wenn wir alle „vollkommen wie Gott" sein müßten: fehlerfrei, allwissend, von Materie unbeeinflußt. Aber Gott setzt uns nicht unter Erleuchtungsstreß oder Konfessionszwang. Die göttliche Richtlinie für unser Leben lautet: *Wir tun, was wir können, und geben unser Bestes.* Und *das* ist durchaus machbar, und das ist unsere wahre Vollkommenheit.

Wenn nun jemand sagt, die Polarität an sich sei bereits Sünde, stellt sich die Frage, wie Polarität definiert wird. Monistische Esoteriker setzen Polarität und Dualität gleich und sagen, Polarität an sich sei Sünde – und es komme nicht mehr wirklich darauf an, ob man innerhalb der Polarität Gutes oder Böses tue, denn beides seien Aspekte der Sünde, d. h. Getrenntheit von der Einheit; das Gute könne nicht unabhängig vom Bösen existieren und das Böse nicht unabhängig vom Guten; wer Gutes tue, stärke dadurch auch das Böse, und wer Böses tue, fördere dadurch indirekt das Gute.

Die Trugschlüsse und Denkfehler, die diesen einseitigen Einheitslehren zugrundeliegen, wurden bereits dargelegt. Polarität und Dualität sind nicht dasselbe, genauso wie Gut und Böse nicht dasselbe sind, denn das Gute kann unabhängig vom Bösen existieren, während das Böse sich nur als das Gegenteil des Guten definieren kann.

Aus der theistischen Sicht ist nicht die Polarität, sondern die Dualität „Sünde". Damit keine Mißverständnisse entstehen, sagen wir hier besser: Jede *Einseitigkeit* ist Sünde, denn Einseitigkeit trennt uns von der Ganzheit und führt uns weg vom göttlichen Mittelweg, dem schmalen Pfad der Ganzheitlichkeit.

Aber ist denn alles Gute „absolut gut"? Es gibt doch auch das relativ Gute, das sich als Gegenteil des Bösen definiert. Hier definiert sich nicht nur das Böse als Gegenteil des Guten, sondern auch das Gute als das Gegenteil des Bösen, weshalb gelehrt wird, wir müßten sowohl das „Gute" als auch das „Böse" loslassen.

Die Menschen spüren intuitiv, daß Gott „absolut gut", also gegenteillos gut ist. Das stimmt natürlich, genauso wie Licht eine eigene Realität ist und keinen Schatten produziert. Das relative Gute steht in Resonanz mit der göttlichen Ordnung und Harmonie, das Böse ignoriert, negiert oder verletzt diese Ordnung und Harmonie.

Wenn es heißt, wir sollten sowohl das „Gute" als auch das „Böse" loslassen, ist damit gemeint, daß wir sowohl das gute als auch das schlechte Karma loslassen sollen, was bedeutet: Tue nicht Gutes, nur um gute Ergebnisse zu deinem eigenen Vorteil zu erhalten, und unterlasse das Böse nicht einfach deswegen, weil du die schlechten Reaktionen fürchtest. Mit anderen Worten: Lebe in der Liebe, lebe in der Ganzheit! Das ist gemeint, wenn die indisch-theistische Lehre, insbesondere die *Bhagavad-Gītā* sagt, wir sollen „nicht an den Früchten unserer Tätigkeiten haften". Tue Gutes um des Guten willen, tue deine Pflicht um der Pflicht willen (*Bhagavad-Gītā* 2,38; 2,47-50; 3,17-19, usw.).

Heute wird viel von „integraler Spiritualität" gesprochen. Ist dies dasselbe wie „ganzheitliche Spiritualität"?

Der Begriff „integrale Spiritualität" wird heute hauptsächlich mit dem amerikanischen Philosophen Ken Wilber in Verbindung gebracht. Dieser Denker hat interessante Modelle der philosphischen Analyse entworfen. Seine Lehre ist, etwas vereinfacht gesagt, eine Synthese von atheistischem Monismus und darwinistischer Evolutionstheorie. Die Synthese dieser beiden Weltbilder ist „synthetisch", aber nicht ganzheitlich im theistischen Sinn. Von Ken Wilbers Konzept einer integralen Spiritualität wäre es aber grundsätzlich kein weiter Weg mehr zu einer theistisch-ganzheitlichen Spiritualität.

Die Verwendung des Begriffs „integral" in einem spirituellen Zusammenhang geht auf den indischen Philosophen und Mystiker Sri Aurobindo (1872-1950) zurück. Sri Aurobindo nannte die Spiritualität, die er lehrte, „integralen Yoga". Viele Vertreter der „integralen Spiritualität" und der Satsang-Bewegung berufen sich heute, neben Ramana Maharshi, auch auf Sri Aurobindo. Sri Aurobindo lehrte eine echte *integrale* Spiritualität, ausgehend von einem philosophisch komplexen, aber differenzierten Monismus.

Eine wichtige Metapher für die Einheit allen Seins ist der Tropfen und das Meer. Der Tropfen ist qualitativ gleich wie das Wasser des gesamten Meeres und ist quantitativ verschieden – aber nur so lange, wie der Tropfen nicht ins Meer eingeht, also wieder in seinen Ursprung zurückgeht. Dann existiert der Tropfen nicht mehr als Tropfen, sondern ist mit dem Meer eins geworden. Ist es nicht so, daß auch unsere Individualität nur so lange besteht, wie wir vom Ursprung getrennt sind, und daß sie sich auflöst, wenn wir mit dem absoluten Ursprung wieder eins werden?

Die Metapher mit dem Tropfen und dem Meer wird von verschiedensten Schulen verwendet, aber mit jeweils unterschiedlicher Interpretation. Die Interpretation, wie sie in dieser Frage ausformuliert wird, ist die der monistischen Schulen: die Individualität löse sich in der Einheit auf, sei also letztlich ein vergängliches Prinzip und eine Illusion.

In dieser Interpretation wird das Wort „individuell" jedoch in seiner umgangssprachlichen Bedeutung verwendet und in seiner spirituellen Bedeutung verkannt. *Individuell* bedeutet wörtlich „unteilbar" und „eins". „Individuell sein" bedeutet also ebenfalls „eins sein", aber anders als im abstrakten monistischen Sinn. Hier geht es um die Frage, ob wir in unserem Weltbild bei der Nondualität stehen bleiben oder auch die Realität der Individualität (= unteilbares, ewiges Sein und Bewußtsein) erkennen. In dieser Frage zeigt sich der Unterschied zwischen atheistischer/monistischer und theistischer Spiritualität.

Wir dürfen das Bild vom Tropfen und dem Meer nicht in seiner materiellen Bedeutung auf die spirituelle Realität übertragen. Wenn der Tropfen in das Meer zurückfällt, verliert er seine Form als Tropfen, aber der Tropfen wird nicht das Meer. Er wird „eins" mit dem Meer in dem Sinn, daß ihn nichts mehr vom Meer trennt (siehe auch: *Der radikale Mittelweg,* Abs. 97).

Wenn die Monisten meinen, die Seele verliere in der Einheit ihre Individualität wie der Tropfen seine Tropfenform im Meer, stellt sich die Frage, warum aus dieser ursprünglichen nichtindividuellen Einheit plötzlich „Tropfen" hervorgehen, die meinen, sie seien Individuen. Gäbe es nur ein absolutes Total von nondualer Energie, käme es zu keiner Schöpfung und auch zu keinem Entstehen von Seelen, die sich als Individuen sehen. Aber offensichtlich gibt es eine Schöpfung und gibt es individuelle Seelen, was die Monisten jedoch bestreiten, indem sie mit intellektuellen Wortspielereien zeigen wollen, dies alles sei eine Illusion.

Ganzheitliche Spiritualität bedeutet: Wir beschränken Gott und Realität nicht auf eine monistische Einheit und Nondualität, sondern nehmen zusätzlich auch die spirituelle Ganzheit und Individualität wahr.

Wenn Gott „Individuum" (unteilbares Sein und Bewußtsein) ist, läßt sich dann nicht auch folgendes sagen: Gott will sich selbst erkennen, er will Evolution, er will auch das Böse und Unvollkommene erfahren, sonst wäre er nicht Ganzheit; ihm und seinem Bewußtsein würde dann etwas fehlen?

Dies ist ein materielles Bild von Gott, weshalb ein Gebot lautet: „Mach dir kein Bild von Gott", das heißt, projiziere keine beschränkten Konzepte auf Gott, weder monotheistische („unser Gott ist der einzige Gott") noch materielle, wie zum Beispiel: Kann Gott einen Stein erschaffen, der so schwer ist, daß er ihn nicht heben kann? Oder eben: Gott muß doch auch das Böse wollen, sonst wäre er nicht vollständig.

Gott ist ewiglich die Ganzheit, und dem wahrhaft Ganzen fehlt nichts, sonst wäre „es" nicht ganz. Das absolut Ganze beinhaltet *alles,* und dazu gehört auch das Relative, das Materielle, das potentiell eine Unendlichkeit von möglichen Ausdrucksformen der Polarität und Dualität enthält. Aber Gott ist nicht davon abhängig, daß das gesamte unendliche Potential der Relativität zum Ausdruck kommt, so wie Licht nicht eine unendliche Variation von Schattenspielen benötigt, um Licht zu sein.

Wenn wir die in der Frage erwähnte Logik richtig anwenden, dürfen wir sagen: Gott ist so vollkommen, daß er *alle* Aspekte enthält, so auch den Aspekt, etwas *nicht* zu haben und *nicht* zu können. Aber hier dürfen wir nicht materielle Widersprüche auf Gott projizieren, wie eben zum Beispiel, Gott könne keinen Stein erschaffen, der so schwer sei, daß er ihn nicht heben könne. Wenn wir dieses Mysterium im Licht der göttlichen Ganzheit betrachten, erkennen wir, daß es tatsächlich etwas gibt, was Gott *nicht* hat und *nicht* kann: Was Gott nicht hat, ist unsere Liebe, wenn wir sie ihm nicht geben, und Gott kann uns nicht zwingen, ihm diese Liebe zu geben, denn sonst wäre es keine Liebe mehr, sondern nur noch eine funktionale, „mechanische" Einheit.

In einem der eingangs angeführten Zitate heißt es sinngemäß, daß aus der Sicht der Einheit alles gut so ist, wie es ist; solange der Mensch sich an irgend etwas in der Welt störe und dies verändern wolle, lebe er noch nicht in der Einheit und sehe die Welt aus einer unerleuchteten Perspektive. Stimmt das nicht? Ist die Welt nicht ein Spiegel unseres Bewußtseins? Wenn mich etwas in der Welt stört, dann stört es mich doch nur, weil es in mir selber ist?

Diese Aussage ist nicht unwahr, sie ist halbwahr, weil sie nur die eine Seite der Realität in Betracht zieht. Sie geht von einer Verabsolutierung der Einheit aus: „Alles ist eins", ich = du = Welt = Gott, was in dieser undifferenziert-monistischen Weise nicht stimmt. Nur wenn ich absolut identisch mit der Welt wäre, würde diese Aussage stimmen. Wir sind aber nicht absolut identisch mit der Welt, wir sind *in Verschiedenheit* („Individualität") Teil der Welt, und die Welt, in der wir leben, ist ein Ort des freien Willens. Deshalb ist es durchaus möglich, daß andere Menschen etwas tun, was dem göttlichen Willen und der göttlichen Ordnung widerspricht – und hier dürfen, ja sollen wir unterscheiden und klar Position beziehen, gegebenenfalls bis hin zum „Weiche von mir, Satan" des Jesus in der Wüste (Mt 4,10). Da in der Welt der Dualität nicht alles gut ist, müssen wir nicht alles „gut“ finden, vor allem das Böse nicht – das, was dem göttlichen Willen und der göttlichen Liebe widerspricht.

Andererseits enthält die Aussage, die Welt sei ein Spiegel unseres Bewußtseins, auch eine große Wahrheit: Da wir auf eine individuelle Weise Teil der Welt sind, nehmen wir in der Welt nur das wahr, was dem Spektrum unseres Bewußtseins entspricht. Hier jedoch ist nicht so sehr die Welt der Spiegel unseres Bewußtseins, sondern die Art und Weise, wie wir handeln und auf die Welt reagieren.

KAPITEL 8

Gnadenloses im Namen von Gottes Gnade

Monotheistische Halbwahrheiten aus theistischer Sicht

Im letzten Kapitel wurde aufgezeigt, in welche logischen Zirkelschlüsse und Widersprüche der atheistische Monismus führt. Monismus und Monotheismus, beide Begriffe enthalten das griechische Wort *mónos,* „eins, einzig". Und tatsächlich sind sich beide ähnlicher, als man auf den ersten Blick meinen könnte, denn sie sind die beiden Seiten derselben Spaltung. Auf der einen Seite stehen die materialistischen und monistischen Einheitslehren, auf der anderen die monotheistischen Ein-Gott-Lehren. Die einen verabsolutieren die Einheit, die anderen ihren einen Gott, den sie zum einzigen Gott erklären. Beide Seiten haben sich durch ihre Einseitigkeit von der Ganzheitlichkeit des theistischen Mittelwegs entfernt.

Der Mensch: den Göttern hilflos ausgeliefert?

Als sich der gegenwärtige kosmisch-irdische Zeitzylus vor rund zehntausend Jahren mit globalen Naturkatastrophen ankündigte, wurden die Hochkulturen des vorherigen Zeitalters bis auf wenige Reste vollständig vernichtet (durch vertikale Krustenbewegungen, Vulkane usw.), und die Menschheit sah sich in primitive Lebensumstände zurückgeworfen. Es dauerte Jahrtausende, bis wieder erste Kulturen entstanden. Aufgrund der traumatischen Erinnerungen entwickelten die Menschen kollektiv ein Gefühl, sie seien den Naturkräften hilflos ausgeliefert. Im Polytheismus wurden die vernichtenden und auch regenerierenden Naturkräfte als das Wirken von verschiedenen Göttern interpretiert. Da diese Götter mit den Naturkräften gleichgesetzt wurden, erschienen sie als Wesen, die den Menschen gegenüber gleichgültig sind. Die Götter sind die Kräfte, die alles fügen und bewirken, und die Menschen sind ihnen gegenüber machtlos. Ohnmächtig ausgeliefert an die Launen der Götter, ergaben sich die Menschen in „das Schicksal" (lat. *fatum*), was zum Weltbild und zur

Geisteshaltung des Fatalismus führte. Diese Ohnmacht wurde später in den Monotheismus übernommen und statt auf viele Götter auf einen einzigen höchsten „Gott" projiziert.

Die Ähnlichkeit des Monismus und Monotheismus zeigt sich auch darin, wie diese Glaubenssysteme mit der Frage des freien Willens umgehen. Beide vertreten Prädestinationslehren, einfach mit vertauschten Vorzeichen. Der Monismus sagt, alles, was geschehe, sei die notwendige Folge der Kausalität; es gebe keine unschuldigen Opfer und kein Unrecht, da alles durch das automatische, „mechanische" Wirken der göttlichen Gesetze geschehe. Der Monismus kommt zu diesen Ansichten, weil er die Einheit und die Kausalität und damit die „Gesetze" verabsolutiert. Er verkennt den Unterschied von Gottes Gesetzen und Gottes Willen und verkennt damit auch die Realität des freien Willens der Menschen.

Während der Monismus die Einheit und die Kausalität verabsolutiert, negiert der Monotheismus die Kausalität und verabsolutiert die Gnade Gottes aufgrund eines einseitigen Verständnisses des Begriffs „Allmacht". Dadurch erzeugt der Monotheismus den Dualismus „Allmacht Gottes" / „freier Wille des Menschen". Für monotheistische Theologen stellen diese Faktoren eine Antinomie* dar, die bereits seit den Zeiten des Paulus hitzig debattiert wird.

Augustinus: Lehre von der doppelten Prädestination

Augustinus (354–430), der einflußreichste Theologe der frühen Kirchengeschichte, lehrte nach seiner Bekehrung zum Christentum eine extreme Prädestinationslehre und entwickelte dabei auch das Konzept der Erbsünde: Weil Adam gesündigt hat, ist jeder Mensch ein Sünder und ein Sklave der Sünde. Der Mensch kann diesen Zustand nicht selber verändern. Er ist gefangen in der Sünde und kann nur gerettet werden, wenn Gott ihn rettet, und diese Rettung geschah durch den Opfertod von Jesus Christus. Alle Kinder werden in Sünde und Verdammnis geboren. Wenn die Menschen nicht durch die kirchliche Taufe Gottes Gnade bekommen,

---

* Antinomie: Unvereinbarkeit; unlösbarer Widerspruch; sich gegenseitig ausschließender Gegensatz.

bleiben sie in dieser angeborenen Verdammnis und kommen ewig in die Hölle.

Diese Ansicht führt zur Frage: Warum bekommen einige die Gnade und die anderen nicht? Augustins Antwort: Weil Gott es so vorherbestimmt hat, und nicht etwa, weil der Mensch sich diese Gnade durch eigene Werke verdient habe. Der Glaube führe nicht zur Gnade, sondern die Gnade ermögliche überhaupt erst, daß ein Mensch den Glauben finde. Weil Gottes Vorsehung bereits entschieden habe, wer in den Himmel und in die Hölle komme, würde ein freier Wille dem Menschen die Macht geben, Gottes Vorsehung zuwider zu handeln! Wenn Menschen zu weit entfernt von den Orten der christlichen Gnadenoffenbarung leben und deshalb nichts von Christus hören können, dann hat dies seinen Grund darin, daß Gottes Vorsehung sie für die Verdammnis bestimmt hat, weshalb sie in diesen gottverlassenen Ländern und Kontinenten geboren wurden …

Augustinus vertrat also eine doppelte Prädestinationslehre: Gott bestimmt, wer für die Erlösung und für den „richtigen Glauben" prädestiniert ist, und Gott bestimmt auch, wer für die Verdammnis prädestiniert ist. Er argumentierte: Aufgrund von Adams Sünde wären eigentlich *alle* Menschen für die Verdammnis bestimmt. So müsse der Mensch doch froh sein, daß Gott wenigstens einige errette!

> Gott hat einige Menschen zum ewigen Leben vorausbestimmt. Gott gibt diesen sowohl das Verlangen als auch die Fähigkeit, an Christus zu glauben. Sie tun das, weil Gott es so gewählt hat, und nicht, weil *sie* es so gewählt haben. Was die nicht Erretteten betrifft, so sind sie zur Verdammnis vorherbestimmt. / Diese Lehre der doppelten Prädestination besagt, daß Gott gerechterweise hätte entscheiden können, gar niemanden zu retten, weshalb die Errettung eines jeden einzelnen aus reiner Gnade geschieht. Augustin bekannte indes wiederholt, daß die souveräne Gnade Gottes ein Geheimnis ist, das wir nicht verstehen können. […] Wir können die Gründe nicht erforschen, warum Gott diejenigen rettet, die er retten will.[21]

Pelagius widerspricht Augustinus

Wenn der Wille des Menschen nicht frei ist, wie kann der Mensch dann für seine eigenen Taten verantwortlich sein? Augustinus konnte diese Frage nur ausweichend beantworten, denn die Prädestinationslehre läßt tatsächlich keine logische Antwort zu.

Ein Zeitgenosse des Augustinus, Pelagius (ca. 360–420), ein Mönch aus England, widersprach dieser Prädestinationslehre und sagte: Adams Sündenfall betraf nur Adam; jeder Mensch wird in die gleiche Neutralität hineingeboren wie Adam und kann wie Adam wählen, ob er sündigen will oder nicht; der Vorgang des Sterbens ist ein natürlicher Teil der vergänglichen Schöpfung und ist nicht die Strafe Gottes für Adams Sünde; ungetaufte Menschen können genauso Gottes Gnade erlangen wie getaufte; auch die Menschen vor Christus konnten Erlösung erlangen; das heißt, der Mensch kann Erlösung erlangen, indem er die Gebote aus eigenem Willen befolgt, genauso wie es sein Wille und damit seine Verantwortung ist, diese Gebote *nicht* zu befolgen; Gottes Gnade bestehe darin, daß er dem Menschen die Fähigkeit gegeben habe, die Gebote zu befolgen. Seine wahrscheinlich bekannteste Aussage lautete: „Der Mensch hat jederzeit die absolut gleichwertige Fähigkeit, das Böse oder das Gute zu tun."

Augustinus und Pelagius waren sich darin einig, daß die Adam-und-Eva-Geschichte eine historische Beschreibung der Menschenentstehung ist, und sie stritten nur darum, wie dieses Ereignis zu verstehen sei und welche Bedeutung der Sündenfall im Paradies für die nachfolgenden Menschen hatte. Aus diesem Grund drehte sich auch Pelagius im Kreis und kam nicht über die Adam-und-Eva-Fragen hinaus.

Luther: Kampf der Monotheisten untereinander

Die Streitfrage lautete und lautet: Entscheidet der Mensch selbst, ob er gerettet wird, oder entscheidet Gott dies?

Die katholische Kirche suchte eine Mitte zwischen Augustinus und Pelagius und nahm die Position ein, der Mensch habe einen freien Willen, der es ihm erlaube, Gottes Gnade anzunehmen oder nicht, Gottes Gnade manifestiere sich aber einzig und allein durch „seine" Kirche. Dadurch vertrat die katholische Theologie keine Prädestinationslehre mehr, ersetzte diese jedoch durch einen Monopolanspruch auf die Erlösung der Menschen. Wer den freien Willen nicht verwende, um in dieser Kirche zu bleiben oder sich ihr zu unterwerfen, habe den freien Willen mißbraucht und komme in die ewige Hölle.

Diesen Ansichten widersetzte sich Martin Luther (1483-1546) und lehrte: Die Gnade kommt nicht von der Kirche, sondern von Gott selbst! *Gott* bestimme, wer erlöst sei, und nicht die Kirche und auch nicht der Mensch! Der Mensch könne nicht durch fromme Werke und erst recht nicht durch den Kauf kirchlicher Ablaßbriefe Erlösung erlangen, sondern er könne nur in Demut Gottes Allmacht akzeptieren: Wer sich der biblischen Lehre hingebe, sei offensichtlich von Gott zur Erlösung prädestiniert, wer dies nicht tue, verrate dadurch selber, daß er des Teufels sei. Entscheidend sei also „nur der Glaube, nur die Gnade, nur die Bibel“ *(sola fide, sola gratia, sola scriptura)* – so lautete Luthers Maxime. Und er vertrat sie vehement und furios gegen alle Seiten hin: gegen die Katholiken, gegen die Humanisten, gegen die Philosophen, gegen die Bauern und Aufständischen, gegen die Juden und auch gegen die eigenen Leute, die Zweifel bekamen und gegen die „reformierte“ Lehre Vernunftgründe anführten. Luther schuf den großen Gegensatz „Glaube“ *(fides)* gegen „Vernunft“ *(ratio)* und nannte die Vernunft „Teufelshure“. Warum? Weil die *ratio* zeigt, daß die auf der Prädestinationslehre aufgebaute Bibelinterpretation zu Absurditäten führt.

Den Papst bezeichnete Luther als „Antichrist“, die römische Kurie als „Synagoge Satans“ (Offb 2,9; 3,9). Er rief Könige und Fürsten auf, gegen die Kirche militärisch ins Feld zu ziehen. So gerieten die Monotheisten untereinander in Konflikt, Luther mit einer wachsenden Anhängerschaft auf der einen Seite, die katholische Kirche auf der anderen Seite, und beide verdammten sich gegenseitig.

Rechtfertigung des eigenen Extremismus

Thema dieses Kapitels ist nicht eine historische Abhandlung der Reformation und der Konflikte der damaligen Zeiten. Hier soll es um die Darstellung gehen, wie jede Abweichung von der ganzheitlichen Spiritualität zu Einseitigkeiten und Halbwahrheiten führt. Im letzten Kapitel wurde dies anhand der atheistischen und monistischen Esoterik aufgezeigt (dieses Thema wird im nächsten Kapitel weiter ausgeführt werden). Genauso wie die atheistische und monistische Einseitigkeit führt auch die monotheistische Einseitigkeit zur Rechtfertigung des Bösen in jeder Form: Kriege, Massaker, Ermordung von Feinden, usw. Und auf beiden Seiten haben die Täter ein gutes Gewissen, weil ihre „Wahrheit“ sie rechtfertigt. Im vorliegenden Kapitel wollen wir anschauen, wie dies auf der monotheistischen Seite der Fall ist. Als Beispiel dient hier Martin Luther, der die kirchliche Arroganz kritisierte und dabei – aufgrund seiner Überzeugung, Gottes Prophet und der Besitzer der einzigen Wahrheit zu sein – in eine nicht geringere Arroganz verfiel. Er jedoch glaubte, sein Verdammen aller Andersgläubigen sei die höchste Form von Demut.

Wir könnten hier viele andere Beispiele anführen, z.B. den fundamentalistischen Katholizismus: wie auch dieser zur Verfolgung aller Andersgläubigen, zu Kriegen, zu Kreuzzügen usw. führte. Die Problematik der monotheistischen Einseitigkeit wird aber noch deutlicher, wenn wir betrachten, wie Luther gegen den Katholizismus kämpfte, denn hier zeigt sich, wie Monotheisten sich gegenseitig bekämpften – und sich dadurch selbst *ad absurdum* führten.

Mit dieser Darstellung geht es mir nicht darum, die katholische Kirche oder Martin Luther zu verteufeln. Wie ich im Buch *Der radikale Mittelweg* in einem eigenen Kapitel dargelegt habe, ist der Kern des Christentums theistisch und nicht monotheistisch. Dies stimmt sowohl für die katholische als auch für die evangelische Kirche, und es wird eine Wohltat sein, wenn Theologen und Theologinnen beider Konfessionen den theistischen, ganzheitlichen Kern ihrer Kirche erkennen und sich auf *dieser* Ebene begegnen werden – und nicht einfach nur auf einer „ökumenischen“ Ebene.

Ich bitte die Leserinnen und Leser, im Folgenden immer diese konstruktive, lichtvolle Zielsetzung, um die es mir geht, vor Augen zu behalten, denn was nun kommt, ist eine Abhandlung der monotheistischen Einseitigkeiten, die alles andere als konstruktiv und lichtvoll sind. Ebenso sollten wir uns bewußt sein, daß der monotheistische Extremismus nur die andere Seite des atheistischen und monistischen Extremismus ist und daß beide auf den höchsten Ebenen ihrer Machtpyramiden zu den gleichen dia-bolischen Rechtfertigungen führen.

Die Verabsolutierung von „Gottes Gnade"

Luthers Verdienste sind bekannt und wurden vielfach gewürdigt. Sein Mut hat viele seiner Zeitgenossen fasziniert und war auch für heutige Verhältnisse revolutionär: sein Mut, mit dem er es wagte, alte Dogmen zu hinterfragen und insbesondere gegen den kirchlichen Ablaßhandel öffentlich Position zu beziehen (1517), was ihm Verwarnungen und letztlich eine Bannandrohung aus Rom einbrachte, die er jedoch öffentlich verbrannte – mitsamt anderen kirchlichen Dogmenschriften! Und der Mut, mit dem er sich vor dem Reichstag in Worms verteidigte und sich nach der Ächtung durch Kaiser Karl V. für fast ein Jahr auf der Wartburg bei Eisenach versteckte, wo er begann, das Neue Testament in seine deutsche Landessprache zu übersetzen. Diese und noch viele andere Verdienste sollen nicht geschmälert werden, denn sonst wäre die folgende Darstellung von Luthers einseitig-monotheistischer Theologie selber einseitig. Sie ist jedoch faktisch und aktuell, denn dieser Geist ist – auf eine subtilere Weise – auch heute noch aktiv.

Die Verabsolutierung von „Gottes Gnade" und die Negierung der Kausalität in der Gnadenfrage ist eine halbe Wahrheit, was bedeutet, daß in gewissen Punkten auch Wahrheit vorhanden ist. Wichtig und richtig war Luthers Standpunkt, daß uns nicht fromme Werke zu Gott führen, sondern „Gottes Gnade". (Die Frage lautet hier natürlich: *Was ist Gottes Gnade?*) Er kritisierte deshalb die Mittlerstellung der Kirche, die besagte, daß der Mensch nur durch die Kirche und ihre Priester, Dogmen und Sakramente zu Gott kommen könne. Die Kirche schlug dem Faß den Boden aus, als Papst Leo X. den Beschluß faßte, Prediger auszusenden, die Ablaßbriefe verkauften. Mit dem Erlös (die Prediger bekamen eine Provision) sollte der Petersdom-Ausbau in Rom finanziert werden.

Martin Luther war katholischer Mönch und lebte in katholischen Klöstern und predigte in katholischen Kirchen, aber er war ein selbständiger Denker und gab sich zu, gewisse Zweifel an den Dogmen seiner Kirche zu haben. Als diese seine Kirche nun auch noch Ablaßprediger ins Land schickten, schritt er zur Tat und sprach aus, was viele schon insgeheim dachten. Die Ablehnung des kirchlichen Ablaßhandels war der Funke, der das Feuer entfachte, und die Flammen der kritischen Fragen loderten auf: Ist das, was die katholische Kirche lehrt, überhaupt die Lehre der Bibel? Ist das Seelenheil, das die Kirche verspricht, nicht nur ein leeres Versprechen? Brauchen wir Priester, die uns knechten und bevormunden? Ist der Papst wirklich der Repräsentant Jesu auf Erden?

Luther ging es aber gar nicht so sehr um Kirchenkritik, sondern um viel mehr: das Seelenheil der Menschen, vor allem *sein eigenes* Seelenheil. Er lebte als Mönch im Augustinerorden und wurde dort frontal mit der Prädestinationslehre des Augustinus konfrontiert: Entweder bist du von Gott für den Himmel vorherbestimmt oder dann halt nicht. Wer für die Erlösung prädestiniert ist, hat die Kraft des Glaubens und die Kraft, die Gebote zu halten. Und gerade damit hatte Martin Luther Mühe. Er quälte sich mit Beten, Fasten, Kasteiungen, Minimalschlaf, Schlafentzug, Eiswasser usw., aber er konnte die Triebe seines Körpers trotz seines Keuschheitsgelübdes nicht totkriegen. Luther litt in seiner Mönchszelle mentale Höllenqualen und mußte sich eingestehen: Es gab nur *eine* Erklärung – er gehörte nicht zu den Auserwählten, Gott hatte ihn für die Hölle vorbestimmt!

Luther haßte diesen gerechten Gott, der die Menschen aufgrund ihrer Erbsünde richtet und mit seinem Zorn bedroht. Der gerechte Gott ist der strafende Gott. Luther aber wollte einen *gnädigen* Gott. Er wollte nicht in die Hölle.

In dieser Verzweiflung hatte Luther irgendwann 1513/14 im Kloster Wittenberg eine Art von Erleuchtung, das legendäre „Turmerlebnis“ (seine Mönchszelle lag im Turm des Klosters): Gottes Gnade ist absolut, aber diese zeigt sich nicht in frommen Taten und in moralischer Sündlosigkeit, sondern in der Kraft des Glaubens an die Bibel und Christus. Wer unerschütterlich an die Bibel glauben kann, beweist dadurch, daß er Gottes Gnade hat, und wer Gottes Gnade hat, hat die Kraft zum unerschütterlichen Glauben! *Sola fide, sola gratia, sola scriptura!*

Die Gelübde konnte er nicht alle strikt einhalten, aber an die Bibel glauben – *das kann ich und das tue ich!* Damit war sich Luther gewiß, daß er Gottes Gnade hatte und von Sünde nicht berührt werden konnte, denn er war für den Himmel vorbestimmt, ansonsten hätte er nicht derart stark an die Bibel glauben können. Allein der Glaube an Christus macht den Menschen gut! Und wer diesen

Glauben hat, *ist gut!* Das bedeutet auch: Was aus diesem Glauben heraus getan wird, ist gut, und zwar im höchsten Sinn *gut* jenseits aller Sünde, denn „wir sind erlöst und befreit".

Auf diese Weise lehrte Luther im Prinzip das gleiche wie die katholische Kirche: Diese sagte, sie (die Kirche) repräsentiere Gott, und wer zu ihr gehöre, habe Gottes einzigen Gnadenweg erlangt, und was auf diesem Weg getan werde, sei gut, gerecht und gottgewollt, selbst wenn es aus der armseligen Menschenperspektive heraus ungut und ungerecht aussehe, wie Kriege, Hexenverbrennungen, Enteignungen usw. Luther hatte die gleiche Ansicht, einfach daß sein Kriterium der Rechtfertigung ein anderes war: nicht die Kirche, sondern der Bibelglaube.

Beide monotheistischen Lager behaupteten: Wer zu unserem Glauben gehört, ist erlöst und von Gott auserwählt; wer nicht zu uns gehört, ist von vornherein verloren und kommt in die Hölle, und deshalb macht es auch nichts aus, wenn sie etwas früher in die Hölle kommen …

Diese Ansicht Luthers kam in seinem Umgang mit denen zum Ausdruck, die er für Ungläubige und Falschgläubige hielt. Ein Beispiel hierfür sind seine Hetzreden und Hetzschriften gegen die Bauern während der Bauernaufstände 1524/25.

„Barmherzigkeit hat nichts mit dieser Welt zu tun"

Das beschriebene Denkmuster ist in seinem Kern sehr einfach: Das einzige, was zählt, ist der „richtige Glaube", und was diesem „richtigen Glauben" dient, ist richtig und gottgewollt, auch wenn es, äußerlich gesehen, brutal und grausam ist. Für Luther bedeutete dies, auf die Gesellschaftspolitik übertragen: Wenn Fürsten und Landesherren das Evangelium akzeptieren, dann vertreten sie Gott auf Erden, und das Volk muß sie akzeptieren und sie unterstützen, selbst wenn sie das Volk unterdrücken und ausbeuten.

In seiner Schrift *Über die weltliche Macht* (1522) schrieb er deshalb: „Der Richter muß hart sein, die Macht unerbittlich, die Unterdrückung muß eine äußerste sein, ohne falsche Empfindlichkeit und bis zur Grausamkeit gehend; denn die Barmherzigkeit hat nichts mit dieser Welt zu tun."[22]

Gottes Barmherzigkeit (Gnade) ist gemäß der monotheistischen Lehre „absolut“; sie hat „nichts mit dieser Welt zu tun“, denn sie ist Gottes Angelegenheit, die sich nur auf die Errettung der Seelen bezieht; mit weltlicher Gerechtigkeit und Barmherzigkeit hat sie nichts zu tun.

Luther kritisierte zwar die Obrigkeit und mahnte sie zu Mäßigkeit und Milde, aber ihm ging es nie um eine politische Revolution, denn er wollte nicht politische Freiheit für das Volk oder gar eine Anarchie. Ihm ging es nur um seine Bibelmission, für die er die Unterstützung der Landesherren anstrebte – und sie auch bekam. Denn er hatte sich mit Rom überworfen und hatte die katholische Front gegen sich. Also konnte er sich nicht auch noch mit der weltlichen Obrigkeit überwerfen. Hätte er den Schutz der Fürsten verloren, wäre er schnell ein toter Mann gewesen.

Luther verhielt sich aus seiner Sicht pragmatisch und vertrat die Meinung, die Freiheit des Christen sei eine innere Freiheit und nicht unbedingt eine soziale und politische. Ein wahrer Christ komme ohnehin in den Himmel, und alle anderen kämen ohnehin in die Hölle – was braucht also ein Christ soziale Freiheit? Und welchen Unterschied macht es, ob die von Gott Verdammten eine soziale Freiheit haben oder nicht? Wie der Monist sagt hier also auch der Monotheist: Es ist alles gut so, wie es ist.

Luther berief sich in dieser Frage oft auf den Römerbrief (13,4), wo es heißt:

> Denn sie [die Staatsgewalt] steht im Dienst Gottes, um euch beim Tun des Guten zu helfen. Wenn ihr aber Unrecht tut, müßt ihr euch vor ihr fürchten. Denn die Vollmacht des Strafens steht ihr rechtmäßig zu. Im Auftrag Gottes vollstreckt sie das Urteil an denen, die Böses tun.

Der Römerbrief fordert die Gläubigen, sie sollen sich der Staatsmacht unterordnen, und Luther predigte dasselbe. Ein Christ müsse nicht die katholische, aber die weltliche Obrigkeit anerkennen. Luther ging sogar so weit, daß er sagte, das fünfte Gebot („Ehre Vater und Mutter“, Gen 20,12) beziehe sich auch auf den König und den Landesherrn.

Luther geriet jedoch bald zwischen die Fronten. Mit seiner eigenen Rebellion gegen die Kirche und gegen Kaiser Karl V. sowie mit seiner Kritik des Adels hatte er einen Aufruhr aufgelöst, der dazu führte, daß politische Revolutionäre und Enthusiasten sich auf ihn beriefen. Diese hatten Luther deswegen anfänglich unterstützt und ihn als ihren geistigen Anführer gesehen, aber Luther wollte sich nicht in einen revolutionären Extremismus ziehen lassen.

Luther lehrte: Gott gibt seine Gnade an die Menschen, die er auserwählt hat, direkt; es braucht keinen Papst und keine Heiligen. Er betonte die „Gleichheit aller Christen" und bestärkte damit die unterdrückten Schichten, v. a. die Bauern. Luther sah die demokratischen Konsequenzen seiner Bemerkungen zur „Gleichheit aller Christen", wollte dies aber wegen der bereits genannten Gründe nicht politisch durchsetzen, weshalb er sich auf die Seite der Obrigkeit stellte. Die Bauern, die auf ihn gehofft hatten, fühlten sich von ihm im Stich gelassen, ja er war ihnen in den Rücken gefallen. Andere reformatorische Persönlichkeiten verstanden das Ideal „Gleichheit aller Christen" als Schlachtfruf und setzten sich für die sozial gerechte Sache der Bauern ein, allen voran der volksnahe Theologe und Revolutionär Thomas Münzer (1489–1525).

Luther und Münzer, die sich anfänglich (um 1519/20) noch gegenseitig unterstützt hatten, entfremdeten sich. Münzer strebte eine Revolution an. Ihm schwebte nichts Geringeres als ein anarchisches „Königreich Christi" vor, das er mit Waffengewalt durchsetzen wollte.

Luther jedoch predigte und schrieb („Ermahnung zum Frieden", Ende April 1525): *Das Evangelium rechtfertigt keinen Aufruhr. Tragt euer Kreuz und liebt eure Feinde. Die Waffen der Christen sind Glaube, Vertrauen und Geduld. Wenn die Fürsten ungerecht sind, wird sie die gerechte Strafe Gottes erreichen.* „Die Obrigkeit nimmt euch unbillig euer Gut, das ist das eine. Hingegen nehmt ihr [die aufständischen Bauern] derselben ihre Gewalt, in der ihr alle mit eurem Gut, Leib und Leben steht, und darum seid ihr die viel größeren Räuber als sie und habt Ärgeres getan, als sie getan haben."[23]

Daß Luther sich auf die Seite der Obrigkeit stellte und keine kriegerische Revolution wollte, war nicht einfach Feigheit. Denn Luther war Realist genug, um zu sehen, daß sich auf die Kürze kein „Königreich Christi" auf Erden einrichten ließ. Daß Luther jedoch die Bauern „Räuber" nannte und die Ausbeutung durch die Obrigkeit schönredete, zeigte eindeutig, daß er diese Gelegenheit ergriff, um sich die Unterstützung der Mächtigen zu sichern.

Thomas Münzer weigerte sich, Luthers Argumentation zu akzeptieren und auf die Aufstände zu verzichten. Er wollte sich aktiv und aktivistisch für die Rechte des Volkes, insbesondere der Bauern, einsetzen. Gleichzeitig distanzierte er sich auch von Luthers Bibelfundamentalismus, indem er sagte, es gebe das innere und das äußere Wort Gottes *(verbum internum, verbum externum);* um das äußere Wort, die Bibel, richtig zu verstehen, bedürfe es des inneren Gotteswortes; wer aber das innere Gotteswort habe, bedürfe nicht unbedingt des äußeren. Beweis waren ihm die vielen Menschen aus der Zeit des Neuen Testaments, einer Zeit, wo es noch keine Bibel gab, und diese Menschen fanden sehr wohl zu Gott. Er betonte dies, weil er glaubte, daß jeder Mensch – auch ohne Bibel, Taufe und Priester – zu Gott finden könne.

Luthers Rache war fürchterlich. Daß er sich auf die Seite der Obrigkeit stellte, war verständlich und vernünftig, wahrscheinlich sogar weise. Aber er stellte sich nicht nur auf ihre Seite, er predigte nicht einfach Gehorsam gegenüber der Regierung. Er hetzte die Obrigkeit in seiner Wut und seiner religiösen Besessenheit gegen all seine Gegner auf, in dieser Phase vor allem gegen Thomas Münzer. Er versandte mehrere Schreiben an die Landesfürsten, in denen er sie aufforderte, Thomas Münzer, diesen „Teufel", den „Satan von Allstedt", umzubringen. Münzer antwortete frech und nannte Luther postwendend „Bruder Mastschwein", weil dieser nicht an der Revolution teilnahm und an Gewicht zugesetzt hatte.

Gemäß Luthers Aufrufen nahmen die Fürsten den 36jährigen Thomas Münzer nach der Schlacht bei Frankenhausen gefangen (15. Mai 1525) und ließen ihn während zehn Tagen – mit zwei Landesherren als Zuschauern – foltern. Danach wurde er auf bestialische Weise hingerichtet und ausgestellt. Luther hatte seine „christliche" Genugtuung erhalten.

Als Luther von der Gefangennahme Münzers hörte, sagte er: „Wohlan, wer den Münzer gesehen hat, der mag sagen, er habe den Teufel leibhaftig gesehen in seinem höchsten Grimm. O Herr Gott, wo solcher Geist in den Bauern auch ist, wie hohe Zeit ist's, daß sie erwürget werden wie die tollen Hunde."[24]

Später sagte er: „Ebenso habe ich auch Münzer getötet; sein Tod liegt auf meinem Hals. Ich tat es aber deshalb, weil er selbst meinen Christus töten wollte.“[25]

Töten mit gutem Gewissen …

Luther wollte die revolutionären Enthusiasten und Extremisten (zu vergleichen mit den biblischen Zeloten) nicht unterstützen. Ab 1524 fielen die Bauernheere über Städte, Burgen und Klöster her und wüteten wild. Im Mai 1525 schlug das Heer der Fürsten zurück und tötete mit Thomas Münzer einen der Hauptanführer der Rebellen.

Jetzt, wo klar war, daß die Fürsten gewinnen und die Bauern verlieren würden, schlug sich Luther voll auf die Seite der Gewinner und schrieb (Ende Mai) eine Hetzschrift mit dem Titel „Wider die räuberischen und mörderischen Rotten der Bauern“. Der Zeitpunkt erweckt den Verdacht, daß Luther nicht nur aus biblischen, sondern auch aus opportunistischen Gründen abgewartet hatte, wie er in dieser Kriegssituation reagieren wollte.

Nachdem die Bauern die Schlacht bei Frankenhausen verloren hatten, war Luther überzeugt, daß dies das endgültige Zeichen Gottes war: Die Bauern- und Handwerkersleute waren von Gott verstoßen und verdammt, ansonsten hätten sie nicht verloren! Und nun legte er los: Er verteufelte die aufständischen Bauern und lieferte den Landesherren die theologischen Argumente, warum man die Aufständischen ohne schlechtes Gewissen massakrieren dürfe. Er sagte, es könne „nichts Giftigeres, Schädlicheres, Teuflischeres“ geben als diese Leute, die „nichts als Teufelswerk“ trieben, sie „dienten […] dem Teufel unter dem Schein des Evangeliums“, weswegen „sie wohl zehnmal den Tod verdient haben an Leib und Seele“. Wer das teuflische „Bauernpack […] am ehesten erwürgen mag, tut recht und wohl. Denn über einen öffentlichen Aufrührerischen ist ein jeglicher Mensch beides: Oberrichter und Scharfrichter. Gleich als wenn ein Feuer angeht, wer am ersten löschen kann, der ist der beste […] Drum soll hier zuschmeißen, würgen und stechen, heimlich oder öffentlich, wer kann.“[26]

Luther sieht sich in einer prädestinierten Prophetenrolle, die ihm alles erlaubt. Er rechtfertigte sich, indem er sagte, er müsse „den

Bauern und elenden Leuten ihre Sünde vor ihre Augen halten, so wie Gott dies auch Jesaja und Hesekiel befahl […] und danach der weltlichen Obrigkeit Gewissen unterrichten, wie sie sich hierin verhalten sollten."[27]

Er spricht den Unterdrückern das Gewissen frei und sagt sogar, es wäre eine Sünde, dieses „Bauernpack" *nicht* zu ermorden! „Wir leben in solch wunderlichen Zeiten, daß ein Fürst jetzt mit Blutvergießen leichter in den Himmel kommen kann als andere durch Beten. […] Drum, liebe Herren, löset hier, rettet hier, helft hier, erbarmet euch der armen Leute, vernichtet und metzelt nieder – es tue dies, wer immer die Macht dazu hat! Bleibst du drüber tot, wohl dir, einen seligeren Tod kannst du nimmermehr bekommen. Denn du stirbst im Gehorsam göttlichen Wortes und Befehls, Röm 13,4, und im Dienst der Liebe …"[28] – „Im Dienst *der Liebe*"!

Des weiteren schreibt er in dieser Hetzschrift, erneut unter Berufung auf den Apostelbrief Röm 13,4: „So soll die Obrigkeit hier nun getrost fortdringen und mit gutem Gewissen dreinschlagen, solange sie eine Ader regen kann. Denn hier ist das ihr Vorteil, daß die Bauern böse Gewissen und unrechte Sachen haben und daß jeder Bauer, der hier erschlagen wird, mit Leib und Seele verloren und ewig des Teufels ist."

Hier argumentiert Luther auf eine ähnliche Weise wie die atheistischen Deisten und Monisten, die im Namen einer verabsolutierten Kausalität sagen: „Wenn es dir zustößt, ist es dein Karma, denn wär's nicht dein Karma, würde es dir nicht zustoßen." Nicht im Namen von „Karma", sondern im Namen der verabsolutierten Gnade Gottes sagt Luther praktisch dasselbe: Wer getötet wird, wurde offensichtlich von Gott nicht beschützt und war also schuldig und sowieso verdammt. „Daß man den Bauern will Barmherzigkeit wünschen: sind Unschuldige drunter, die wird Gott wohl erretten und bewahren, wie er's bei Lot und Jeremia getan hat. Tut er's nicht, sind sie gewiß nicht unschuldig, sondern haben zumindest geschwiegen und eingewilligt …"[29]

Luther war in seinem Bibelglauben derart verblendet, daß er glaubte, nur das Richtige gepredigt zu haben. Reue und ein schlechtes Gewissen waren im fremd. Später sollte er sagen: „Prediger sind die allergrößten Totschläger. Denn sie ermahnen die Obrigkeit, daß sie entschlossen ihres Amtes walte und die Schädlinge bestrafe. Ich habe im Aufruhr viele Bauern erschlagen [lassen]; all ihr Blut ist auf meinem Hals. Aber ich schiebe es auf unseren Herrgott; der hat mir befohlen, solches zu reden ...“[30]

Die Ähnlichkeit der beiden entgegengesetzten Halbwahrheiten ist frappant. Atheistische Monisten lehren im Namen der Einheit, alle Gegensätze – Gut und Böse, fromme Tat und Sünde, Krieg und Frieden usw. – seien letztlich nur subjektiv, da es kein Unrecht gebe, denn „alles ist eins“. Ähnlich paradox, einfach mit vertauschten Vorzeichen, argumentiert Luther:

> „Wenn Gott lebendig macht, dann tut er das, indem er tötet. Wenn er rechtfertigt, so tut er das, indem er schuldig macht. Wenn er in den Himmel bringt, so tut er das, indem er in die Hölle führt ... So verbirgt er seine ewige Güte und Barmherzigkeit unter der Ungerechtigkeit.“ [...] Auch im Alltag des Christenmenschen ist alles zugleich auch sein Gegenteil: Gute Werke etwa sind immer auch Sünden, sagt Luther. Und Sünden können wiederum Waffen sein gegen teuflische Macht. „Gott“, beharrt er, „kann viel mehr als alle unsere Gedanken!“[31]

Das Gewissen und die Vernunft werden durch beide Arten von Einseitigkeiten ausgeschaltet. Auch Luther ist stolz, daß er sich nicht auf sein „Gewissen“ oder sein „Fühlen“ oder sein „Werk“ stützen müsse: „Ich brauche mich nicht zu stützen auf mein Gewissen und Fühlen, meine Person oder mein Werk, sondern auf die göttliche Verheißung und Wahrheit, die nicht täuschen kann.“[32]

Gewissenlos und gottlos – im Namen von Gott

Wenn jemand einmal glaubt, seine Wahrheit sei die einzige, glaubt er auch: „Der Zweck heiligt die Mittel“ – aber eben nicht *irgendein* Zweck, sondern nur dieser eine Glaube, der für die einzige Wahrheit gehalten wird. Wer dies glaubt, meint, er sei frei von Sünde bzw. frei von Karma-Reaktionen (siehe nächstes Kapitel). Luther als Vertreter des Monotheismus treibt die Argumentation auf die Spitze, indem er folgendes schreibt (Brief an Hieronymus Weller, Juli 1530): „Ach, könnte ich doch irgendeine ganz besonders auffällige Sünde benennen, nur um den Teufel aufs Kreuz zu legen, damit er endlich begriffe, daß ich keine Sünde anerkenne und mir keiner Sünde bewußt bin."

„Keiner Sünde bewußt", das ist genau die giftige Frucht, die die Einseitigkeiten des Atheismus / Monismus und des Monotheismus hervorbringen, weil diese Philosophien – als Ergebnis der spaltenden, dia-bolischen Kraft – es erlauben, *alles* zu rechtfertigen. Beispiele hierfür sahen wir in Luthers Hetze gegen die Bauern. Er hetzte aber auch gegen die Frauen und befürwortete Hexenverbrennungen. Er glaubte an einen leibhaftigen Teufel und an die physische Existenz von Mischwesen, den sogenannten Wechselbälgen, die aus der Verbindung von Hexenfrauen mit dem Teufel entstanden seien. Als ehemaliger Katholik hatte er seinen Aberglauben nicht abgelegt, sondern noch verstärkt. „Der Erzbischof von Salzburg ließ im Jahre 1678 aus Anlaß einer großen Viehseuche 97 Frauen verbrennen. Der Bischof von Bamberg ließ 600 Frauen verbrennen und mit seiner Zustimmung 1659 eine Schrift erscheinen: ‚Wahrhaftiger Bericht von 600 Hexen …' Unter der Regierung des Bischofs Adolf von Würzburg wurden 219 Hexen und Zauberer verbrannt […] Auch die Reformation änderte daran nichts. Im Gegenteil! Erst in nachreformatorischer Zeit erreichen die Verfolgungen ihren Höhepunkt. Luther, der in Wittenberg ‚Hexen' exkommunizierte, war mit der Einäscherung der ‚Teufelshuren' nicht weniger einverstanden als die Päpste. Allein in Braunschweig wurden Ende des 16. Jahrhunderts oft an einem Tag zehn Hexen verbrannt. In Quedlinburg erlitten 1589 an einem Tag 133 Frauen den Feuertod."[33] Alte Frauen als vermeintliche Hexen ließ Luther sogar noch fanatischer verfolgen als vor ihm die katholischen Inquisitoren.

Luthers Fanatismus zeigte sich auch in seinem Kampf gegen die Juden. Seine berühmteste Aussage zu diesem Thema läßt ahnen, was er sonst noch sagte und schrieb: „Wenn der Jude sich nicht zum Christentum bekehrt, ist er des Teufels oder ein Teufel und soll er dann entsprechend bestraft oder getötet werden."

Seine drei diesbezüglichen Schriften *(Von den Juden und ihren Lügen; Brief wider die Sabbather an einen guten Freund; Vom Schem Hamphoras)* sind voll von Überdrehungen, die so vulgär bis pervers sind, daß hier nichts daraus zitiert werden soll. Es ist jedoch unbestritten, daß sie ihre Wirkung behielten. Auch Hitler sagte über seinen Judenhaß mehrfach, er tue nur, was schon Luther gesagt habe. War es ein Zufall, daß Hitler die „Reichskristallnacht" gerade auf die Nacht vom 9. auf den 10. November 1938 ansetzte? Der 10. November ist Luthers Geburtstag!

Einseitigkeit führt zu Absurdität

Atheistische Monisten sagen, der Mensch könne die „Einheit" oder die „Liebe" nicht verstehen, denn sobald wir etwas über „Einheit" oder „Liebe" sagen, sei dies ein Produkt des Verstandes, und der Verstand sei immer begrenzt. Ihre Argumentation über Einheit und Dualität nimmt deshalb des öfteren die Form von Wortspielereien an, die ein nicht monistisch denkender Mensch nur als absurd bezeichnen kann. Einige Beispiele hierfür wurden im letzten Kapitel zitiert (S. 124f.).

Ähnlich verhält es sich mit den monotheistischen Wortspielereien. Luther argumentiert: Der Mensch ist in seinem totalen Sündersein in jeder Hinsicht verdorben, und dazu gehört auch sein Verstand. Wenn der Verstand logische Argumente gegen die biblischen Lehren – d. h. gegen *seine* (Luthers) Lehren – hervorbringe, dann sei dies nur der Versuch des Satans, den Menschen über den Verstand von der einzigen Wahrheit und vom einzigen Gott wegzutreiben.

Ist diese Weiche einmal gestellt, ist der Mensch immun gegen jede Vernunft und gegen jeglichen Impuls des Gewissens, nicht nur moralisch (siehe vorherige Beispiele), sondern auch philosophisch. Dies beginnt mit der Annahme, Gottes Allmacht und der menschliche freie Wille seien ein absoluter Gegensatz; wer die Existenz eines freien Willens behaupte, verringere dadurch Gottes Allmacht und Gottes Gnade. Gottes Gnade sei durch Gottes Allmacht absolut; wenn der Mensch die Freiheit hätte, zu entscheiden, ob er Gottes Gnadenangebot annehmen wolle oder nicht, wäre dies bereits eine Begrenzung von Gottes Allmacht. Nicht der Mensch entscheide, ob er die Gnade Gottes bekomme, sondern Gott. *Wenn Gott alles ist, ist der Mensch nichts.* Gott macht den Unterschied, nicht der Mensch – und Luther meinte, dies erzwinge die Prädestinationslehre: Erst wenn der Mensch akzeptiere, daß er keinerlei freien Willen habe und für seine Erlösung absolut nichts tun könne, und erkenne, daß er vollständig von Gottes Gnade abhängig sei, erst dann sei der Mensch gedemütigt genug, um sich total Gott auszuliefern. Wenn der Mensch meine, er habe einen freien Willen, sei dies ein Zeichen von Stolz und Widerstand gegen Gott, was beweise, daß dieser Mensch zu denen gehöre, die von Gott zur Verdammnis bestimmt seien. Luther sagte also: Was ich sage, ist die Wahrheit Gottes, und wer meine Ansichten kritisiert, kritisiert Gott.

Luther gegen Erasmus

Luthers Diskussionen über die Prädestination kulminierten in seiner Auseinandersetzung mit Erasmus von Rotterdam (1465–1536), der mit seiner Herausgabe des Neuen Testaments in griechischer Sprache für Luther eine wichtige Vorarbeit geleistet hatte. Erasmus, ein christlich-theistischer Humanist, der eine Zeitlang die Verständigung mit Luther suchte, distanzierte sich ab einem gewissen Punkt von ihm und seinen Ansichten. „Luther hatte einen geradezu kindischen Zorn gegen Erasmus. Dennoch gelang es Luther, diesen wilden Haß während vieler Monate fast zu verbergen; noch im April 1524 hatte er an den ‚König der Amphibolie', an diese ‚Schlange', einen langen Brief geschrieben, in dem er ihm ein letztes Mal einen Handel anbot: ‚Veröffentlicht Ihr nichts gegen mich, so werde ich nichts gegen Euch veröffentlichen'" – was indirekt eine große Ehrung für Erasmus darstellte.[34]

Anfang September 1524 veröffentlichte Erasmus, der die Problematik und Gefahr von Luthers Standpunkten deutlich erkannte, die theologische Schrift *Vom freien Willen.* Luther antwortete Ende 1525 mit seiner Gegenschrift *Vom unfreien Willen.*

Erasmus hatte Punkt für Punkt die Widersprüchlichkeit der Prädestinationslehre aufgezeigt. Luther sagte in seiner Antwort, es sei nur der falsche Stolz des Erasmus, der ihn daran hindere, die Absolutheit von Gottes Gnade anzuerkennen. Er warf Erasmus vor, er wolle Gott vorschreiben, was richtig sei und was nicht, er wolle also schlauer sein als Gott. „Wie? Soll dein Schöpfer von dir, seinem Geschöpf, gelehrt bekommen, was zu predigen nützlich sei und was nicht?"

Erasmus kritisierte vor allem die Ansicht, daß der Mensch von

Gott zu Himmel oder Hölle vorausbestimmt sei; dies würde bedeuten, daß alles aus Notwendigkeit und göttlichem Zwang geschehe; dabei zeige die Bibel an zahlreichen Stellen, daß Gott die Menschen immer wieder auffordere, sich Gott zuzuwenden und seine Gebote zu befolgen. Diesem logischen und biblisch begründeten Argument hielt Luther entgegen, es sei ein Irrtum zu meinen, der Mensch könne die Gebote halten, die Gott erteile; Gott wisse, daß der Mensch die Gebote nicht halten könne, erteile sie aber trotzdem, um dem Menschen die eigene Ohnmacht vor Augen zu führen und ihn in die Verzweiflung zu treiben, damit der Mensch in seiner totalen Demütigung dann voll bei Gott Zuflucht suche. Luther sagt hier, Gottes Willen existiere in zwei verschiedenen Kategorien: es gebe den *geoffenbarten* Willen Gottes und den *verborgenen* Willen Gottes. Der geoffenbarte Wille sei die äußere oder oberflächliche Form von dem, was Gott sage, aber Gott in seiner Tiefe habe auch einen verborgenen Willen. So könne Gott alle Sünder zur Umkehr auffordern, damit niemand sagen könne, man dürfe einfach das Böse tun, aber im Verborgenen habe Gott aus seinem „unergründlichen Ratschluß" beschlossen, einen Teil der Seelen in die Verdammnis gehen zu lassen. Im neuen Testament heiße es zwar, „Gott will, daß alle Menschen errettet werden" (1 Tim 2,4), aber dies dürfe man nicht wörtlich verstehen, denn wir dürften Gott nicht auf eine einzige Meinung beschränken; Gott könne das eine wünschen und das andere beschließen. Gott könne das Herz eines Menschen, z. B. des Pharao bei Moses, verhärten, aber Gott sei deswegen nicht die Ursache dieses Bösen, da Gott nur das Böse, das ohnehin schon im Menschen sei, dadurch aktiviere. (Gemäß dieser Lehre ist das Böse jedoch nur deshalb im Menschen, weil Gott es durch seinen prädestinierenden Ratschluß von vornherein in den Menschen eingegeben hat.)

Luther räumte ein, er wisse, daß dies alles schwer zu glauben sei, aber dies sei die höchste Stufe des Glaubens, nämlich in Demut das zu glauben, was unserem Verstand widerspreche – denn Gott und seine Ratschlüsse seien für den Menschen nicht verständlich.

Kann man es Erasmus verübeln, daß ihm diese Diskussion zu blöd wurde? Sein Glück war, daß er zu diesem Zeitpunkt weit weg von Luther wohnte (in Basel). Sonst wäre es ihm vielleicht ähnlich ergangen wie Thomas Münzer.

Prädestinationslehre und Elitärdenken

Wenn Gott alles prädestiniert, hat dann wenigstens Adam einen freien Willen gehabt? Oder hat Gott auch Adams Sündenfall vorausbestimmt? Diesen letzten Schritt in der Absurdität der Prädestinationslehre ging *Johannes Calvin* (1509-1564). Ja, sagte Calvin, auch dies war Gottes Entscheidung, sonst wäre Gott nicht allmächtig! „Gibt es einen anderen Grund, als daß es Gott so wohlgefallen hat", schreibt er in seinem Lehrbuch *Institutio Religionis Christianae.*

Das Böse komme nicht von Gott, sondern vom Menschen, weil dieser einfach seiner Neigung zum Bösen folge, lehrte Calvin, denn seit Adams Sündenfall seien alle Menschen verdorben und verloren. Und der Sündenfall sei ebenfalls von Gott gewollt gewesen – hierin zeige sich Gottes Allmacht. Gott wünsche, daß alle Menschen errettet werden, aber sein Entschluß sei, daß ein Großteil der Menschen in die Verdammnis falle. Gottes Wunsch und Gottes Entschluß seien nicht dasselbe! Erwählt ist jeder, der will – aber ob man will, wurde von Gott vorausbestimmt.

Warum errettet Gott nicht alle? Wenn wir alle das bekämen, was wir verdienten, würde *niemand* errettet, kontern Calvinisten. Gott schulde niemandem die Errettung. Wenn er einige Menschen rette, sei er damit nicht verpflichtet, alle zu retten. Gott sei nie ungerecht, sagen sie. In seiner Gerechtigkeit gebe er den meisten Menschen das, was sie verdienen, nämlich die Verdammnis. Daß er einige rette, sei nicht Gerechtigkeit, sondern Barmherzigkeit!

Luther wäre von diesen theologischen Kapriolen des Johannes Calvin begeistert gewesen. Calvin jedoch, im Gegensatz zu Luther, betrieb eine eigene Politik und wollte für Gott auch ein irdisches Reich errichten, ähnlich wie Münzer in Deutschland. Was Münzer durch eine quasi-linksextreme Reformation wollte, erreichte Calvin später durch eine rechtsextreme Reformation. Ab 1536 entstand in Genf unter Johannes Calvin Schritt für Schritt der erste protestantische Gottesstaat. Dabei wandte er den Freipaß für Gewalt, den Luther der Obrigkeit gegeben hatte, auf sich selbst an und ließ zahlreiche politische Gegner hinrichten oder verbannen.

Genf wurde zu einem blühenden Kapitalistenstaat, denn Calvins Lehre besagte, daß alle, die von Gott auserwählt seien, staatshörig und erfolgreich seien; wer in Armut lebe oder nicht über sein sklavisches Dasein hinauskomme, sei offensichtlich von Gott für die Hölle bestimmt worden. Wer von Gott auserwählt sei – „an den Früchten könnt ihr's erkennen"! –, habe Erfolg und müsse deshalb nicht auf diejenigen Rücksicht nehmen, die ohnehin schon zu Armut und Hölle verdammt sind.

Wie die indischen Kastenbrahmanen mit einem Monismus ihre privilegierte Stellung im Kastensystem rechtfertigten, tat dies die pseudochristliche Herrenschicht in Europa mit einem Monotheismus.

Gottes Allmacht und der freie Wille des Menschen

Bei all den monotheistischen Argumenten entsteht der Eindruck, daß es diesen Männern gar nicht wirklich um die Verteidigung von Gottes Absolutheit ging, sondern um die Verteidigung des eigenen Absolutheitsanspruchs. Denn monotheistische Gläubige können nur im Rahmen ihres eigenen Monopolanspruchs denken – sonst wären sie keine *Mono*theisten.

Der Gedanke, daß *alle* Menschen die gleiche Chance zur Erlösung haben und daß letztlich alle Seelen erlöst werden, ist den monotheistischen Gläubigen ein Greuel. Sie wollen die einzigen sein, die Gottes Gnade empfangen, und haben keine Gewissensbisse, allen anderen Menschen zu sagen, sie kämen in die Hölle. Jede andere Antwort wäre eine Relativierung ihres Absolutheitsanspruchs. Denn neben allen philosophischen Problemen haben sie auch ein ganz praktisches: Warum nehmen nicht alle diese „einzige Wahrheit" an? An der „einzigen Wahrheit" kann's nicht liegen, also muß es an den Menschen liegen. Aber die Menschen können keinen freien Willen haben, sonst hätten alle Menschen zumindest theoretisch die gleiche Chance, sich für Gott zu entscheiden – auch die Menschen aller Länder, die nie etwas von „Bibel" und „Christus" gehört haben, und das kann nicht sein. Also sagte man: Gott sei allmächtig und bestimme selber, wer erlöst werde und wer nicht.

Wie bereits mehrfach erwähnt, besteht das Problem bei dieser Argumentation darin, daß die Menschen die Vorstellung ihres „einzigen Gottes" verabsolutieren, so wie die Monisten ihre Vorstellung von „Einheit" verabsolutieren. Wenn Gott alles ist, ist der Mensch nichts, sagte Luther. Doch dies ist falsch. *Wenn Gott alles ist, ist der Mensch ein Teil dieses „Alles"*, also ein Teil Gottes, und hat deshalb prinzipiell die gleichen Eigenschaften wie Gott: ewig, bewußt, in sich erfüllt. Zu diesen Eigenschaften gehört auch der Wille. Deswegen sagte Jesus, er und sein Vater seien eins (Joh 10,30). Er sagte nicht: „Ich bin der Vater", und er sagte auch nicht, dieses Einssein sei nur sein Privileg. Vielmehr betete er: „Heiliger Vater, beschütze sie durch deine göttliche Macht, damit sie eins werden, so wie du und ich eins sind" (Joh 17,11). „Ich bete darum, daß sie alle eins seien. So wie du in mir bist und ich in dir, Vater, so sollen auch sie in uns eins sein." (Joh 17,21)

Im Licht dieser Einheit sind der freie Wille und Gottes Allmacht kein Widerspruch. Gottes Ganzheit umfaßt sowohl die Einheit als auch die Vielheit, und diese lebendige Ganzheit ist die göttliche Ordnung und Harmonie, in die sich der Mensch einfügen kann oder nicht. Je nachdem, wie weit wir dies tun oder nicht tun, erzeugen wir Konsequenzen, die nicht mehr direkt unserem freien Willen, sondern der Kausalität unterliegen.

Wer sich nicht in die göttliche Ordnung von Liebe und Harmonie einfügt, unterwirft sich selbst den Kettenreaktionen des Karma – bis er erkennt und sich zugibt, daß etwas nicht stimmt, und sich entscheidet, Hilfe zu suchen und Hilfe anzunehmen. Dies ist vergleichbar mit einem Menschen, der in Dunkelheit lebt und glaubt, die Dunkelheit sei die „wahre Realität" oder das „wirkliche Licht", und dann auch noch meint, er sei erleuchtet. Wenn dieser Mensch irgendwann einmal seiner inneren Stimme und den Hinweisen von außen Gehör schenkt, die alle sagen, daß die Dunkelheit nicht die einzige Realität ist, wird er beginnen, sich nach dem wirklichen Licht zu sehnen, und irgendwann wird er die geschlossenen Lichtbarrikaden öffnen. Wenn er dies tut, wird die Dunkelheit verschwinden, aber nicht der Mensch, sondern das Licht hat die Dunkelheit aufgelöst! Dies ist ein theistisches Paradox, das jedoch auf den höchsten göttlichen Sinn des Lebens und auf die Einheit hinweist, von der auch Jesus gesprochen hat.

Das Licht, das die symbolische Dunkelheit auflöst, steht für die Inspiration und Offenbarung, durch die unsere Getrenntheit und

Illusion („Sünde") aufgelöst wird. Dieses Angebot steht ewiglich, und es liegt am Menschen, ob und wann er sich in dieses Licht begibt.

Luthers Anhänger wenden ein, diese Vorstellung sei vergleichbar mit einem Ertrinkenden, dem man ein Seil zuwerfe, während man sage, ob er das Seil annehme oder nicht, sei sein freier Wille, ebenso wie seine Entscheidung, wie lange er das Seil festhalte, falls er es überhaupt ergreife.

Wenn wir das Bild des Ertrinkenden verwenden wollen, so ist Gottes Gnade nicht einfach nur das Zuwerfen eines Seiles, sondern das Entgegenstrecken der Hand, die die Hand des Ertrinkenden ergreift und festhält. Luther jedoch sagte, die Menschen seien allesamt Sünder und seien wie Ertrinkende, die nicht merken würden, daß sie ertrinken, und sich deshalb auch nicht bewußt seien, daß sie Hilfe brauchen. Gott selber ziehe dann einige dieser Menschen heraus, das seien die, die er aus seinem unergründlichen Ratschluß heraus für die Erlösung bestimmt habe – und das sei Gottes Liebe.

Diese Ansicht kann sich nur auf einige wenige Bibelzitate stützen, die isoliert herausgegriffen und aufgeblasen werden. Wie bereits viele Theologen dargelegt haben, ist die Bibel voller Stellen, die zeigen, was Gottes wahrer Wille ist. Die Propheten rufen den Menschen zu, aus der Sünde, d. h. aus jeglicher Einseitigkeit, umzukehren und auf den schmalen göttlichen Pfad zu kommen, und auch Jesus sagt dies praktisch auf Schritt und Tritt, angefangen mit „Wer bittet, dem wird gegeben. Wer sucht, der findet. Wer anklopft, dem wird aufgetan" (Bergpredigt, Mt 7,7) bis hin zur Nennung des wichtigsten Gebotes (Mt 22,37–40). Auch Luther selbst hat später seine extreme Position in der Frage der Prädestination aufgegeben, und viele Lutheraner wären heute wahrscheinlich keine Lutheraner, wenn Luther diesen Schritt nicht gemacht hätte:

> Nein, er war nicht im Recht, als er die Vorbestimmung predigte und als er jene ungeschickte, heftige und gefährliche Abhandlung, *De servo arbitrio* [Vom unfreien Willen], gegen Erasmus schrieb. […] in seinem Werk über das Seelenheil reflektiert er erneut seine Gedanken über den menschlichen Willen und die menschliche Mitwirkung. Wie die Theologen sagen, wurde er, oder wurde es wieder, Synergist. Dem Luther, der erklärt: Gott rettet den, den er retten will – antwortet er: Nein, Gott rettet den, der es will.[35]

Der freie Wille ist nicht unabhängig

Beim Thema des freien Willens im Zusammenhang mit Gottes Gnade stellt sich die Frage, was „frei" bedeutet – und was *„Gottes Gnade"* bedeutet. Man braucht nicht Theologe zu sein, um zu erkennen, daß „frei" nicht bedeuten kann, der Wille des Menschen sei unabhängig oder unbegrenzt. Alle Individuen – von den höchsten Schöpferwesen und Engeln bis hin zu den Menschen – sind *relative* Wesen, d. h. Teile des Ganzen und nicht die Ganzheit selbst. Was immer wir wollen, ist von Bedingungen und Vorgaben abhängig. Wir können immer nur zwischen bereits vorgegebenen Varianten wählen. Mit anderen Worten: Wir sind immer abhängig, und unser freier Wille besteht darin zu wählen, *wovon* wir abhängig sein wollen. Wenn unser Wille in Einheit mit Gottes Willen ist („Dein Wille geschehe!"), bedeutet dies, daß wir aus der Liebe heraus leben. Je weniger wir dies tun, desto mehr leben wir aus einem Bewußtsein der Getrenntheit (= Illusion) heraus, was in den Extremen der Kausalität bedeuten kann, daß wir für eine gewisse Zeit – über einige Leben hinweg – fast keinen freien Willen mehr haben.

Wenn Pelagius sagt: „Der Mensch hat jederzeit die absolut gleichwertige Fähigkeit, das Böse oder das Gute zu tun", so stimmt dies nur theoretisch. Augustinus hatte recht mit seiner Aussage, der freie Wille des Menschen könne durch die „Sündhaftigkeit" des Menschen eingeschränkt bis aufgehoben werden. Nicht recht hatte er, wo er sagte, der Mensch habe überhaupt keinen freien Willen und sei nur Sünder. Gemäß der vedisch-theistischen Psychologie wird der freie Wille durch „Resonanz" und „Kausalität" eingeschränkt und dadurch programmiert (ausführlich dargelegt in meinen früheren Büchern, Stichwörter „Guṇa" und „Karma"). Je mehr der Mensch vom Pfad des göttlichen Willens abweicht, desto tiefer gerät er über das Gesetz der Resonanz (die drei Guṇas) in eine materielle Verstrickung innerhalb des unendlichen Netzes von Ursache und Wirkung – so sehr, bis er in den extremen Fällen fast nur noch gemäß seinen Trieben und Instinkten handeln kann. Aber sogar in solchen Fällen erscheinen immer wieder Zeichen, die den Menschen spüren lassen, daß der eingeschlagene Weg ein Irrweg ist und nur zu Unglück und Frustrationen führt.

Es ist jedoch keine Bedingung, daß wir leiden und in Tragödien zerbrechen müssen, bevor wir das Licht erreichen können. Die göttliche Liebe ist *bedingungslos.* Auf allen Ebenen und in allen Situationen begleitet uns die innere Stimme, die uns daran erinnert, daß wir eine höhere Berufung und eine ewige Identität haben. Wenn wir auf diese Stimme hören, ist dies vergleichbar mit dem symbolischen Öffnen der Tür, die ins Freie und ins Licht führt.

Gottes Ganzheit und Vollkommenheit beinhaltet unseren freien Willen als Schlüssel zur göttlichen Liebe. Die Frage, wie sehr wir in dieser Liebe leben wollen, ist unsere einzig wirkliche Freiheit. Diese Freiheit ist nicht von unserem Wesen als Teil Gottes zu trennen, weshalb sich hier nicht einmal Gott „einmischt". Das Mysterium, was Gott *nicht* hat und *nicht* kann (S. 157).

Luther hatte Recht, als er sagte, die Gnade Gottes könne nicht erkauft und nicht erzwungen werden. Fromme Menschen mögen ihre religiösen Rituale, Gebete und Gottesdienstbesuche absolvieren, aber dies garantiert noch lange nicht, daß sie tatsächlich dem Ruf der inneren Stimme folgen; es ist genauso möglich, daß sie sich auf ihre Frömmigkeit etwas einbilden. Genausowenig kann der Mensch über esoterische Praktiken eine Erleuchtung erzwingen. Wir können und sollen dem Weg unseres inneren Sehnens und unserer Berufung folgen, aber *wann* und *wie* die persönlichen Offenbarungen, Eingebungen und inneren Einweihungen erfolgen, liegt außerhalb unseres Willens. Ja mehr noch: Solange wir diese Gnade erwarten und ungeduldig erzwingen wollen (durch Rituale, Dogmen, Drogen usw.), sind wir noch nicht bereit für diese Gnade. Das Licht kann uns nicht erreichen, weil wir immer noch die Barrikaden des Egos aufrecht erhalten, vielleicht nicht mehr aufgrund von Unwissenheit und Gleichgültigkeit, aber im Namen von Gott und Erlösung bzw. Einheit und Erleuchtung.

Überwindung von Halbwahrheiten

Der entscheidende, aber oft übersehene oder falsch verstandene Aspekt der Ganzheit ist die *Individualität.* Die Ganzheit umfaßt das Absolute und das Relative, weshalb Individualität (ewiges Sein und Bewußtsein) auch eine Eigenschaft des Absoluten ist. Nur weil das

Absolute, Gott, diese Eigenschaften hat, haben auch wir diese Eigenschaften. Jedes Individuum ist eine unteilbare Einheit, verbunden mit der absoluten Quelle und Ganzheit, weshalb das ganze Universum mit all seinen Lebewesen und Existenzen eine lebendige Einheit ist (Vielfalt in der Einheit, Einheit in der Vielfalt). Aus theistischer Sicht besteht der Wahrheitskern der monotheistischen Lehren darin, daß sie anerkennen, daß Gott sich offenbaren kann. Sie sagen aber, diese Offenbarung sei beschränkt auf eine einzige Schrift und Konfession oder Gott entscheide, wem „er" sich offenbare und wem nicht.

Aufschlußreich ist hier die Beobachtung, daß sowohl die atheistischen und monistischen als auch die monotheistischen Lehren sagen, der Mensch habe „in Wirklichkeit" keinen freien Willen. Indem Luther sagte, Willensfreiheit sei eine Illusion, sagte er genau das, was auch die modernen Atheisten sagen. In ihren Extremen führen beide Einseitigkeiten zu unmenschlichen Gedankenkonstrukten, die dazu dienen, die entsprechenden Taten zu rechtfertigen.

Das gleiche Phänomen treffen wir nochmals in anderer Form im nächsten Kapitel. Im vorliegenden Kapitel ging es um die eine Form des Dualismus: Monotheismus. Im nächsten Kapitel wird die andere Form des Dualismus betrachtet, die Gnosis und die davon abgeleiteten „Geheimlehren" des Deismus, der Esoterik und des Okkultismus.

KAPITEL 9

Weltmacht im Namen von Erleuchtung

Der Gott-Welt-Dualismus in der heutigen Weltpolitik

In unserer Betrachtung von Weltbildern, die nicht materialistisch, aber auch noch nicht ganzheitlich sind, haben wir bisher den Monismus und den Monotheismus behandelt. Die dritte große, nichtmaterialistische Strömung der heutigen Zeit ist der *Deismus.* Die deistischen bzw. gnostisch-deistischen Gruppierungen stehen nicht so sehr im Rampenlicht wie die Weltreligionen und die moderne Esoterik, sind aber nicht minder einflußreich. Durch den neusten Roman von Dan Brown, *Das verlorene Symbol* (siehe nächstes Kapitel), hat nun erstmals auch ein Millionenpublikum von der Existenz deistischer Gruppierungen und ihrer Präsenz in höchsten Machtpositionen erfahren.

Deismus, die einflußreichste Form der modernen Gnosis

Der herrschende Geist des gegenwärtigen Zeitalters führt zu verschiedenen Formen von Spaltungen, nicht nur in politischer, religiöser und sozialer Hinsicht, sondern auch in der Selbstwahrnehmung und in der Philosophie. Beispiele für einseitige, d. h. nicht ganzheitliche Weltbilder sind diejenigen, die besagen, Einheit sei Realität und Vielheit sei Illusion (siehe Kap. 7; atheistischer Monismus) oder Gottes Allmacht sei Realität und der freie Wille des Menschen sei inexistent oder beschränkt auf die Wahl: „einziger Gott“ ja oder nein (Kap. 8; Monotheismus). Ein weiteres nicht-ganzheitliches Weltbild ist der Dualismus von Gott und Welt, der die Grundlage der Gnosis ist.

Wie im Buch *Der radikale Mittelweg* (Kap. 15) dargelegt, gibt es zwei Formen von Dualismus: Monotheismus und Gnosis. Dualismus ist ein Überbegriff für jene Weltbilder, die auf der Verabsolutierung einer Zweiheit beruhen. Der Monotheismus verabsolutiert die Dualität von Gut und Böse, die Gnosis verabsolutiert die Polarität von Geist und Materie bzw. Gott und Welt. Gnosis (grch. „Wissen;

Streben nach Erkenntnis“) ist ein metaphysisches Glaubenssystem, aus dem verschiedenste Gruppierungen mit esoterischer, okkulter oder deistischer Ausrichtung hervorgegangen sind. Die wichtigste und einflußreichste dieser Gruppierungen sind die Freimaurer. Es ist längst kein Geheimnis mehr, daß viele Politiker, Wissenschaftler, Richter, Chefredakteure, Bankiers, Akademiker usw. solchen Gruppierungen angehören. Wir sprechen hier also nicht von einer Randerscheinung unserer Gesellschaft, sondern von einer Elite, die weltweit aktiv ist, dabei aber nicht direkt zu erkennen gibt, daß die entsprechenden Persönlichkeiten privat „Freimaurer“ sind. Dieser Umstand hat schon zu vielen Verdächtigungen und Unterstellungen geführt, was noch dadurch verstärkt wurde, daß die Freimaurer sich öffentlich nicht oder nur selten rechtfertigen.

Im folgenden wollen wir das gnostisch-deistische Weltbild näher betrachten. Was sind die allgemeinen Lehren, was die Geheimlehren der Organisationen, die einen Deismus vertreten? Was wird auf den verschiedenen Stufen ihres Einweihungssystems gelehrt? Was sind die lichtvollen, was die dunklen Seiten? Und vor allem: Was ist der theistische Ursprung und Kern dieser Strömung?

Daß die deistischen Gruppierungen in ihrem Kern *theistisch* sind, werde ich in einem eigenen Unterkapitel am Beispiel der Freimaurer darlegen („Der theistische Kern des Freimaurertums“). Gleichzeitig soll nicht verheimlicht werden, daß auch die „freidenkerischen“ Kreise – ähnlich wie die religiösen Organisationen – in vieler Hinsicht in eine Einseitigkeit abgerutscht sind und in ihren Extremen (= höchsten Ebenen) glauben, *ihr* Zweck heilige alle Mittel. Sie sehen sich selbst als die Führer und Retter der Welt, und sie glauben, sie seien trotz allem, was sie tun, frei von Karma, frei von Schuld.

Philosophisch gesprochen, bewegen sich die hier zur Diskussion stehenden Einseitigkeiten im Bereich des Atheismus, der in vielen Formen erscheint: Materialismus, evolutionärer Humanismus, metaphysischer Monismus, gnostischer Deismus. Es mag erstaunen, daß auch der gnostische Deismus zum Atheismus gezählt wird, denn der Deismus sagt von sich, er sei ein Gottglaube in universeller Form. „Universell“ ist jedoch nicht ganzheitlich, und der Deismus führt in seinen Extremen zu ähnlichen Einseitigkeiten wie der Monismus und der Monotheismus. Aber wie unglaublich bis unmenschlich die entsprechenden Ansichten auch sein mögen, die Ideologen aller Seiten können sie mit ihren „geheimen“ Lehren rechtfertigen. Und sie alle meinen es nur gut …

Aber wie ein treffendes Sprichwort sagt: „Das Gegenteil von gut ist nicht böse, sondern gut gemeint.“ (Tucholsky)

Die Vertauschung der Vorzeichen

Im letzten Kapitel wurde gezeigt, wie monotheistische (monopolistische) Religionsanhänger schlimmste Gewalttaten verüben können, ohne ein schlechtes Gewissen zu haben. Im Gegenteil, sie sind überzeugt, daß das, was sie getan haben, gut und gottgewollt war und daß sie deshalb frei von Schuld und Sünde seien.

Daß Menschen im Namen von „Gott“ und „Religion“ derartige Überzeugungen haben – und das nicht nur im Christentum –, ist bekannt. Weniger bekannt ist, daß ähnliche Überzeugungen auch auf der weltlichen („säkularen“) Seite zu finden sind, einfach mit vertauschten Vorzeichen. Um dies zu verstehen, müssen wir in der Geschichte siebenhundert bis eintausend Jahre zurückgehen. Damals war in Europa das Christentum die vorherrschende Macht und bekämpfte seine Gegner mit alttestamentarischer Gewalt, insbesondere die Andersgläubigen und die sogenannten Falschgläubigen, die mit Verfluchungen, Feuer, Kreuzzügen usw. verfolgt wurden.

In dieser Zeit entstand – als direkte Folge des ersten Kreuzzuges (1096–1099) – der Templer-Orden, der nach außen hin militantkatholisch war, im innersten Kreis aber große Zweifel an grundlegenden Doktrinen der römischen Kirche hatte. Das war nicht verwunderlich, denn diese „Insider“ waren im Nahen Osten (Jerusalem, Alexandrien usw.) mit Vertretern von jüdischen, altphönizischen, ägyptischen, neuplatonischen, gnostischen, persischen und islamischen Traditionen in Kontakt gekommen und hatten gehört, was diese nichtkirchlichen Kreise über Jesus, die Kreuzigung, die römische Kirche, über „Gott und die Welt“ sagten. Nicht zuletzt hörten sie dort auch, daß die Erde nicht flach, sondern rund sei. „Sie“, das waren hauptsächlich französische Ritter und Adlige, also nicht Geistliche und Kirchenvertreter. Um so offener waren sie für diese „alternativen“ Ideen.

1307 wurde der Templer-Orden in Frankreich durch einen gemeinsamen Schlag von Kirche und Staat vernichtet und in der Folge verboten. Als dies geschah, bekamen die Templer am eigenen Leib zu spüren, wozu die „christlichen" Kirchenvertreter fähig waren. Diejenigen, die überlebten bzw. entkamen, und all die anderen Templer in den Ländern, wo die Verfolgung nicht so brutal und tödlich war, stellten sich in der Folge zwei schicksalhafte Fragen: Vertritt die Kirche, die derart gewalttätig ist, tatsächlich das Wort Gottes? Und: Warum läßt Gott es zu, daß diese Institution *ungestraft* und *ungebremst* über Jahrhunderte hinweg derartige Gewalttaten und Ungerechtigkeiten ausführen kann?

Auf die erste Frage ließ sich relativ einfach eine Antwort finden. Was die Templer erlitten (Verrat, Lüge, Verleumdung, Gewalt, Folter usw.), bestätigte für sie nur das, was viele der Kritiker im Osten schon immer gesagt hatten, nämlich daß die Kirche einen *falschen* Gott verehre! Hatte nicht auch Jesus zu den Vertretern der etablierten Religion gesagt, sie würden den Teufel verehren, den „Vater der Lüge" und „Menschenmörder von Anbeginn" (Joh 8,44)?

Wenn der Gott, den die Kirche verehrt, der Teufel ist, dann ist gemäß der Logik des Dualismus derjenige, den die Kirche als Teufel bezeichnet, nicht der Teufel, sondern – *Gott!*

Was bedeutet diese Logik für die zweite Frage? Die Templer und ihre Nachfolger mußten sehen, daß die Kirche trotz aller Untaten keinerlei Strafe bekam, sondern noch mächtiger wurde und sich weltweit verbreitete, und das mit Gewalt und Völkermorden. Die Frage, warum kein Gott diese Ungerechtigkeit stoppte, beantworteten sich die genannten Kreise mit einem neuen Weltbild genannt „Deismus" (von lat. *deus,* „Gott"), einer humanistischen Form der Gnosis.

Mächtige Kirche, heimliche Gegenbewegungen

Die Ansicht, der Gott der Kirche oder auch der Gott des Alten Testaments sei „in Wirklichkeit" der Teufel, der Widersacher der Menschheit, war zur Zeit der Templer nichts Neues. Bereits in vorchristlicher Zeit entstanden Gegenbewegungen zum offiziellen Judentum, welche die Geschichte vom Garten Eden mit vertauschten

Vorzeichen interpretierten: Die Schlange, die Eva ermutigte, vom Baum der Erkenntnis zu essen, sei der wirkliche Gott und „Lichtbringer“ (lat. *lucifer*). Die zum Teil widersprüchlichen Strömungen, die die Paradies-Schlange als etwas Positives sahen, wurden mit dem Überbegriff „Ophiten“ bezeichnet (von grch. *óphis,* „Schlange“, mit Anklang an grch. *sophía,* „Weisheit“).[36] Wenn die Schlange die Bringerin von Licht und Erkenntnis ist, dann ist der Gott Jahwe, der den Menschen diese Erkenntnis mit Todesdrohungen verbot, ein Unterdrücker der Menschheit. Die „Ophiten“ sagten dementsprechend auch, daß die Verehrer dieses Gottes Unterdrücker und Menschenfeinde seien.

Als sich die adligen Kreuzfahrer nach der Rückeroberung Jerusalems in Palästina niederließen, waren sie erstaunt zu hören, daß im „Heiligen Land“ derartige Ansichten existierten. Die meisten dieser Ritter und Adligen waren Analphabeten und hatten noch nie in der Bibel gelesen. Die Predigten des katholischen Klerus waren ihre einzige Wissensquelle über die Bibel und Jesus gewesen. Und nun hörten sie auf einmal ganz andere Theorien und Theologien.

Über geheime Verbindungen drang die Kunde über diese antikirchlichen Ansichten auch nach Europa und verbreitete sich in den adligen (= weltlichen, „säkularen“) Kreisen. Die Adligen waren weder dumm noch blind: Sie sahen den Despotismus der Kirche und des Königtums und sahen auch die vielen Fälle von Korruption und Gewaltherrschaft. Die Mehrheit des Adels kollaborierte mit diesem Despotismus und profitierte davon, aber einzelne Adlige – selbst wenn sie sich *pro forma* ebenfalls gesellschaftskonform verhielten – spürten, daß hier etwas faul und ungut war.

Als der französische König (mit Zustimmung des Papstes) mit einem geheim vorbereiteten Gewaltakt an einem „schwarzen Freitag“ (13. Oktober 1307) alle Templerzentren in Frankreich überfiel und einen Großteil der dortigen Templer gefangennahm, hatte dies im Kreis der verbliebenen Templer und der „freidenkerischen“ Adligen die bereits beschriebene Folge: die Zweifel an der Absolutheit und Wahrheit der Kirche wurden verstärkt, der Haß gegen die Übermacht der Allianz von Kirche und Königtum nahm im Geheimen zu, und die antikirchlichen Lehren verbreiteten sich im Untergrund weiter. In diesem historischen Umfeld entstanden in

Europa seit dem 14. Jahrhundert antikirchliche Strömungen und Geheimbünde, die wir heute mit dem Überbegriff „freidenkerisch" bezeichnen würden. Dazu gehörten verschiedenste nichtfundamentalistische Christen, aber auch Aufklärer und Revolutionäre, die ein gnostisch-deistisches Weltbild vertraten. In streng geheimen Kreisen wurde auch die Lehre weitergegeben, der Gott der Kirche sei der „Teufel" und „Satan" / „Luzifer" sei der wirkliche Gott des Lichtes und der Erleuchtung.

Die Logen-Organisationen im 18. und 19. Jahrhundert

Über Jahrhunderte hinweg mußten gerade die luziferischen Kreise (wörtlich „Lichtbringer-Kreise") in strikter Geheimhaltung existieren. Als im Jahr 1717 in England die erste offizielle Großloge der Freimaurer gegründet wurde, dauerte es nicht lange, bis auch unter den Freimaurern diese alternativen Lehren diskutiert wurden, falls diese Kreise nicht schon vorher mit den genannten Strömungen in Kontakt gewesen waren.

Es wäre eine Fehleinschätzung, diesen Kreisen, insbesondere den Freimaurern, grundsätzlich böse Absichten und Verschwörungen zu unterstellen. Die Freimaurer-Gruppen („Logen") waren exklusive, aber nicht elitäre Kreise, in denen Menschen unterschiedlicher sozialer Hintergründe zusammenkamen – Menschen, die sich in der normalen Gesellschaft sonst nie kennengelernt hätten. Dadurch entstanden Binnengesellschaften, die durch ihre Offenheit und durch ihr fortschrittliches Denken die bestehenden Strukturen der kirchlichen und königlichen Absolutismus-Herrschaft aufweichten. Freimaurer-Kreise förderten humanistische und freidenkerische Bildung außerhalb der kirchlich- und königlich-privilegierten Kreise, ja sie gründeten sogar eigene Orchester, damit die klassische Musik auch die Menschen außerhalb der genannten privilegierten Kreise erreichen konnte.

Ab dem 18. Jahrhundert entstand durch die Selbstorganisation der säkularen Kreise also ein Netzwerk von Logen, dem hohe Adlige bis hin zu Handwerkern angehörten. In diesen Kreisen entstanden auf natürliche Weise revolutionäre Gedanken, die letztlich konkrete politische Folgen nach sich zogen oder diese zumindest nachhaltig verstärkten, insbesondere die Unabhängigkeitsbewegung in den amerikanischen Kolonien und die französische Revolution. Eine realistische Einschätzung der Lage in Frankreich im 18. Jahrhundert besagt, damals „hätten die Logen, fast ohne es zu wollen, durch die Zusammenführung von Menschen unterschiedlichster Kreise – von Adligen, Priestern, Künstlern, Wissenschaftlern, Handwerkern, Anwälten, Ingenieuren, Architekten – eines der Fundamente des Ancien Régime attackiert: die Ständegesellschaft aus Klerus, Adel und drittem Stand. So hätten sie ‚das Denken darauf vorbereitet, sich eine andere Art der Gesellschaft vorzustellen'. Demnach hätte die Freimaurerei die bestehende Ordnung allein aufgrund ihres Wesens untergraben."[37]

In den Logen kamen Menschen auf der Grundlage von Toleranz und gegenseitigem Respekt zusammen, und sie lernten, sich selbst zu organisieren: Festlegung der eigenen Statuten, Wahl der Vorsitzenden, gegenseitiges Gespräch, Offenheit für neue Ideen, usw. Aber wie alles in der Welt hatte auch diese wachsende Machtorganisation nicht nur positive Seiten. Im Lauf des 18. und 19. Jahrhunderts entwickelten einzelne Führerpersonen der Freimaurerbewegung eine Vielfalt von Einweihungsgraden und Ritualen. Die wahrscheinlich gefährlichste Neuerung war die Einführung von Schwüren mit makabren Todesandrohungen – Drohungen, die gegebenenfalls auch umgesetzt wurden und *werden* (siehe nächstes Kapitel). Aufgrund solcher Machenschaften mußten neue Geheimkreise gegründet werden, und das gemeinsame Schweigen über Morde, Manipulationen und Intrigen machte diese Elitegruppen auf vielfache Weise anfällig für dunkle Einflüsse. Zu dieser problematischen Entwicklung gehörte auch die Übernahme der Luzifer-Doktrin mit den entsprechenden Rechtfertigungstheorien.

Mit der Einführung der auf Drohungen und Angst beruhenden Schwurrituale verstießen die damaligen Freimaurerführer gegen ein wichtiges Gebot Jesu in der Bibel, nämlich daß man *nicht schwören* solle (Mt 5,33-37).

In den meisten westlichen Freimaurertempeln liegt eine Bibel auf dem Altar. Der Verstoß gegen das Schwurverbot und zunehmend auch gegen andere Verbote zwang die internen Ideologen, ihre Bibelinterpretation anzupassen, was zu ähnlichen Entstellungen führte wie die kirchlichen Interpretationen auf der monotheistischen Seite. Heute haben die Kirche und die säkulare „Gegenkirche" ähnlich lange Sündenregister.

Wie die folgenden Zitate zeigen, haben nur wenige Freimaurer mit den beschriebenen Theorien und Machenschaften etwas zu tun, und die meisten würden sie nicht gutheißen. Nur die obersten und einflußreichsten Elitezirkel vertreten solche Ansichten, aber diese Zirkel sind nur noch indirekt mit der offiziellen Freimaurerei verbunden. „Indirekt" bedeutet: Die Mitglieder dieser Elitezirkel werden unter anderem in der Freimaurerbewegung rekrutiert, sind dann also auch Freimaurer, aber eben: *nicht nur …*

Die luziferische Doktrin tritt an die Öffentlichkeit

Solange die Kirche eine Vormachtstellung innehatte, mußten die Vertreter der luziferischen Doktrin im Untergrund aktiv sein. Diese Geheimhaltung wurde noch strikter, als der Papst 1738 die gesamte Freimaurerbewegung „in alle Ewigkeit" verdammte und den Katholiken verbot, sich dort einweihen zu lassen oder diese Organisation auch nur zu unterstützen. Der kirchliche Bannfluch verschärfte die Spaltung, aber die Kirche hatte nicht mehr die Macht, die säkulare „Gegenkirche" zu stoppen.

In gewissen Innenkreisen der Freimaurerei und in verwandten Elitezirkeln wurde die luziferische Doktrin im Verlauf des 19. Jahrhunderts zu einer zentralen Geheimlehre. Gegen Ende des 19. Jahrhunderts hörte dann auch die Öffentlichkeit zum ersten Mal von dieser Doktrin, nämlich als eine Bewegung gegründet wurde, die genau diese „okkulte" Lehre verkündete: die Theosophische Gesellschaft. Die Gründerin dieser Gesellschaft, Helena Blavatsky (1831-1891), veröffentlichte 1888 ihr Monumentalwerk *Die Geheimlehre* (engl. *The Secret Doctrine*), und darin schrieb sie offen, der kirchliche Satan genannt Luzifer sei Gott: „Satan, welcher der Gott ist unseres Planeten und der *Einzige* Gott" (siehe Zitate in Bd. 1, *Ganzheitliche Spiritualität,* S. 75 f.). In den Büchern *Licht wirft keinen Schatten* und *Der radikale Mittelweg* bin ich bereits ausführlich auf diese Aussagen von Helena Blavatsky eingegangen. Hier möchte ich sie in ihren größeren philosophischen Zusammenhang stellen.

„Luzifer" und New Age

Mit der Theosophischen Gesellschaft und dem Werk *Die Geheimlehre* wurde die luziferische Doktrin erstmals an die Öffentlichkeit getragen, denn viele „Eingeweihte" glaubten damals, die Wende vom 19. zum 20. Jahrhundert werde ein „New Age", ein weltweites neues Zeitalter, mit sich bringen. Was viele, die sich heute in der Esoterikszene bewegen, nicht wissen: Das „New Age" wurde damals als ein Zeitalter des Triumphs der luziferischen Doktrin gesehen. Der biblische Gott werde überwunden werden, die durch die Paradiesgeschichte verteufelte Schlange („Satan") werde rehabilitiert werden, und die Menschheit werde im Licht des Lichtbringers („Luzifer") in eine neue Weltordnung von Toleranz und Frieden geführt werden.

1887 erschien die erste Zeitschrift der Theosophischen Gesellschaft (unter Helena Blavatsky), Name: *Lucifer.* 1903 begann Rudolf Steiner (der spätere Gründer der Anthroposophie), damals Generalsekretär der neu gegründeten deutschen Sektion der Theosophischen Gesellschaft, die Herausgabe einer Zeitschrift, die ebenfalls *Luzifer* hieß. Später wurde sie in *Lucifer-Gnosis* umbenannt. Die Arkan-Theosophin Alice Bailey gründete 1922 die „Lucifer Publishing Company" zur Herausgabe ihrer Bücher (1924 in „Lucis Trust" umbenannt). Bereits 1894 wurde in England von Logen-Mitgliedern eine Wochenzeitschrift mit dem Titel *The New Age* gegründet. Der Chefredaktor von 1907 bis 1922, A. R. Orage, war Theosoph. Einer der vielen bekannten Autoren, die in dieser Zeitschrift Artikel veröffentlichten, war H. G. Wells, der für seine Science-Fiction-Geschichten bekannt ist. Er veröffentlichte aber auch Sachbücher, darunter *The Open Conspiracy* (1928, wörtl. „Die offene Verschwörung") und *The New World Order* (1940), in denen er sich für die Gründung einer Weltregierung und einer säkularen Welteinheitsreligion aussprach.

Zu den theosophischen New-Age-Ideen gehörte auch die Hoffnung auf das Erscheinen eines neuen Messias oder Weltenlehrers, des neuen „Christus" oder des „Maitreya", wie er im Buddhismus erwartet wird. Als diese Person nicht erschien, bemühte sich die ehemalige Blavatsky-Mitarbeiterin (und Freimaurerin) Annie Besant zusammen mit ihrem Theosophie-Verbündeten Charles Leadbeater, diesen Weltenlehrer zu finden, und sie glaubten, ihn im vierzehnjährigen Hindu-Jüngling Jiddu Krishnamurti (1895-1986) gefunden zu haben. Annie Besant adoptierte Jiddu, der 1910 dann eine theosophische „Einweihung" bekam. Es folgten verschiedene Skandale und Konflikte innerhalb der Besant-Leadbeater-Bewegung. Krishnamurti stieg 1929 aus der ihm zugedachten Weltenlehrer-Rolle aus und hielt als Einzelkämpfer bis zu seinem Tod weltweit Vorträge über die individuelle Wahrheitssuche.

Angesichts der Luzifer-Lehren in den frühen theosophisch-esoterischen Strömungen ist es nicht verwunderlich, daß evangelikale Prediger verkünden, jegliche Esoterik und das gesamte New Age seien eine Initiative des Teufels. Daß sie selber einer Religion angehören, die über mehr als eintausend Jahre hinweg all ihre Gegner blutig verfolgt hat und dadurch erst die Entstehung dieser „antichristlichen" Strömungen provoziert hat, ignorieren sie gerne.

Wir sehen also: Es existieren Kirchen und antikirchliche Gruppierungen, die allesamt sehr einflußreich sind und sich gegenseitig bekämpfen. Jeder sagt, der Gott der anderen sei der „falsche" – und beide haben recht! Denn beide vertreten eine Halbwahrheit und dienen (als Organisationen) nicht dem wirklichen, lebendigen Gott. Beide Seiten vertreten Weltbilder, mit denen sie alles, auch dunkelste Machenschaften, rechtfertigen können. Und beide meinen, sie hätten die einzige wirkliche Wahrheit. Es ist symptomatisch, daß Helena Blavatsky in ihrer theosophischen Geheimlehre (siehe Zitat auf S. 192) genauso den Begriff „der *Einzige* Gott" verwendet wie ihre monotheistischen Gegner. Sie schreibt „einzig" sogar groß und setzt es in Kursivschrift!

Es wäre jedoch verfehlt und zu einfach, wenn man pauschalisierend sagen würde, all diese Gruppierungen würden eine Luzifer- oder sogar eine Teufelsverehrung propagieren. Wie bereits erwähnt, sollten wir in Betracht ziehen, warum und aus welcher historischen Situation heraus diese Geheimbünde und Geheimlehren entstanden sind. Beide Gegner sind vom ganzheitlichen Mittelweg abgewichen, die eine Seite in Richtung Monotheismus, die andere in Richtung Atheismus. Beide sind das Ergebnis derselben Spaltung und spiegeln sich daher gegenseitig ihre dunklen Seiten.

Wir wollen hier also sachlich und ohne Vorurteile untersuchen, was die Aussage, Luzifer sei Gott, bedeutet. Warum kommt man zu einer solchen Ansicht? Wo liegen ihre Wahrheiten, und wo liegt der anfängliche Denkfehler? Zu welchen Extremen von Verblendung im Namen von Erleuchtung führt diese Ansicht, wenn man sie konsequent weiterdenkt?

Die luziferische Doktrin: Von der Geheimlehre zum öffentlichen Diskussionsthema

Daß Helena Blavatsky mit ihrer Geheimlehre u. a. aus Freimaurer-Quellen schöpfte, ist aus ihrer Biographie bekannt und ist auch ersichtlich anhand von dem, was sie schrieb. Denn ihre Aussage „Luzifer ist Gott" war damals zwar für die Öffentlichkeit etwas Neues und vielleicht auch Schockierendes, aber entsprach – und entspricht – der zentralen Glaubensüberzeugung gewisser parafreimaurerischer Elitezirkel, wie in den letzten 150 Jahren durch zahlreiche weitere Aussagen und Dokumente bestätigt wurde.

Einer der bedeutendsten Freimaurer-Großmeister des 19. Jahrhunderts war Albert Pike (1809–1891), Heerführer im Sezessionskrieg, Jurist und praktizierender Okkultist.[38] Er ist Autor zahlreicher Schriften und Bücher, die zum Teil nur in internen Freimaurerkreisen veröffentlicht wurden, darunter *Morals and Dogma* (1871), eine voluminöse Insider-Instruktion für interessierte Hochgradfreimaurer. Darin schreibt er (S. 819): „Die blauen Grade stellen den Außenhof oder den Säulengang des Tempels dar. Ein Teil der Symbolik wird dort dem Eingeweihten gezeigt, aber er wird absichtlich durch falsche Interpretationen in die Irre geführt. Es ist nicht beabsichtigt, daß er sie verstehen soll, sondern es ist beabsichtigt, daß er meinen soll, sie zu verstehen."

Der Eingeweihte der unteren Grade wird also auf einen „Irrweg" gesandt, was dieser Eingeweihte aber erst später merkt, wenn er den Weg weiter verfolgt. Tut er das nicht, meint er, er verstehe die Symbolik bereits vollständig. Worauf dieser Weg hinausläuft, sagt Albert Pike sehr deutlich (siehe Zitate im weiteren Verlauf dieses Kapitels): auf den Glauben an Luzifer als Gott und auf eine entsprechende Weltordnung.

Die luziferische Doktrin, die Albert Pike für die inneren Zirkel in praktischer Konsequenz ausformulierte, wurde 1888 – in abgeschwächter Form – durch seine Zeitgenossin Helena Blavatsky erstmals der Öffentlichkeit gegenüber erwähnt (im esoterischen Lehrbuch *The Secret Doctrine*). Dadurch sollte der Boden bereitet werden für die Akzeptanz dieser Doktrin auch außerhalb der relativ kleinen Geheimzirkel. Das Zielpublikum waren freidenkerische Menschen, die sich bereits von der Kirche getrennt hatten und offen waren für neue Weltbilder.

Die „Geheimlehre", wie sie von Helena Blavatsky ausformuliert wurde, beinhaltete verschiedenste Elemente aus den alten okkulten Traditionen, die sie mit eigenen Spekulationen und den damals neuen Erkenntnissen und Thesen der Wissenschaft vermischte: archäologische Funde, darwinistische Ideen, Mythenforschung, vergleichende Religionswissenschaften, die indischen und tibetischen Schriften, parapsychologische und esoterische Lehren, usw. Dazu kamen Themen wie Atlantis und Lemurien, die zyklischen Zeitalter, die Wurzelrassen, die höherdimensionalen Welten, geheime (erfundene?) Texte und angebliche Kontakte mit unsichtbaren Meistern. All diese Themen, die in vielen Menschen das Interesse und auch die Phantasie aktivierten, wurden mit einem bestimmten philosophischen Weltbild verbunden: mit der für die moderne Esoterik typischen Kombination von atheistischem Monismus und gnostischem Deismus. Kern dieser Geheimlehre ist die luziferische Doktrin. Blavatsky sprach diese Doktrin zwar offen aus, aber sie blieb dennoch weitgehend ein Tabu. In späteren Studienausgaben des Buches *Die Geheimlehre* wurden die verfänglichen Stellen zu „Luzifer" und „Satan" sogar weggelassen.

Während des 20. Jahrhunderts kamen jedoch ständig neue Zitate und Dokumente ans Tageslicht, die direkt oder indirekt auf die luziferische Doktrin und die damit verbundenen Ziele hinwiesen. Der Öffentlichkeit gegenüber wurde in solchen Fällen immer behauptet, hier handle es sich um Fälschungen, Verleumdungen oder „Verschwörungstheorien". Kenner der Materie wissen jedoch, daß diese scheinbar neuen Theorien nichts Neues sind. Sie sind eine moderne Weiterentwicklung der alten ophitischen und gnostischen Weltbilder. Eine nüchterne Analyse der luziferischen Doktrin ohne Tabu und ohne Vorurteile war deshalb fast unmöglich. Dazu fehlte in der

Öffentlichkeit auch die erforderliche Hintergrundinformation – zumindest bis vor kurzem.

Mitte 2010 erschien im deutschen Sprachraum ein Buch mit dem Titel *Krieg der Freimaurer – Ein Hochgradfreimaurer packt aus!* Dies ist wahrscheinlich das erste Mal, daß ein Hochgradfreimaurer vor aller Öffentlichkeit über die luziferische Doktrin spricht. In einem ausführlichen Interview, das er dem Herausgeber dieses Buches, Jan van Helsing, gab, erklärt er, warum man in den höchsten Graden der Freimaurerei glaubt, Luzifer sei Gott, obwohl man auch glaubt, daß es noch einen anderen, höchsten Gott gibt. Er betont dabei, daß die luziferische Doktrin keine offizielle Lehre ist, die jedem Freimaurer ab einem gewissen Hochgrad als „Geheimlehre" serviert werde; diese Doktrin sei die implizite Erkenntnis des deistischen Weltbildes, die aber jeder Freimaurer für sich selbst entdecken müsse; wer einfach routinemäßig die verschiedenen Einweihungsstufen durchlaufe, bekomme von dieser Geheimlehre und ihren praktischen Konsequenzen nur wenig bis gar nichts mit; über die letzten zweihundert und mehr Jahre seien aber zahlreiche Freimaurer, insbesondere auch die Baumeister der „neuen Weltordnung", durch eigenes Forschen und gründliches Nachdenken zur Erkenntnis dieser einen „Wahrheit" gekommen …

Was der (fast) anonyme Hochgradfreimaurer in dem über 300 Seiten langen Interview erläutert, ist also nicht bloß seine private Meinung. Wir sollten uns hier vor Augen halten, daß die alte ophitisch-gnostische Lehre spätestens im 19. Jahrhundert zu einem inhärenten Bestandteil der Geheimlehren gewisser Elitezirkel geworden ist und durch Personen wie Helena Blavatsky und Albert Pike bereits damals – direkt oder schrittweise – an die Öffentlichkeit weitergegeben wurde. Jetzt, über einhundert Jahre später, ist die angestrebte „neue Weltordnung" so weit eingeführt, sagt der interviewte Hochgradfreimaurer, daß sie durch die Bekanntgabe dieser Doktrin nicht mehr gefährdet werde! Der Grund, warum er sich aus eigener Initiative entschloß, öffentlich über all diese Themen zu sprechen, geht bereits aus dem Buchtitel hervor: *Krieg der Freimaurer.* Diese etwas reißerische Formulierung bezieht sich auf Meinungsverschiedenheiten und Spaltungen innerhalb der vielschichtigen Freimaurerbewegung.

Gott-Welt-Dualismus: Gott und der „Gott der Welt“

Das Buch *Krieg der Freimaurer* ist eine ergiebige Quelle von Ausführungen zum Gnosis-Deismus-Weltbild. Diese Ausführungen stammen aus erster Hand, sind höchst brisant und aktuell und dazu – dank dieses Buches – leicht verfügbar. Deswegen stütze ich mich im folgenden auf die Aussagen dieses Hochgradfreimaurers. (Die Zahlen in den Klammern sind die Seitenzahlen in diesem Buch.[39])

> „Sie möchten wissen, was die mächtigsten Menschen der Welt denken, wie es ihnen gelang, die Welt in eine Neue Weltordnung zu führen, und welches Welt- und Gottesbild sie haben? Dann hören Sie mir gut zu! Es wird vieles dabei sein, das Ihnen nicht gefallen wird.“ (155)

Über viele Seiten hinweg beschreibt der Interviewgeber detailreich die verschiedenen Freimaurerlinien und Ritussysteme, wodurch klar wird, daß hier ein echter Insider spricht. Er betont die Wichtigkeit der „Toleranz“, denn diese sei erforderlich, wenn man in den späteren Einweihungsgraden mit Erkenntnissen konfrontiert werde, die nicht den herkömmlichen Ansichten entsprächen und daher Abwehrreaktionen auslösen könnten, wie zum Beispiel die Lehren im Zusammenhang mit Luzifer.

Er erklärt, daß mit den Einweihungen in die höheren und höchsten Grade nicht einfach neue Lehren indoktriniert werden, sondern daß Schritt für Schritt gewisse Bücher, Ritualinhalte und philosophische Hinweise hinzukommen, die helfen, *selber* zu den „höheren Wahrheiten“ zu gelangen. Dies sei auch der Grund, warum gewisse Freimaurer (er sagt: „die meisten“) gar nicht erkennen, worum es eigentlich gehe, und an einem gewissen Punkt sogar enttäuscht seien, weil sie keine spannenden Geheimnisse offenbart bekommen. Diese Männer seien einfach nicht über eine gewisse Grenze, die in ihnen selbst liege, hinausgekommen.

> „Ganz platt gesagt ist es gut, wenn die Masse der Freimaurer genauso blöd ist wie die Masse der Menschen. Sie müssen blöd sein und müssen steuerbar sein, damit sie auch richtig benutzt werden können […] Das geht hervorragend über das Gradsystem.* So kann man feststellen, welches geistige Potential ein Bruder hat, um ihn richtig

> einsetzen zu können, denn die Freimaurerei wird international politisch eingesetzt – sehr wirkungsvoll –, weil Freimaurer-Mitglieder innerhalb ihrer Berufe immer führende Positionen inne haben und im Normalfall keine einfachen Arbeiter sind.“ (61)

Was er hier darlege, werde von den meisten Freimaurern bestritten und entspreche auch tatsächlich nicht ihrem Glauben. Dennoch sei es die innere und höchste „Wahrheit“, die von ernsthaft strebenden Männern in der Freimaurerei nach vielen Jahren und Einweihungen erkannt worden sei. Diese „Wahrheit“ hat mit nichts Geringerem zu tun als mit den Fragen, was Gott ist und wie unsere Welt funktioniert. Wer diese Fragen richtig beantworte, könne die Welt wie eine Maschine richtig bedienen und werde Erfolg haben und zu Macht gelangen.

Damit kommen wir wieder zur zweiten Templerfrage, der wir weiter vorne begegnet sind: Warum läßt Gott all die vielen Ungerechtigkeiten und Gewalttaten zu? Warum stoppt er die Missetäter nicht?

Die Antwort aus der Sicht von Gnosis und Deismus läßt sich wie folgt zusammenfassen: Es gibt einen höchsten Gott, aber dieser Gott ist absolut und nur geistig und kann deshalb in der Welt der Materie nicht eingreifen. Die Welt der Materie ist von diesem Gott getrennt. In der Welt der Materie herrscht ein anderer Gott, und das ist Luzifer. Luzifer ist letztlich keine Person, sondern ein Prinzip, nämlich das Prinzip des rein funktionalen Wirkens der Naturgesetze, das aus der Sicht der unerleuchteten Menschen als gnadenlos empfunden wird. Dieses Wirken ist aber nicht „gnadenlos“ und „unbarmherzig“, was ja nur Wertungen aus der beschränkten menschlichen Sicht sind. Aus der Sicht des höchstgradigen „Realismus“ handelt es sich hier nur um das zwingende und notwendige („natürliche“) Wirken der Naturgesetze.

---

* Daß die Männer in den unteren Graden nicht wissen, was in den oberen Graden geglaubt und getan wird, wird häufig abgestritten und als „Verschwörungstheorie“ bezeichnet. Was der Hochgradfreimaurer hier zu dieser Frage (Wer weiß was und wieviel?) sagt, ist schon lange kein Geheimnis mehr und entspricht genau dem, was die „Insider“ schon immer gesagt haben, so auch Albert Pike in seinem Buch *Morals and Dogma* (s. Zitat auf S. 195).

> „Die Freimaurerei stellt nur *eine* Wahrheit zur Verfügung, nämlich DIE Wahrheit, daß man sich nämlich in einem Irrtum befindet in Bezug auf Gott; daß dieser Gott, den wir uns wünschen, nur ein Wunschbild ist. Der wirkliche, herrschende Gott – der Fürst der Welt, der eine Gottheit ist oder eine numinose Erscheinung, egal wie er auch bezeichnet wird –, *er* hat Macht über die Menschen …" (94f.)

Ein Grundelement der klassischen Gnosis ist der Dualismus von Gott und Welt. Gott ist absolut, die Welt ist relativ, also ist die Welt außerhalb von Gott und Gott außerhalb der Welt. Das Spirituelle ist die göttliche Realität, das Materielle ist deshalb keine göttliche Realität, sondern die Schattenwelt des Antigottes.

Aus der Linie der Gnosis entstand der *Deismus,* ein Weltbild, das besagt, es gebe zwar einen höchsten Gott, dieser Gott sei aber „auf Ewigkeit unerkennbar" (115), und er greife nicht in die Schöpfung ein, denn er sei ausschließlich absolut und abstrakt. Mit anderen Worten: Man glaubt an einen Gott, der die Welt erschaffen hat, doch für das Leben der Menschen ist dieser Gott praktisch inexistent und irrelevant. Im Deismus glaubt man also nicht an ein absolutes Bewußtsein, sondern an einen theoretischen, potentiellen Gott, der identisch ist mit dem „sich selbst organisierenden Universum". Dieser Gott, in der Freimaurerei *Supreme Being* genannt, ist die Personifikation der hypothetischen Selbstorganisation der Materie. Das *Supreme Being* („Höchstes Sein") ist also nichts anderes als eine abstrakte Einheit von Energie. Schopenhauer nannte diese Art von Weltbild einen „höflichen Atheismus". Ich nenne es einen Atheismus für diejenigen, die sich nicht eingestehen wollen, daß sie Atheisten sind. Man will weiterhin den Begriff „Gott" verwenden und an Gott glauben, aber dieser Gott ist nur ein neutrales Total von Energie – ohne Bewußtsein, ohne Willen, ohne Liebe.

Wenn wir an einen Gott *mit* Bewußtsein, Willen und Liebe glauben, so ist dies aus der Sicht des Hochgradfreimaurers (siehe obiges Zitat) nur ein „Wunschbild", d. h. eine Illusion.

> „Die Freimaurerei vertritt eine Wahrheit, auch wenn sie oft nicht willkommen oder schwer zu ertragen ist. Wahrheit ist manchmal gnadenlos! Der Mensch liebt seine Illusionen und ist nur ganz selten bereit, seine Träume und Wunschvorstellungen gegen eine bittere Wahrheit einzutauschen." (45)

Die gnadenlose, bittere Wahrheit ist die, daß es keinen liebenden Gott gibt, aber auch keinen strafenden. Die Welt funktioniert nach den inhärenten Gesetzen der Kausalität und Resonanz, und diese Funktionsweise ist unerbittlich und „mechanisch". Die als absolut gesehene Funktionalität der materiellen Welt kann als „Luzifer" oder „Baumeister der Welt" personifiziert werden, so wie die Selbstorganisation der Materie, die diese Funktionalität hervorbringt, als „Gott" oder „Supreme Being" personifiziert werden kann.

Das luziferische Prinzip wird auch das „Lichtprinzip" genannt (102), da Luzifer bekanntlich „Lichtbringer" heißt. Aber mit dem Namen Luzifer ist nicht einfach das personifizierte Licht gemeint, das die Dunkelheit erhellt. Gemeint ist konkret jenes Wesen oder jenes Prinzip, das im christlichen Glauben als „Satan" bezeichnet wird. Dies geht aus den Schriften von Blavatsky, Pike, Bailey usw. deutlich hervor. Auch der interviewte Freimaurer bestätigt, daß mit „Luzifer" jener Archetyp gemeint ist, der sich gegen Gott auflehnt und sich eine eigene Welt erschaffen will. „In meiner persönlichen und nicht mehrheitsfähigen Meinung behaupte ich, daß Luzifer der erste Freimaurer war, weil er sich dem Diktat seines Erschaffers widersetzte. Ob dies gut oder schlecht war, sei dahingestellt. Jedenfalls hat es immer freiheitsliebende und selbständig denkende Menschen gegeben, die sich in Gruppierungen versammelten" (104). Auch hier stellt sich die Frage, was unter „Freiheit", „Liebe" und „selbständig denken" verstanden wird.

Gott der Welt = Luzifer = Funktionalität der kosmischen Gesetze

„Der Winkel [das Winkelzeichen der Freimaurer] ist das Maß, ist das Recht, ist die Gerechtigkeit – und die Notwendigkeit. Die Gerechtigkeit, das Gesetz, ist völlig unbarmherzig, weil das Gesetz, also die Gerechtigkeit, nicht flexibel ist – sie ist nur gerecht, sie ist gesetzmäßig. […] Das Gesetz läuft einfach ab. Das ist der Winkel – das luziferische Prinzip." (138f.)

Die zwei Hauptzeichen des Freimaurertums sind der Winkel und der Zirkel. Der Winkel repräsentiert die materielle Realität, und diese ist rein funktional, gesetzmäßig und unbarmherzig. Im

Deismus wird der „Gott der Welt" mit der „Welt" gleichgesetzt, was bedeutet, daß dieser „Gott" (Luzifer) nur Gesetz und Gerechtigkeit ist und keine Barmherzigkeit beinhaltet. „Barmherzigkeit" würde bedeuten, daß „Gott" (die Funktionalität der Gesetze) gegen sich selbst wirken würde und sich in gewissen Punkten selbst außer Kraft setzen würde – was nicht möglich ist. Gott / Luzifer ist nicht barmherzig, aber *der Mensch* kann barmherzig sein (dargestellt durch den Zirkel, der im Gegensatz zum Winkel „flexibel" ist), was bedeutet: Der Mensch ist selber Gott oder sogar *mehr* als Gott! Diese Lehre besagt folgendes: Der „Gott der Welt" ist nur Gesetz und Funktionalität und hat keinen eigenen Willen, aber der Mensch hat einen Willen und kann – im Gegensatz zu „Gott" – durch seinen Willen die Kausalität der Gesetze außer Kraft setzen, wenn er voll an die luziferische Doktrin glaubt und sich selbst oder anderen, insbesondere den eigenen „Brüdern", gewisse Dinge verzeiht.

Grundlage dieses ichbezogenen („humanistischen") Konzepts von Verzeihen und Karma-Auflösung ist die Ansicht des Deismus, alles, was geschehe, könne nur deshalb geschehen, weil es gesetzmäßig sei; denn wenn etwas nicht den Gesetzen entspräche, hätte es nicht geschehen können. Deshalb gibt es gemäß dem luziferischen Prinzip letztlich kein Unrecht und auch nichts Böses: „Unrecht ist im Grunde genommen nur ein subjektives Erlebnis. Objektiv gibt es das nicht. [...] weil es das Gute und das Böse, die sich als zwei Prinzipien gegenüberstehen, gar nicht gibt." (88, 92)

Hier sehen wir, daß jeder Dualismus letztlich einem Monismus entspringt oder zu einem Monismus führt. Die Art, wie der Hochgradfreimaurer hier argumentiert, entspricht genau jener der atheistischen bzw. monistischen Esoteriker (siehe S. 114 f.), zum Teil sogar fast wörtlich. Er sagt, das Böse und das Gute seien Teil des „Ganzen" und das eine könne nicht ohne das andere existieren. Auch hier wird fälschlicherweise Polarität mit Dualität gleichgesetzt: Satan „ist Teil des Ganzen. Er MUSS Teil des Ganzen sein, weil er der Widersacher ist, der öffentliche Ankläger. [...] Der Satan ist nur ein Pol des Ganzen. Und wenn wir einer Sache ganzheitlich begegnen wollen, dann dürfen wir uns nicht nur mit *einem* Pol beschäftigen [...]." (91)

Der Unterschied zwischen dem Monismus und dem Deismus ist nur theoretisch. Praktisch führen beide Weltbilder zu den gleichen

Schlußfolgerungen. Der atheistische Monismus sagt, die materielle Welt sei Illusion. Der Deismus (als extreme Form des *Pantheismus**) sagt: Die materielle Welt ist identisch mit Gott. Gott und Welt sind dasselbe, die Welt ist Gott, das Universum ist Gott, es gibt keinen Gott jenseits der materiellen All-Natur. Und zur Natur gehören die Naturgesetze, zum Beispiel auch das Gesetz „Fressen und Gefressenwerden". Daß die Starken die Schwachen „fressen" oder beseitigen, ist eine Notwendigkeit gemäß den gnadenlosen, unerbittlichen Gesetzen des Gottes dieser Welt!

Wir mögen der Ansicht sein, dies sei eine falsche Weltsicht oder eine verzerrte Wahrheit. Wer das meint, folgt einem religiösen oder esoterischen Wunschdenken, entgegnet der Hochgradfreimaurer und betont, daß es keinen lebendigen oder barmherzigen Gott gibt. Dies sei die *gnadenlose* Wahrheit, ein Realismus ohne Wunschdenken!

> „Wenn der Mensch nicht offen ist für die Wahrheit, dann kann er sie nicht sehen. Und so werden auch die Esoteriker weiterhin ihr Wunsch-Weltbild weiterleben, die Christen ihr christliches Weltbild – und wir Freimaurer leben unseres weiter und haben Erfolg und haben die Neue Weltordnung eingeführt und steuern den Planeten ..." (156)

„Ordnung aus dem Chaos"

Der deistische Gott („Supreme Being") und der „Gott der Welt" sind nichts anderes als potentielle bzw. materielle Wirkungsprinzipien und funktionieren ausschließlich gemäß den geistigen und physikalischen Gesetzen; Gott hat kein eigenes Bewußtsein und keinen

---

* Pantheismus und Deismus sind Formen eines metaphysischen Atheismus. Der Deismus geht von einem Gott-Welt-Dualismus aus, aber dieser Gott ist abstrakt und ist praktisch gesehen nichts anderes als die Personifikation der hypothetischen Selbstorganisation der Materie. Der Pantheismus („All-Gott-Lehre") postuliert keinen Gott-Welt-Dualismus, weil er Gott und Welt gleichsetzt. Er sieht die Welt als göttlich und strebt nach Harmonie mit der Natur, während der Deismus – wegen des theoretischen Gott-Welt-Dualismus – die Funktionalität der Materie abstrahiert und verabsolutiert, weshalb er zu den hier dargelegten gnadenlosen „Wahrheiten" führt. Deswegen bezeichne ich den Deismus als eine extreme bzw. gottabgewandte Form des Pantheismus.

Willen, aber *der Mensch* hat Bewußtsein und Willen. Physikalisch gesprochen ist „Gott“ Chaos, d.h. unendliche Potentialität, und es ist der Mensch, der mit seinem Willen aus dem Chaos Ordnung entstehen läßt. „Ordnung aus dem Chaos“ (lat. *ordo ab chao*) ist deshalb eines der wichtigsten Mottos der Freimaurer, insbesondere des „Alten und Angenommenen Schottischen Ritus“. Freimaurer-Lexika betonen, daß dieser Kernsatz auf der deistischen Kosmologie beruhe und als Kurzformel den Schöpfungsvorgang wiedergebe: Alles sei aus dem „leeren Raum“ oder aus der „gestaltlosen Urmasse“ hervorgegangen, und der Mensch wiederhole diesen kosmischen Vorgang in seinem eigenen Leben praktisch mit jeder seiner Handlungen. In einem freimaurerischen Ritual wird dieser Schöpfungsvorgang symbolisch nachempfunden, indem der Meister zuerst allein im leeren Tempelraum die Richtungen abschreitet und dadurch die „Ordnung“ entstehen läßt. Mit dem Ausspruch „in Ordnung“ wird signalisiert, daß der Vorgang abgeschlossen ist, was bedeutet, daß vorher noch keine Ordnung herrschte.

Im deistischen Weltbild wird das Absolute also als Leere oder als potentielle („gestaltlose“) Urmasse / Urenergie gesehen, aus der entsprechend den inhärenten Naturgesetzen die „Ordnung“ hervorgeht. Am Anfang ist das Chaos, weshalb auch im Leben der Menschheit als Kollektiv und im Leben eines jeden Menschen zuerst immer wieder das Chaos steht, aus dem dann *durch den Menschen* Ordnung entsteht. Der Mensch hat deshalb die Verantwortung, Regeln aufzustellen, Ziele festzulegen und Ordnung zu schaffen, so wie auch ein Spiel erst dann zu einem Spiel wird, wenn die Regeln und das Ziel festgelegt sind.

Die Feststellung, daß aus dem Chaos Ordnung entsteht, ist natürlich eine richtige Aussage: Das Total der unbegrenzten feinstofflichen und grobstofflichen Materie hat in sich selbst weder Ordnung, Bewußtsein noch Zielsetzung, ist also Chaos[40]. Gott ist jedoch mehr als nur Chaos, weshalb die Aussage *ordo ab chao* nicht verabsolutiert werden sollte – was im Deismus jedoch getan wird. Der deistische Gott ist nur theoretisch jenseits des „Chaos“. Prinzipiell ist er die potentiell-inhärente Selbstorganisation der Energie / Materie, die aus dem Chaos Ordnung entstehen läßt. Wie bereits erwähnt, ist der deistische Gott („Supreme Being“) für den Menschen praktisch irrelevant und inexistent. Diejenigen, die sich in die Extreme dieses Weltbildes begeben, reduzieren die Ganzheit (Realität) auf das Chaos und meinen deshalb, Chaos sei die *Ursache* von Ordnung, weshalb die Erzeugung einer neuen Ordnung immer zuerst die Erzeugung von Chaos erfordere. „Denn nach dem ewigen Gesetz gibt es Licht nicht ohne Schatten, Schönheit nicht ohne Häßlichkeit, Weiß nicht ohne Schwarz", heißt es in einem noch folgenden Zitat von Albert Pike – und somit Ordnung nicht ohne Chaos, das „Gute" nicht ohne das „Böse". Der Trugschluß dieser Gleichsetzung von Polarität und Dualität ist bereits auf S. 139f. dargelegt worden. In der Weltgeschichte sehen wir deshalb, daß immer wieder Chaos (Weltkriege, Antiterror-Kriege, Bürgerkriege, Krisen usw.) inszeniert werden, damit die gewünschte „Weltordnung" Schritt für Schritt vorangetrieben werden kann. Dies ist nicht einfach eine Verschwörungstheorie, sondern die gnadenlose, bittere Konsequenz der „Wahrheit" des Deismus.

(Das theistische Verständnis von „Ordnung aus dem Chaos" wird im Unterkapitel „Der theistische Kern des Freimaurertums" beschrieben.)

Die deistische Vorstellung von Karma-Freiheit

Wenn Realität nur aus einer Selbstorganisation der Materie besteht, dann läuft alles „nach Gesetz", und was immer man tut, kann man nur deshalb tun, weil es den Gesetzen entspricht. (Für die „Erleuchteten" der höchsten Stufen der Machtpyramide gilt deshalb: Alles was machbar ist, ist erlaubt.) Alles, was geschieht, läuft „nach Gesetz", und die Gesetze kennen kein Gut und Böse, weshalb dieses Weltbild sagt, daß der Mensch letztlich keinen Kriterien von Gut und Böse unterliege und daß der Mensch „in Wirklichkeit" keine Sünden begehen könne – vorausgesetzt, er ist sich dieser „Wirklichkeit" vollkommen bewußt. Nur solange ein Mensch meine, es gebe Gut und Böse, unterliege er der Illusion von Schuld und Sünde. Der Hochgradfreimaurer beschreibt diesen Glauben wie folgt:

> „Es gibt keine Schuld oder Sünde. Warum? Weil wir selbst Gott sind. Wir sind aus Gott entstanden, bestehen aus Gott, haben Gott

in uns – wir sind Gott. Wenn du das wahrnimmst, daß du selbst göttlich bist und dir selbst deine Sünden vergibst, also barmherzig zu dir selbst bist, dann bist du sündenfrei. Und wenn du sündenfrei bist, kommst du in den Himmel – NUR, wenn du sündenfrei bist. Das heißt, wenn du dir aus ganzem Herzen deine Sünden vergibst. Wenn du sagst: ‚*Ich habe gestern meinen Chef umgebracht, aber das mußte sein, und das fand ich gut, und dazu stehe ich auch, und ich kann auch gar nicht einsehen, daß das eine Sünde sein soll*', dann hast du keine Sünden, und dann gehst du in den Himmel.* Das heißt, wenn du in den Himmel gehst, gehst du über dich selbst hinaus und erfaßt Dimensionen, die mit dem Verstand nicht erfaßbar sind. [...] Du hast kein Karma, wenn du sündenfrei bist. Das bedeutet, daß man sein Karma auflösen kann. [...] Das Problem ist nur, daß 99,9 Prozent ein schlechtes Gewissen haben, weil sie ganz genau wissen, daß sie Unrecht getan haben. Daher sind sie auch nicht sündenfrei, und dann haben sie auch Karma. Aber theoretisch könnten sie karmafrei sein, wenn sie eine andere Geisteshaltung hätten. [...] Das heißt, Sünde hat mit objektiven Handlungen nichts zu tun, nur mit subjektiven. Es geht um das Bewußtsein." (159–161)

Was dies in letzter Konsequenz bedeutet, läßt sich aus dem obigen Zitat ableiten: Der Mensch ist Gott (= Humanismus im modernen, atheistischen Sinn). Und diejenigen, die dies erkannt und das entsprechende Bewußtsein entwickelt haben, sind sündenfrei, egal was sie tun, vorausgesetzt, es dient den Idealen von Gott / Luzifer ...

Apotheose des Menschen

Im Deismus unterscheidet man theoretisch zwischen dem „höchsten" Gott und dem „Gott der Welt", die praktisch jedoch nicht verschieden sind. In diesem Glauben ist Gott nicht barmherzig, aber *der*

* In diesem Zusammenhang wird auch verständlich, was gemeint ist, wenn im Esoterik-Kultbuch *Gespräche mit Gott* gesagt wird, sogar Hitler sei „in den Himmel" gegangen: „Es ist *alles relativ.* Es ist alles Teil dessen, *was ist.* Ich liebe das ‚Gute' nicht mehr als das ‚Schlechte'. *Hitler ging in den Himmel ein.* Wenn ihr das begreift, begreift ihr Gott. [...] Wiederholen wir noch einmal: Es gibt nichts Falsches an *irgend etwas.*" (Bd. 1, S. 103, 231; Hervorhebungen im Originaltext)

Mensch kann barmherzig sein. Wirklich „barmherzig“ ist jedoch nur der „erleuchtete“ Mensch, der die (deistische) „Wahrheit“ vollkommen erkannt und verinnerlicht hat. „Wahrheit macht frei“, glaubt man auch im Deismus: frei von schlechtem Gewissen, frei von den „Illusionen“ von Gut und Böse, Opfer und Täter, Schuld und Sünde, usw. Der Deismus ist in letzter Konsequenz ein Glaube an die *absolute Selbsterlösung:* Gott als reine Funktionalität kennt keine Sünden und kein Gut und Böse; nur der Mensch in seiner Subjektivität und in seinem Urteilen glaubt an Sünde und an das Böse; aber wer nicht diesen „Illusionen“ unterliegt, kann sich selbst alle Sünden verzeihen; dadurch erweist der Mensch sich selbst gegenüber als ein barmherziger Gott, denn das „Supreme Being“ und der „Gott der Welt“ sind nicht barmherzig, sondern nur gerecht und funktional. Der Mensch ist in diesem Sinn also sogar *mehr* als Gott. Der Mensch kann Gott zwingen, so wie Jakob (Gen 32,23-33) mit Gott rang und von ihm dann eine Segnung erzwang (140). „Wenn man in der Lage ist, sich als Mensch zu verwirklichen, dann ist man selbst Gott, dann ist man größer als Gott.“ (145)

Auf der Grundlage dieses Weltbildes streben die Einweihungsstufen der gnostisch-deistischen Strömungen die „Gottwerdung“ (Apotheose) des Menschen an. Die Apotheose des Menschen kann theistisch oder deistisch verstanden werden. Was die theistische Bedeutung ist – so wie es die meisten Freimaurer verstehen –, wird an späterer Stelle erwähnt (im Unterkapitel „Der theistische Kern des Freimaurertums“). Auf den höchsten Ebenen der Machtpyramide streben die „Eingeweihten“ jedoch die Apotheose im deistischen Sinn an. Sie wollen Menschen hervorbringen, die erkannt haben, daß sie „Gott“ sind, d. h. Menschen, die das luziferische Prinzip vollkommen verkörpern und dadurch nicht mehr der „Illusion“ von Schuld und Sünde unterliegen. Solche Personen (zum allergrößten Teil Männer) sind gemäß dem deistischen Weltbild „sündenfrei“ und deshalb befähigt, jenseits von Gut und Böse zu handeln. *Luzifer* bedeutet „Lichtbringer“: Wer das entsprechende Prinzip verstanden habe, habe „Licht“ in sein eigenes dunkles Dasein gebracht – ein Dasein voller „Illusion“, solange man meine, es gebe Gut und Böse …

Dieses negative, d. h. einseitige Verständnis von Apotheose ist heute in den obersten Rängen der deistisch-gnostischen Machtpyramide die vorherrschende Sichtweise. Aus theistischer Sicht ist der Mensch *göttlich,* aber nicht „Gott" – und auch nicht einfach ein „Sünder". (Dies ist auch die Art, wie die meisten Freimaurer das Prinzip der Apotheose des Menschen verstehen.)

Die Neue Weltordnung

Aufgrund unserer vertieften und differenzierten Betrachtung des Deismus können wir nun auch verstehen, warum gewisse Personen brutale und verlogene Machenschaften durchführen können, ohne das geringste schlechte Gewissen zu haben. Die Kreise, die voll aus dem luziferischen Bewußtsein heraus tätig sind, werden allgemein als die „Illuminati" bezeichnet, ein Begriff, den auch der Hochgradfreimaurer verwendet:

> „Sie [die Illuminati] beherrschen die Materie, sie sind die Künstler der Materie, sind die Herren der Materie. Und wir werden niemals begreifen können, warum sie so erfolgreich sind. Warum? Weil sie gnadenlos diese Gesetzmäßigkeiten anwenden, weil sie genau den Kausalverlauf kennen. […] Hierarchisch stehen die Illuminati über den Freimaurern, die Freimaurer sind ausführende Werkzeuge der Illuminati, und die Illuminati sind ausführende Werkzeuge im geistigen Bereich." (139f., 219)

Um zur zweiten Templerfrage zurückzukommen: Warum konnte die Kirche über Jahrhunderte hinweg all diese Gewalttaten ausführen, ohne daß ein Gott sie stoppte oder sie strafte? Warum konnte sie sogar an Macht gewinnen und ist heute weltweit eine der mächtigsten Organisationen? Antwort des Deismus: Weil es keine Schuld und keine Sünde gibt – und die Kirchenleute hatten dies verstanden und dementsprechend knallhart gehandelt. Wer dieses „Geheimnis" kennt, ist sündenfrei und kommt in den Himmel! Die Illuminati handeln nun auf die gleiche Weise wie die Kirchenfürsten auf der Gegenseite, und der normale („blöde") Mensch kann dies alles nicht verstehen. Für diese „Blöden" wurde der Begriff „Verschwörungstheorie" in die Welt gesetzt – ein wahrhaft magisches Schlagwort, das bei den meisten Menschen sofort das eigene Denken und Hinschauen ausschaltet.

> „Denn dieser Schöpfergott läßt es ja geschehen, daß auf der Welt dieses Unrecht passiert. Es gibt eine Notwendigkeit für dieses Unrecht, für diese Verbrechen, für diese Perversitäten. [...] Für alles, was in der Welt abläuft, gibt es eine Notwendigkeit. Und diese Menschen, die diese Entscheidungen kaltblütig und pragmatisch treffen, die können wir in unser Denken schlecht integrieren, weil uns diese Entscheidung oder dieser Pragmatismus nicht möglich wäre. [...] Es ist eine Vorbestimmung, die aus dem universellen Zyklus hervorgeht und von bestimmten Menschen erkannt und von geeigneten Menschen gesteuert werden kann. [...] Die Illuminaten und die Freimaurer oder andere Organisationen sind nur Erfüllungsgehilfen eines großen Planes." (196)

Dieser „große Plan" ist das, was mit dem Begriff „Neue Weltordnung" umschrieben wird, seit 1933 öffentlich dargestellt auf der Rückseite der amerikanischen Ein-Dollar-Note in Form des „Großen Siegels" (The Great Seal) mit der Pyramide und dem „allsehenden Auge". Die berühmte Inschrift lautet *Novus Ordo Seclorum* („Neue Ordnung der Welten / der Zeitalter"). Das Wort „säkular" bezieht sich direkt auf *Ordo Seclorum.* Wann immer von säkularer Weltordnung gesprochen wird, ist dieser *Ordo Seclorum* gemeint.

Die Versinnbildlichung der Neuen Weltordnung ist der Tempel Salomons, der nicht als historische Realität, sondern als geistiges Ideal gesehen wird. Die Neue Weltordnung ist der Tempel Salomons in geistiger, globaler Form. In der Neuen Weltordnung wird *die Menschheit* dieser Tempel sein, mit jedem einzelnen Menschen als Baustein.

Wie der Hochgradfreimaurer bestätigt, erhebt die säkulare Weltelite einen „Anspruch auf die Weltregierung" (148) mit der entsprechenden Neuen Weltordnung. Jan van Helsing konfrontiert ihn mit verschiedensten Zitaten von wirtschaftlichen und politischen Größen dieser Kreise, die sagen, was die Neue Weltordnung beinhalte: totale Kontrolle; ein Welteinheitsstaat mit Weltregierung, Einheitsreligion und staatlich kontrollierter Fortpflanzung; eine gewaltige Bevölkerungsreduktion; inszenierter Terror usw. Der Hochgradfreimaurer bestätigt diese Szenarien und betont, das alles seien notwendige Stationen auf dem Weg hin zur Neuen Weltordnung. Er bestätigt auch, daß 9/11 eine selbstinszenierte Aktion gewesen ist,

Zum Thema „Überbevölkerung"

Angeblich ist die Überbevölkerung eines der größten Probleme der heutigen Zeit. Dabei wird suggeriert: „Es gibt zu viele Menschen. Eine geringere Anzahl Menschen wäre besser ..." Das wahrscheinlich extremste Beispiel für diese Ansicht sind die Georgia Guidestones, die als Leitpunkt Nr. 1 verkünden, die Menschheit solle auf eine *halbe Milliarde* reduziert werden.

Aber stimmt das: Haben wir heute zu wenig Lebensraum und zu wenig Nahrungsmittel? Ist das der Grund, warum täglich rund 100 000 Menschen an Hunger und den Folgen der Armut (wie z. B. schmutziges Wasser) sterben? Nein. Auch heute hätten wir genügend Nahrungsmittel, wenn das herrschende Wirtschaftssystem es erlaubte, daß all diese Güter gerecht verteilt würden. Ein weiterer Faktor ist die Verschwendung von Nahrungsmitteln und Ackerfläche für die Zucht von Schlachttieren.

Diejenigen, die das Phantom der „Überbevölkerung" beschwören, weisen nie oder nur selten auf diesen offensichtlichen Zusammenhang hin. Fakt ist: *Trotz* der wahnsinnigen Massentierhaltung gäbe es auch heute noch ausreichend Nahrungsmittel für *alle* Menschen, ganz zu schweigen davon, wenn der weltweite Fleischkonsum verringert würde. Wenn allein die Bürger der USA jährlich ihren Fleischkonsum um nur 10 % einschränken würden, könnten mit den eingesparten Nahrungsmitteln während derselben Zeit rund 60 Millionen Menschen weltweit ernährt werden!

Im Jahr 2000 veröffentlichte Prof. Jean Ziegler, damals Sonderberichterstatter der UNO-Menschenrechtskommission für das Recht auf Nahrung, ein Buch mit der Überschrift: *Wie kommt der Hunger in die Welt?* Im Buch und auf dem Rückentext erklärt er folgendes: „Infolge der globalisierten, wild wütenden Kapitalmärkte ist eine Weltordnung entstanden, die den Lebensinteressen der großen Mehrheit zuwiderläuft. Von 6,2 Milliarden Menschen leben 4,8 in einem der 122 sogenannten Entwicklungsländer, meist unter unwürdigen Bedingungen. 100 000 Menschen sterben jeden Tag an Hunger oder seinen unmittelbaren Folgen. Alle sieben Sekunden verhungert ein Kind unter zehn Jahren. Dieser tägliche, stille Völkermord geschieht auf einem Planeten, der vor Reichtum überquillt. Dabei könnte die Erde problemlos 12 Milliarden Menschen hinreichend ernähren. Hunger ist kein Schicksal. Hinter jedem Opfer steht ein Mörder."

und erwähnt mehrfach einen Hauptpunkt in der Vorbereitung der Neuen Weltordnung: die Reduktion der Weltbevölkerung.

> „Die Masse der Menschen ist derart unbewußt, undiszipliniert, selbstsüchtig und blöd, daß die Illuminati keinerlei Skrupel oder Bedenken haben, diese Leute zu kontrollieren und auch in großem Maße zu töten. Die Menschheit taugt nichts. Das ist die Meinung der Oberen, und das ist auch meine Meinung." (184)

Dies ist nicht einfach die private Ansicht eines Extremisten, sondern entspricht tatsächlich der „Meinung der Oberen". Dieser Fakt könnte mit vielen Mosaiksteinen untermauert werden, hier möge folgender Mosaikstein genügen – wobei es sich buchstäblich um Steine handelt: die „Georgia Guidestones" im US-Bundesstaat Georgia. Dies ist ein Monument mit vier 5 Meter hohen Granittafeln, die 1980 scheinbar anonym errichtet wurden. Auf den acht Seiten dieser Granittafeln steht achtmal dasselbe – in acht verschiedenen Sprachen. Es handelt sich um ein Zehn-Punkte-Manifest der Neuen Weltordnung, des „Age of Reason" (Zeitalter der Vernunft), wie die nicht namentlich genannten Stifter auf ihrer Erklärungstafel verraten. Punkt 1: „Haltet die Menschheit unter 500 000 000 in beständigem Gleichgewicht mit der Natur". Punkt 10: „Seid kein Krebsgeschwür auf der Erde – Laßt Raum für die Natur – Laßt Raum für die Natur".[41]

Das bedeutet im Klartext: Die „Meinung der Oberen" ist, daß eine halbe Milliarde Menschen genug wären. Die restlichen sechs Milliarden werden als „Krebsgeschwür auf der Erde" eingestuft und sollen verschwinden, damit sie Raum schaffen für die Natur!

Jan van Helsing erwähnt in seinem Interview die Georgia Guidestones ebenfalls und zitiert dazu mehrere andere Dokumente, die den Punkt der drastischen Bevölkerungsreduktion enthalten. Der Hochgradfreimaurer bestätigt diese Programmpunkte und sagt, dies seien Schritte auf dem Weg zur „Ordnung aus dem Chaos", und diese „Ordnung" werde die „Neue Weltordnung" sein; dies alles könne heute offen ausgesprochen werden, weil die Neue Weltordnung praktisch bereits eingeführt sei …

Unterdrückung der Intuition

Das atheistisch-deistische Weltbild besagt, daß es keinen Gott gibt, vor dem der Mensch verantwortlich ist. Es gebe keine göttliche Liebe als absoluten Maßstab für Moral und Ethik, denn „alles ist relativ". Was immer geschehe, sei gut so, wie es ist, denn nichts könne außerhalb der Gesetze geschehen. Mit anderen Worten: Alles, was machbar ist, ist erlaubt und entspricht den „Gesetzen", denn sonst könnte es nicht geschehen. Dies führt zu einem Machbarkeitswahn und zu einer Elitephilosophie: Wenn wir Gene manipulieren, Tiere zu Milliarden schlachten, Kriege inszenieren, die Bevölkerung reduzieren können, usw., dann sind dies notwendige Geschehnisse entsprechend den „Gesetzen".

Intuitiv spüren die meisten Menschen, daß mit diesem Weltbild etwas nicht stimmen kann. Dies räumt auch der Hochgradfreimaurer gegen Ende des Interviews ein: „Ich bin überhaupt nicht glücklich darüber, aber ich versuche, mich mit den Notwendigkeiten zu arrangieren, das heißt mit den Geschehen, die unbedingt auf uns zukommen werden und die wir nicht mehr ändern können." (362)

Er ist „überhaupt nicht glücklich" über die Neue Weltordnung und all die unmenschlichen Pläne, die mit ihr verbunden sind. Aber er betont immer wieder: Die Wahrheit sei knallhart und gnadenlos; nur wenige seien bereit für die Wahrheit; aber wer lange über die Realität nachgedacht und dadurch erkannt habe, wie die Welt „in Wirklichkeit" funktioniere, werde die Realität nicht mehr leugnen wollen und an keinen sentimentalen Gottesvorstellungen mehr festhalten. – Hier zeigt sich, daß mit einem einseitigen männlichen Intellekt die Stimme des Gewissens und die eigene Intuition unterdrückt und verdrängt werden muß (weshalb diese Elitekreise fast ausschließlich aus Männern bestehen).

Damit Menschen eine solch unmenschliche Weltsicht annehmen können, müssen sie ihr Gewissen und ihre Intuition unterdrücken, wenn nicht sogar abwürgen. Anscheinend geschieht dies tatsächlich. Es wäre zu untersuchen, welchen Einfluß hier die Kette der vielen Einweihungen und Schwüre hat, die – im Extrem des deistischen Weltbildes – zu einer Scheinerleuchtung führen und damit auch zu einer Gleichgültigkeit gegenüber dem Leiden anderer Menschen, vom Leid der Tiere und Pflanzen ganz zu schweigen. („Gleichgültigkeit“ heißt auf Englisch *indifference,* wodurch deutlich wird, daß diese Weltsicht das Ergebnis eines undifferenzierten Weltbildes ist, das letztlich einem atheistischen Monismus entspringt und als Konsequenz zu einer Verabsolutierung der Trennung von Gott und Welt führt.*)

„Krieg der Freimaurer“

Krieg der Freimaurer: So lautet der Titel des hier diskutierten Buches. Gemeint sind Unstimmigkeiten innerhalb der Freimaurer, „ein Krieg der Logen, und zwar der Logen der Alliierten gegen die deutschen Logen“ (126). „Es gibt eine große Veränderung – auch in der Freimaurerei! […] Das ist ein Krieg, der innerhalb der Welt-Freimaurerei abläuft!“ (313)

Dieser „Krieg“ ist auch der Grund, warum der hier zitierte Hochgradfreimaurer beschloß, an die Öffentlichkeit zu treten und offen über die Luzifer-Theorien und die Neue Weltordnung zu sprechen – nicht etwa, um abzuschwören, sondern weil er dagegen ist, daß diese „Wahrheiten“ weiterhin geheim bleiben sollen.

Damit hat er jedoch Informationen veröffentlicht, die auch vielen Freimaurern nicht bekannt sind. Fakt ist, daß die meisten Freimaurer nicht an solche Luzifer-Theorien glauben und bisher wahrscheinlich nicht einmal davon gehört haben. Hier wird nun der eine Satz wichtig, der bereits weiter vorne zitiert wurde: „Ganz platt gesagt ist es gut, wenn die Masse der Freimaurer genauso blöd ist wie die Masse der Menschen.“ (61)

„Blöd“, damit meint er, daß „die Masse der Freimaurer“ immer noch an ein theistisches Weltbild glaubt und noch nicht zur luziferischen Doktrin vorgedrungen ist. Wie wir gesehen haben, erfordert diese Doktrin eine Unterdrückung der eigenen Intuition und des eigenen Gewissens und stellt aus theistischer Sicht eine verhängnisvolle Halbwahrheit dar. Vielleicht ist „die Masse der Freimaurer“

---

* Wie der interviewte Hochgradfreimaurer bestätigt (S. 131), entspricht der dualistische Deismus letztlich dem „alten hinduistischen oder monistischen Prinzip“, d.h. dem atheistischen Advaita.

aber gar nicht so blöd, wie die Herren der höchsten Pyramidenstufen meinen. Was wäre, wenn all diese intelligenten und gut situierten Männer ihrer Intuition folgen und aussprechen würden, daß sie diese Luzifer-Theorien und deren praktische Konsequenzen (Krieg, inszenierter Terror, Bevölkerungsreduktion usw.) nicht gutheißen? Glücklicherweise folgen die meisten Freimaurer intuitiv immer noch ihren theistischen Idealen, und es ist zu hoffen, daß der „Krieg der Freimaurer" noch eine andere Form annimmt, nämlich eine Revolte von der Basis her. „Es gibt eine große Veränderung – auch in der Freimaurerei!" Die notwendigste Veränderung wäre die Überwindung der luziferischen Einseitigkeit, genauso wie die Religionen die monotheistische Einseitigkeit überwinden sollten. Denn der Kern des Freimaurertums ist nicht luziferisch, sondern theistisch!

Der theistische Kern des Freimaurertums (1): Universalität und Respektierung aller Religionen

Für das Buch *Der radikale Mittelweg* verfaßte ich die Kapitel „Der theistische Kern des Judentums", „Der theistische Kern des Christentums" und „Der theistische Kern des Islam". Nun möchte ich auch auf die Frage eingehen, was der theistische Kern des Freimaurertums ist. Genau wie bei den genannten Kapiteln muß ich auch hier vorab betonen, daß ich nur schon aufgrund des beschränkten Platzes nicht viel mehr als einige elementare Hinweise geben kann.* Es wird eine dankbare Aufgabe für Experten dieses Themas sein, im Detail die philosophischen, theologischen und historischen Aspekte des theistischen Kerns des Freimaurertums darzulegen.

Wenn wir die Freimaurer von außen betrachten, so fällt als erstes die Universalität ihrer Philosophie und Theologie auf. Ihr Hauptanliegen ist das Erkennen von göttlicher Wahrheit, die unabhängig von religiösen Dogmen und Verabsolutierungen ist – jener Wahrheit, die im Kern aller Religionen zu finden ist. Zur Universalität des Freimaurertums gehört deshalb auch die Respektierung aller Religionen.

---

* Der theistische Kern des Freimaurertums ist auch Thema des nächsten Kapitels: „‚Das verlorene Symbol' – Dan Browns Botschaft an die Freimaurer".

Die Befreiung von religiöser Bevormundung war ein Hauptantrieb gewesen, warum sich das Freimaurertum 1717 als Institution organisierte. 1723 bekam der presbyterianische Pastor James Anderson von der englischen Großloge den Auftrag, die Statuten und Zielsetzungen auszuformulieren. Die „Anderson'sche Konstitution" gilt in weiten Kreisen des Freimaurertums auch heute noch. Im ersten Teil der Konstitution mit der Überschrift „Gott und die Religion" finden wir Formulierungen, die in einem theistischen Verständnis von Religion und Ethik gründen:

> Obgleich in alten Zeiten die Maurer [die Erbauer der großen Kathedralen] in allen Ländern verpflichtet waren, der jeweiligen Religion dieses Landes oder dieser Nation anzugehören, so halten wir es heute für ratsam, sie bloß zu der Religion zu verpflichten, in welcher alle Menschen übereinstimmen, und jedem seinen eigenen Glauben zu lassen. Das heißt, sie sollen gute und wahrheitsliebende Männer sein, Männer von Ehre und Rechtschaffenheit, unabhängig davon, durch welche Religionszugehörigkeit und welche Glaubensmeinungen sie sich sonst unterscheiden mögen.

Ein weiteres Merkmal der Freimaurer ist, daß sie keine monotheistischen Vorurteile gegenüber den alten Mysterientraditionen haben. Sie verstehen, daß die alttestamentarische Verdammung der „Götter Ägyptens" eine symbolische Bedeutung hat und nicht dazu verwendet werden sollte, alle sogenannt heidnischen Kulturen zu verteufeln. Gott offenbarte sich in allen Kulturen und zu allen Zeiten, sonst wäre er nicht unbegrenzt und allgegenwärtig. Wenn es den Menschen gelingt, den theistischen Kern der verschiedenen Religionen und Mysterienschulen zu erkennen, dann haben sie den spaltenden Geist des gegenwärtigen Zeitalters überwunden, und sie werden zu wahren Pionieren des neuen Zeitalters.

Trotz allem Respekt vor den alten Mysterientraditionen ist aber nicht zu leugnen, daß auch in ihnen Strömungen mit einer manipulativen bis schwarzmagischen Ausrichtung existierten, in denen die Namen Osiris, Isis, Horus usw. (in Ägypten) oder Shiva, Durga, Kālī usw. (in Indien) mißbraucht wurden, so wie auch der Name Jesus von kirchlichen Organisationen mißbraucht wurde. Das bedeutet aber nicht, daß Jesus, Osiris, Shiva usw. dunkle oder satanische Wesen sind, nur weil in ihrem Namen von gewissen Kreisen viel Unheil beschworen wurde.

Das Freimaurertum wendet sich gegen die Verteufelung anderer Wege und Offenbarungen, ist in diesem Bestreben teilweise jedoch in das andere Extrem abgeglitten, weil Männer, die nicht nur eine kirchenkritische, sondern auch eine antichristliche und jesusfeindliche Haltung hatten, führende Positionen übernahmen. Entsprechende Zitate lassen zum Teil sogar Verachtung und Haß gegenüber Jesus erkennen – wie wenn Jesus für die Verfehlungen der Kirche verantwortlich wäre. Diese Haltung schlägt sich in einer Zuwendung zu Luzifer als „Gott“ und „Lichtbringer“ nieder, was genauso problematisch ist wie die Extreme der mono-theistischen Einseitigkeit.

Eine ehrliche Selbstkritik der Freimaurer sollte die eigenen dunklen Aspekte nicht leugnen oder beschönigen wollen. Der bereits erwähnte bedeutendste US-Freimaurer-Großmeister des 19. Jahrhunderts, Albert Pike, war ein glühender Anhänger der „reinen Lehre Luzifers“. In seinem Werk *Morals and Dogma* (S. 321) schreibt er noch relativ verhüllt: „Luzifer … welch seltsamer und mysteriöser Name, um damit den Geist der Dunkelheit zu benennen. Ist er es, der das Licht trägt? Bezweifelt dies nicht!“

Deutlichere Worte enthält z. B. sein Brief an den italienischen Freimaurer-Führer Giuseppe Mazzini vom 15. August 1871:

> Wir werden die Nihilisten und Atheisten loslassen; wir werden einen gewaltigen gesellschaftlichen Zusammenbruch provozieren, der in seinem ganzen Schrecken den Nationen die Auswirkungen von absolutem Atheismus, dem Ursprung der Grausamkeit und der blutigsten Unruhen, klar vor Augen führen wird. Dann werden die Bürger – gezwungen, sich gegen die Minderheit der Revolutionäre zur Wehr zu setzen – diese Zerstörer der Zivilisation ausrotten. Die Mehrheit der Bürger wird, gottgläubig wie sie ist, nach der Enttäuschung durch das Christentum und daher ohne Orientierung, besorgt nach einem neuen Ideal Ausschau halten, ohne jedoch zu wissen, wen oder was sie anbeten soll. Dann sind die Menschen reif, das reine Licht durch die weltweite Verkündung der reinen Lehre Luzifers zu empfangen, die endlich an die Öffentlichkeit gebracht werden kann. Sie [diese Verkündung] wird auf die allgemeine reaktionäre Bewegung folgen,

> die aus der gleichzeitigen Vernichtung von Christentum und Atheismus hervorgehen wird.

Im weiteren Verlauf dieses Briefes beschrieb Pike auch die „Notwendigkeit" von drei(!) Weltkriegen, bis die Menschheit bereit sein werde für die Offenbarung der luziferischen Weltordnung. Am Anfang seines Buches *Morals and Dogma* schrieb er dies ebenfalls, jedoch in einer etwas diplomatischeren Form: „Wenn alle Kräfte vereint sind und vom Intellekt gesteuert werden, wenn Recht und Gesetz sie beherrschen und alle Bewegungen unter systematischer Kontrolle stehen, dann wird die über Jahrhunderte geplante Revolution zu marschieren beginnen."

In seinen „Instruktionen" an die 23 Höchsten Räte der Welt vom 4. Juli 1889 schrieb Albert Pike:

> Folgendes müssen wir der Öffentlichkeit sagen: „Wir verehren einen Gott, aber unser Gott wird ohne Aberglauben angebetet." / Euch, den souveränen großen Generalinstruktoren, sagen wir, was ihr den Brüdern des 32., 31. und 30. Grades wiederholen sollt: Die Maurer-Religion sollte von uns allen, die wir Eingeweihte der höchsten Grade sind, in der Reinheit der Luziferischen Doktrin erhalten werden. [...] Ja, Luzifer ist Gott; unglücklicherweise ist Adonai auch Gott. Denn nach dem ewigen Gesetz gibt es Licht nicht ohne Schatten, Schönheit nicht ohne Häßlichkeit, Weiß nicht ohne Schwarz. Das Absolute kann nur in Gestalt zweier Gottheiten existieren; das Dunkel dient dem Licht als Hintergrund [...] Die satanische Doktrin ist Ketzerei. Die wahre und reine philosophische Doktrin ist der Glaube an Luzifer, den Adonai Gleichgestellten. Aber Luzifer, der Gott des Lichtes und des Guten, kämpft für die Menschlichkeit gegen Adonai, den Gott des Dunklen und Bösen.

Auch hier sehen wir wieder die verhängnisvolle Gleichsetzung von Dualität und Polarität (siehe S. 114f.). All diese enthüllenden Texte, von denen ich hier nur drei zitiert habe, werden von Kritikern als Fälschungen oder als „Verschwörungstheorien" bezeichnet. Tatsächlich wurde die Veröffentlichung gewisser Dokumente manchmal mit falschen Angaben verbunden, damit man sie gegen außen hin leicht diskreditieren kann, während die Inhalte dennoch kursieren. Zum Beispiel wurde gesagt, der Brief von Pike an Mazzini sei während längerer Zeit in der Bibliothek des Britischen Museums in London ausgestellt worden, was anscheinend nicht stimmt. (Der interviewte Hochgradfreimaurer bestätigte die Echtheit dieser Briefe oder zumindest die Echtheit des Inhalts dieser Briefe.) Selbst wenn diese Texte nicht direkt von Albert Pike stammen würden, gäben sie exakt die Doktrin dieser „Insider" wieder, was durch viele Enthüllungsbücher mit einer Fülle von unbestreitbaren Zitaten belegt wird.[42]

Der theistische Kern des Freimaurertums (2): Harmonie mit der göttlichen Ordnung

Vertreter der luziferischen Doktrin verstehen den Freimaurer-Wahlspruch „Ordnung aus dem Chaos" *(ordo ab chao)* in einem deistischen Sinn, was zu der bereits beschriebenen Rechtfertigung aller Handlungen führt. Aus theistischer Sicht ist der Urgrund allen Seins nicht einfach „Leere" oder „Energie", sondern das absolute Bewußtsein Gottes, von dem wir „Teil" sind. Chaos ist ein Aspekt der Realität, aber wir sollten die Realität oder Gott nicht auf das Chaos beschränken oder mit dem Chaos gleichsetzen. Wenn wir den Trugschluß dieser Gleichsetzung vermeiden, erkennen wir, daß der Urgrund (die Ganzheit) nicht „Chaos" ist, sondern absolutes Sein und Bewußtsein mit einer entsprechenden ewig-lebendigen Ordnung. Aus dieser Sichtweise zeigt sich, daß der Mensch keine Ordnung schaffen kann, *er kann „Ordnung" nur stören oder mit ihr harmonieren.* Was immer wir tun, ist eine Funktion unseres freien Willens auf der Grundlage unserer inneren spirituellen Gesinnung, weshalb wir für alles, was wir tun, verantwortlich sind – vor den anderen Menschen und auf jeden Fall vor Gott. Gerade diesen Aspekt (daß man vor Gott verantwortlich ist und daß Gott eine Ordnung vorgibt) verneint der Deismus und bringt Theorien hervor, die besagen, der Mensch sei selber Gott und es gebe letztlich weder Sünde noch Unrecht, noch „das Böse".

Auch hier muß betont werden, daß die meisten Freimaurer die deistischen Extreme von *ordo ab chao* nicht gutheißen würden und intuitiv dem theistischen Verständnis folgen.

Der theistische Kern des Freimaurertums (3): Die Göttlichkeit des Menschen

Im Gegensatz zu den monotheistischen Religionslehren, die den Menschen als Sünder und Gott als furchterregenden Bestrafer darstellen, betonen die Freimaurer die göttliche Natur des Menschen, weil der Mensch nach dem Abbild Gottes geschaffen wurde und deshalb auch in seiner Unvollkommenheit und „Sünde" diese Göttlichkeit in sich trägt. Das Freimaurertum strebt deshalb nicht eine Vernichtung oder Auflösung des Ichs an (wie dies im Monismus der Fall ist), sondern eine „Veredelung" des Menschen. Der Mensch ist sich seiner Göttlichkeit nicht mehr bewußt („Warum?", wäre hier die entscheidende Frage) und bedarf als unbehauener Stein der Bearbeitung. Dieser Weg führt zur Befreiung von falschen Dogmen wie Erbsünde, Verdammnis und ewiger Hölle, so wie auch Jesus schon sagte, daß die Wahrheit den Menschen frei mache (Joh 8,32) – frei von Dogmen, frei von Priesterabhängigkeit, frei von Angst vor Gott, aber auch *frei von Schwüren, Geheimnissen und okkulten Ritualen.*

Hier sehen wir, daß das Freimaurertum wiederum in das andere Extrem gegangen ist. Diese Männer wollten sich vom strafenden Gott befreien, bauten dafür aber ein Einweihungssystem auf, das den Mitgliedern schlimmste Strafen androht, wenn sie die Geheimhaltungsschwüre willentlich brechen oder beginnen sollten, den Interessen der Organisation zuwiderzuhandeln. Solche Schwüre schaffen eine astrale Abhängigkeit, in ernsten Fällen sogar eine astrale Gefangenschaft, weshalb Jesus in seiner Bergpredigt solche Schwüre ausdrücklich verbot (Mt 5,33-37).

In seiner reinen Form ist das Freimaurertum ein *theistischer Humanismus:* ein Weg der Eigenverantwortung des Menschen vor Gott ohne Abhängigkeit von Institutionen und Hierarchien; jeder Mensch hat seine eigene innere Beziehung zu Gott, und diese Beziehung ist absolut individuell und einzigartig.

Dieser theistische Kern schimmerte an einigen Stellen auch in den Ausführungen des Hochgradfreimaurers durch:

> „Denn dieser Gott des Alten Testaments hat immer Angst verbreitet. Aus lauter Angst war das Volk treu, und aus lauter Angst hat das Volk diesem Gott gedient. Da sagte Jesus: ‚Ihr müßt diesem Gott nicht aus

> Angst dienen, sondern ihr müßt ihm dienen, weil ihr ihn liebt.‘ Und das ist ein großer Unterschied, es ist nämlich immer noch derselbe Gott. […] Das Dienen ist geblieben, die Abhängigkeit von diesen energetischen, göttlichen Strukturen ist geblieben, aber wenn ich mich aus Liebe hingebe, habe ich viel bessere Erfolge als aus Angst.“ (322)

Auch in diesen guten Ansätzen ist die atheistische bzw. deistische Sicht deutlich hörbar. Für ihn ist Gott nichts anderes als eine Umschreibung von „energetischen, göttlichen Strukturen“. Dementsprechend ist Liebe ebenfalls nur ein psychologisches Prinzip, nämlich daß man sich selbst vergibt und sich sagt, daß es keine Schuld und keine Sünde gibt. Das ist jedoch ein sehr beschränktes und egozentrisches Konzept von Liebe: Wenn ich erkenne, daß ich Gott bin, dann habe ich den barmherzigen Gott erkannt, denn dieser Gott verzeiht mir alle Sünden, selbst wenn ich für einen „höheren“ Zweck Menschen ausbeute, ruiniere oder ermorde – entweder direkt oder über entsprechende Machtstrukturen.

Hier sehen wir, daß der Deismus und der religiöse Fundamentalismus als Ergebnis der jeweiligen Einseitigkeit zu ähnlich gearteten Rechtfertigungen führen, sei es im Namen von Luzifer und Neuer Weltordnung, sei es im Namen von Jesus und Bibel (oder Islam und Koran usw.). Wir erinnern uns an Martin Luther, der das Ermorden der aufständischen Bauern einen „Dienst der Liebe“ nannte. Ähnliche Aussagen machten auch die Päpste und Bischöfe bei den Kreuzzügen, ähnliches sagte der Jesuitengründer Ignatius von Loyola und sagen auch extremistische Vertreter des Korans, usw.

Genau von dieser Art von Religion wollten sich die „Freidenker“ der säkularen Bewegungen befreien. Sie waren nicht gegen Religion, sondern gegen die Bevormundung durch die klerikale Obrigkeit. Sie wollten eine humanistisch-individuelle Religion, die auf der Göttlichkeit und Selbstverantwortung des Menschen beruht. Denn wie Jesus sagen konnte: „Ich und der Vater sind eins“ (Joh 10,30), so darf auch der Mensch sagen: „Ich und der Vater sind eins“ (Joh 17,11/21-23). Wir, als Teile Gottes, können dieses Einssein bzw. *Vereint-Sein* als Realität erleben, ohne daß wir Vermittler zwischen Gott und den Menschen benötigen: *Gott und wir, die Teile Gottes, sind zwei und doch eins und dennoch nicht identisch, sondern in Einheit individuell.* Das ist (in philosophischer Formulierung) die

Bedeutung von göttlicher Liebe. Liebe als absolutes Prinzip wird für uns erst dann zu einer Realität, wenn wir jenseits der Funktionalität und Nondualität Gottes *die Individualität* als wichtigsten Aspekt der göttlichen Ganzheit erkennen und in unser Leben integrieren. Dann – und erst dann – erkennt der Mensch seine wahre Göttlichkeit und lebt direkt aus dieser inneren Verbindung mit der Quelle heraus. „Wir sind Gott … oder sogar *größer* als Gott" (159, 145) ist eine Halbwahrheit. Der wahre Teil dieser Aussage wird im Licht der theistischen Offenbarung zu einer ganzheitlichen Wahrheit: „Wahrlich, wahrlich, ich sage euch: Wer an mich glaubt, wird die Taten, die ich tue, ebenfalls tun und wird sogar noch größere tun; denn ich gehe zum Vater, und was ihr in meinem Namen erbitten werdet, das werde ich tun. So wird durch den Sohn die Herrlichkeit des Vaters sichtbar werden." (Joh 14,12-13)

Parapsychologie und Kontakte mit der geistigen Welt

Über Jahrhunderte hinweg hatte die Kirche verlangt, daß ihre Dogmen und Behauptungen von den Menschen kritiklos geglaubt werden. Dies führte in der Zeit der Renaissance und der Aufklärung zu einer wachsenden Gegenbewegung, die sich im anderen Extrem positionierte, im materialistischen und naturalistischen Glauben. Zwischen diesen beiden Lagern gab es aber auch „Freidenker", die sich weder von kirchlichen noch von materialistischen Denkmustern einschränken lassen wollten. Ihr Wunsch war, ohne ideologische Bevormundung zu forschen, um auch in geistigen Bereichen zu überprüfbaren Erkenntnissen zu gelangen. So begründeten sie eine ganzheitliche Wissenschaft, die sowohl die physische als auch die metaphysische Welt erforscht. Der metaphysische Teil dieser Forschung war die *Parapsychologie:* die Erforschung und Überprüfung von paranormalen Phänomenen. Dies setzte voraus, daß man die Realität des Paranormalen zumindest als theoretische Möglichkeit anerkannte und nicht von vornherein alles Übernatürliche mit „natürlichen" Erklärungen wegdiskutieren oder banalisieren wollte. Die parapsychologischen Forscher hatten diese religiöse und wissenschaftliche Offenheit und waren deshalb in der Lage, Tore zur Überwindung von Aberglauben, konfessioneller Überheblichkeit und materialistischer Beschränktheit zu öffnen. Es ist nicht überraschend, daß viele Pioniere der Parapsychologie Freimaurer waren, so z. B. Dr. Frederic Myers (1843-1901), Professor für klassische Philologie an der Universität von Cambridge und Präsident der Britischen Gesellschaft für Parapsychologie, die 1882 von Prof. Henry Sidgwick (Cambridge) gegründet wurde und heute noch besteht.[43] Die Parapsychologie führte zu vielen wichtigen Erkenntnissen hinsichtlich der Fragen, ob der Mensch nach dem Tod weiterlebt, ob es höherdimensionale Welten gibt, wie diese beschaffen sind, was nach dem Tod geschieht, welche Schicksale die guten und die bösen Menschen im Jenseits erleben, usw.

Die parapsychologische Forschung des späten 19. und frühen 20. Jahrhunderts hätte der Menschheit zu großen Fortschritten in der Selbsterkenntnis verhelfen können, wenn diese Erkenntnisse Bestandteil des Allgemeinwissens geworden wären. Dies geschah leider nicht, weil der Widerstand auf beiden Seiten der Spaltung zu groß war. Auf der einen Seite wurden diese Erkenntnisse durch die Kirche und noch mehr durch die „Freikirchen“ und religiösen Fundamentalisten unterdrückt und bekämpft, auf der anderen Seite begannen die Adepten mit spiritistischen und magischen Praktiken, was bewirkte, daß die Geheimhaltung noch rigoroser wurde. Durch die parapsychologische Forschung entstanden jedoch wegweisende Werke, die allen Wahrheitssuchenden zur Verfügung stehen und Einblick in die Multidimensionalität des Kosmos gewähren, sowohl in die Lichtwelten als auch in die Schattenwelten.

Und damit kommen wir wieder zu den Themen „Luzifer“ und „Herr der Welt“. Wo ist *hier* der theistische Kern? Wo liegen die Mißverständnisse? Um diese schwierigen Fragen zu beantworten, muß ich bereits Gesagtes zusammenfassen und etwas weiter ausholen.

Gott- und Luzifer-Theorien des Deismus

Das deistische Weltbild entspringt nicht einem materialistischen Atheismus, sondern einem *metaphysischen* Atheismus. Dieses Weltbild geht davon aus, daß die Materie sowohl in grobstofflicher (physischer) als auch in feinstofflicher (höherdimensionaler) Form existiert. Die multidimensionale Materie wird als Gegensatz zum

„Geist“, zum Spirituellen, gesehen, und man meint, Geist und Materie seien ein Dualismus. „Wir Menschen müssen Geist und Materie auseinanderhalten, der Verstand gehört zur [feinstofflichen] Materie. Der Verstand, das sind die Steuerimpulse für den Körper. [...] Aber der Geist ist nicht in der Lage, diese Materie zu steuern. Der Verstand ja, aber nicht der Geist.“ (137)

Diese Ansicht prägt auch das Gottesbild. „Gott ist Geist“, heißt es im Johannes-Evangelium (4,24), und wenn „Geist“ im obigen Sinn verstanden wird, bedeutet dies: Gott ist Geist, Gott ist das Absolute. Die Materie, das Relative, ist demnach nicht Gott und ist getrennt von Gott. Der interviewte Hochgradfreimaurer argumentiert hier wie folgt: „[...] es gibt diesen Gott, diesen barmherzigen, den die Freimaurerei das ‚*Supreme Being*‘ nennt. Aber dieser ist im Geiste – und er ist vor allem nicht alleine! Auf der Erde, also in der Materie, herrscht ein anderer. [...] Es gibt ein Prinzip, das *Supreme Being,* was für den Menschen nicht erfaßbar ist, das ist der eigentliche Gott, die Kraft, die alles erschaffen hat. Aber die geistigen Kräfte, die Elemente, die uns beherrschen, die wir in der Freimaurerei als *Dreifach Großen Baumeister* bezeichnen – der Herr der Welt, der Erhalter der Welt oder der Zerstörer der Welt –, das ist Luzifer.“ (107, 115)

Ein Gott, der von der Materie ausgeschlossen ist, ist nur ein „Prinzip“, so wie dies hier auch im Zitat deutlich gesagt wird. Das *Supreme Being,* das „Höchste Sein“ oder „Höchste Wesen“, ist abstrakt, und laut Deismus ist es die Aufgabe des Menschen, das Höchste Sein zu verkörpern, denn wenn der Mensch dies tut, hat er Gott – sich selbst – gefunden, und erst dieser Gott ist „barmherzig“, denn dieser Gott bin ich, und ich kann mir dann alles verzeihen, was ich getan habe, weil ja alles notwendig war. (Dies wurde bereits auf S. 205f. erörtert.) Weil der Gott des Deismus nur ein abstraktes und unfaßbares energetisches Prinzip ohne Bewußtsein und ohne Willen ist, kann der Mensch Gott oder sogar mehr als Gott werden! *Alles* ist Gott, insbesondere: Der Mensch ist Gott. Aber im Gegensatz zum abstrakten Absoluten ist der Mensch sich seines Gott-Seins bewußt! „Wenn man in der Lage ist, sich als Mensch zu verwirklichen, dann ist man selbst Gott, dann ist man größer als Gott. Dann ist man schöpferisch, dann hat man seine Aufgabe erfüllt.“ (145)

Während das *Supreme Being* abstrakt und unfaßbar ist, ist die materielle Welt konkret und faßbar, und sie funktioniert nach grobstofflich- und feinstofflich-mechanischen, gnadenlosen Gesetzen. Dies ist die „Wahrheit“, mit der die Eingeweihten in den hohen Graden konfrontiert werden, weshalb von allem Anfang „Toleranz“ gefordert wird, weil der Mensch sonst diese „Wahrheit“ nicht verkraften könnte. „Wenn du sie [die Wahrheit] gefunden hast, wenn du sie erkannt hast, dann läufst du weg und sagst: *‚Die Wahrheit ist ja schrecklich, die ist ja böse.‘* Natürlich ist sie böse. Sie ist gnadenlos. Fakt ist nun aber einmal, daß der Wunsch nach Wahrheit erfüllt worden ist! Und dann mußt du dich wandeln.“ (102f.)

Dieses „böse“ Prinzip beherrscht die ganze Welt und ist deshalb der „Herr der Welt“, Luzifer. Genauso wie das *Supreme Being* nur ein Prinzip ist, aber als „Gott“ personifiziert werden kann, ist auch Luzifer nur ein Prinzip, nämlich das Schöpfungsprinzip genannt „Gesetzmäßigkeit“, angefangen mit der Kausalität. Aber auch Luzifer kann personifiziert und angebetet werden, so wie dies gewisse okkulte Kreise und „Gesellschaften“ tun.

In der hier dargelegten Lehre hat das materielle Schöpfungsprinzip zwei Seiten: die nach innen gerichtete und die nach außen gerichtete. Das Schöpfungsprinzip in seiner inhärenten, der Materie innewohnenden Funktionalität ist „Luzifer“; in seiner pragmatischen, in der Welt wirksamen Gesetzmäßigkeit ist es „Jahwe“ oder „Jehova“. Der Hochgradfreimaurer erläutert dies wie folgt: „Jehova-Gott ist zwar nicht Luzifer selbst, aber er repräsentiert das luziferische Prinzip. Jehova-Gott ist das Weltherrschaftsprinzip. Luzifer wiederum ist die Weltseele, die eingekerkert ist, sich aber immer wieder befreit und in der Lage ist, den Menschen auch zu befreien.“ (78f.)

Genau dies – daß es „Satan“ sei, der den Menschen befreie – sagt auch Helena Blavatsky in ihrem Buch *Die Geheimlehre:*

> So wächst „Satan“, sobald er nicht mehr in dem abergläubischen, dogmatischen, unphilosophischen Kirchengeiste betrachtet wird, zu einem großartigen Bilde empor von einem, der aus einem irdischen einen göttlichen Menschen macht; der [...] ihn befreit von der Sünde der Unwissenheit, somit vom Tode.[44]

In diesem Zusammenhang wird nachvollziehbar, was mit der dubiosen Aussage, Luzifer oder „Satan“ befreie den Menschen von Sünde und

Tod, gemeint ist. „Gott“ Luzifer ist in der Materie eingekerkert, weil er nicht von der Materie zu trennen ist. Luzifer kann aber *im* Menschen und *durch* den Menschen – wenn der Mensch „Gott“ wird – auch den Aspekt der „Barmherzigkeit“ und des „freien Willens“ manifestieren, wobei das luziferische Prinzip den nach Wahrheit strebenden Menschen ermutigt und erleuchtet, damit er (der Mensch) zu erkennen wagt, daß er „Gott“ oder sogar „größer als Gott“ ist …

Luzifer-Theorien und der mißverstandene Shiva

Während viele Freimaurer sagen, ihre Tradition gehe auf die Templer oder auf die alten Ägypter zurück, sagt der Hochgradfreimaurer in Jan van Helsings Buch (S. 244): „Unsere alten Akten behaupten, daß unser Wissen ursprünglich aus Indien gekommen ist.“

Tatsächlich enthalten die Luzifer-Theorien der Freimaurer-Hochgrade gewisse Parallelen zur Gottheit Shiva. Dieser Name ist bekannt im Zusammenhang mit der Dreiheit Brahmā-Vishnu-Shiva des Hinduismus. Aber gerade aus dem Unterschied zwischen den beschriebenen Luzifer-Theorien und Shiva wird erneut deutlich, wo die Einseitigkeit der atheistisch-deistischen Auffassungen liegt.

Wie immer, lautet die Frage auch hier, ob wir das Absolute nur als abstraktes Prinzip (Nondualität) oder auch als Bewußtsein (Individualität) sehen. Shiva, so betont die theistische Linie des Hinduismus, ist eine Individualität und nicht einfach nur eine Personifikation der materiellen Gesetze, obwohl Shiva derjenige Aspekt Gottes ist, der die Materie „berührt“ und befruchtet, damit aus der reinen Potentialität *Polarität* entstehen kann, angefangen mit der ursprünglichen Schöpfungspolarität von Raum und Zeit. Da jegliche Energie Ausdruck von Bewußtsein ist, ist auch die Polarität von Raum und Zeit Ausdruck von Bewußtsein, nämlich von *Gottes* Bewußtsein in „Form“ von Shiva (männlich) und Shakti (weiblich). Das Sanskritwort Shakti finden wir auch im entsprechenden Begriff der hebräischen Mystik, *Schechina*.

Obwohl Shiva und Shakti Aspekte Gottes sind, sollte Gott nicht auf Shiva und Shakti beschränkt werden – denn Gott als Ganzheit hat unendlich viele Aspekte. Vishnu als der Urschöpfer ist das Bewußtsein, das die Totalität aller Materie hervorbringt, d. h. Materie als die ewige Energie, die (durch Shakti-Shiva) unendlich viele vergängliche Formen hervorbringt. Eine dieser Schöpfungen von Shakti-Shiva ist Māyā (Illusion), die es all jenen, die wollen, ermöglicht, sich in der Materie zu verlieren und ihre Beziehung zu Gott zu vergessen. Konkret bedeutet dies: Wenn Engel oder Menschen sich selbst als Gott sehen wollen, gibt Gott ihnen die Illusion, die es ihnen ermöglicht, in eine derartige Verblendung zu fallen. Wenn wir die Realität Gottes nicht sehen wollen, dann ist es Gott, der es uns erlaubt, diese Realität nicht zu sehen. Denn Gott ist allgegenwärtig. Nur aufgrund des Schleiers von Māyā ist es dem Menschen möglich, den Allgegenwärtigen nicht zu sehen!

Shiva in seinem funktionalen Aspekt ist die Intelligenz der scheinbaren Selbstorganisation der Materie, aber Shiva ist mehr als nur diese Funktionalität.* Dennoch ist es möglich, Shiva nur als „Herrn der Materie" zu sehen und ihn auf die Funktionalität der Materie zu beschränken. Dann sehen die Menschen, die das glauben, Shiva nur noch als „Luzifer", aber Shiva ist nicht „Luzifer" und nicht „Satan". Shiva hat nichts mit einer Rebellion gegen die göttliche Ordnung zu tun und ist kein gefallener Engel, aber Menschen, die gegen die göttliche Ordnung rebellieren und über Magie eine eigene „Ordnung" oder „Weltordnung" erzwingen wollen, isolieren und verabsolutieren das Prinzip der materiellen Funktionalität und Kausalität, und was dann übrig bleibt, ist eine *Projektion* von Shiva: Shiva als nur-materielles Prinzip. Und dieser Schatten kann beschworen und angerufen werden, wenn man die Materie durch Magie manipulieren will. Die indischen Schriften betonen jedoch, daß nur die „Asuras", die gottabgewandten Wesen, dies tun (in urchristlicher Terminologie: die gefallenen Engel).

Wenn man einmal glaubt, Shiva oder Gott sei nur eine energetische Struktur, dann bewegt man sich in diabolischen Bereichen, die mit vielen Formen von Dualismus verbunden sind: Gott / Welt, Geist / Materie, Einheit / Vielheit. Und mit diesen (falschen!) Grundannahmen setzt man dann Polarität und Dualität gleich und meint, Gut und Böse seien das gleiche oder seien nur Illusion.

---

* Siehe: *Unsichtbare Welten,* Kap. 10: „Magie, Religion und Spiritualität", Unterkapitel „Shiva – der Inbegriff von Souveränität über die Materie".

Ist Gott nur neutral, jenseits von Gut und Böse? Hat die Unterscheidung von Gut und Böse demnach nichts mit Gott zu tun? Die atheistische Esoterik, die Vertreter des Deismus und die „Illuminaten“ sagen hier ja! Das folgende Unterkapitel zeigt, daß diese Philosophie der Ego-Rechtfertigung nicht erst ein Phänomen der letzten zweihundert oder fünfhundert Jahre ist.

„Illuminaten“-Philosophie vor fünftausend Jahren

Im indischen Epos *Mahābhārata* und in einigen *Purāṇa*-Schriften wird beschrieben, wie die Erde – aus unserer Sicht vor fünftausend Jahren – unter despotischen Königen zu leiden hatte. Damals (und schon seit längerer Zeit) lebten auf der Erde inkarnierte Engel und inkarnierte „Teufel“ nebeneinander, beide mit ihrem ganz unterschiedlichen Einfluß auf die Menschheit. Führend unter diesen Despoten war König Kamsa, einer der mächtigsten Herrscher des damaligen Indien. Devaki, seine Schwester, war einer der sprichwörtlichen inkarnierten Engel. Bei der Hochzeitsfeier von Devaki erfuhr König Kamsa durch eine Prophezeiung, daß das achte Kind seiner Schwester ihn töten werde; dieses achte Kind werde der Avatāra namens Krishna sein. Weil Kamsa befürchtete, jedes der Kinder seiner Schwester könnte ihm feindlich gesinnt sein, ließ er sie und ihren Mann einsperren und tötete jedes Kind gleich nach der Geburt. Als das achte Kind seinen Händen entschwand und sich als hohe Göttin offenbarte, bekam es König Kamsa mit der Angst zu tun und rechtfertigte sich seiner Schwester und seinem Schwager gegenüber mit folgenden Worten:

> […] Beklagt bitte nicht das Schicksal eurer Kinder, denn was immer sie erlitten haben, war das Ergebnis ihrer eigenen früheren Taten. Allen Lebewesen ist es bestimmt, daß sie aufgrund der Vorsehung nicht immer beisammen bleiben können. / So wie alle Dinge, die aus Erde hergestellt werden [wie Töpfe, Figuren usw.], erscheinen und wieder vergehen, kommen und gehen auch unsere Körper. Aber wie das Element Erde [als Material / Energie] selbst immer bestehen bleibt, bleibt auch die Seele immer bestehen. / Wer nicht erleuchtet ist und nicht weiß, daß der Körper und die Seele verschieden sind, wird sich mit seinem eigenen Körper identifizieren, was zur Illusion von Be-

> ziehung und Trennung führt. Dies wiederum bewirkt, daß man im Kreislauf des *saṁsāra* gefangen bleibt. / Deshalb, liebe Schwester, traure nicht um deine Kinder, obwohl sie alle unglücklicherweise von mir getötet worden sind, denn jeder Mensch bekommt aufgrund der Vorsehung (Resonanz) nur das, was er selbst geschaffen hat. / Solange ein Mensch eine falsche Vorstellung von sich selbst hat und sich als getrennt von der Einheit sieht, wird er denken: ‚Ich werde getötet' oder ‚ich habe jemanden getötet'. Wer derart unwissend ist, wird sich selbst für ein eigenständiges Wesen *(ātmā)* halten, das getötet wird oder tötet, was aber nur eine falsche Vorstellung (Illusion) ist, die bewirkt, daß man weiterhin in der Dualität von Verpflichtung und Verantwortung existiert. / Verzeiht also bitte meine grausamen Taten, denn ihr wißt ja um diese göttlichen Zusammenhänge und seid deshalb nicht nachtragend [das heißt, ihr denkt nicht in den Kategorien von Gut und Böse]." (*Śrīmad-Bhāgavatam* 10.4.18-23)

Gewisse Sätze von König Kamsa klingen wie Aussagen der modernen Esoterik: „Jeder Mensch bekommt aufgrund der Vorsehung (Resonanz) nur das, was er selbst geschaffen hat", womit er seiner Schwester sagte, daß ihre neugeborenen Kinder nur das ihnen vorbestimmte Schicksal erfahren hätten. Es sei deren „Resonanz" gewesen, daß sie bei einem Onkel geboren wurden, der sie gleich nach ihrer Geburt umbrachte …

Typisch ist auch, daß er das Prinzip der Individualität *(ātmā)* als Illusion bezeichnet und die Seele mit dem Element Erde vergleicht. So wie Tontöpfe und Tonfiguren vergehen, aber die Tonerde bestehen bleibe, bleibe auch die „Seele" bestehen – als Energie und Potentialität. Die Individualität hingegen sei nichts anderes als eine vergängliche bzw. illusorische Form der Nondualität. Dasselbe wird gesagt, wenn die Individualität mit einer Welle im Wasser verglichen wird. Wenn Individualität nur eine Illusion ist, dann sind auch Verpflichtung und Verantwortung nur eine Illusion. Gemäß der weiter vorne dargelegten Deismus-Sichtweise von Karma, Schuld und Sünde wäre König Kamsa hier das vollkommene Beispiel eines „Gott" gewordenen Menschen, der sich selbst gegenüber barmherzig ist und sich alle Sünden verzeiht …

„Sünde wider den Geist“

Wenn Jesus sagt, „Gott ist Geist“, vertritt damit nicht einen Gott-Welt-Dualismus. Der ganze Satz (Joh 4,24) lautet: „Gott ist Geist, und die ihn anbeten, müssen ihn im Geist und in der Wahrheit anbeten.“

Jesus spricht dies zur Samariterin, die ihn gefragt hat, wo man Gott anbeten müsse: auf den Bergen oder in Jerusalem? Jesus antwortete, es werde eine Zeit kommen, und sie sei bereits gekommen, in der die Menschen Gott *überall* „anbeten“ können. Warum? Weil sie dies „in Geist und in Wahrheit“ tun werden und nicht mehr nur aus einem religiösen Dogmatismus heraus. „Denn der Vater will, daß man ihn auf diese Weise anbetet. Gott ist Geist, und die ihn anbeten, müssen ihn im Geist und in der Wahrheit anbeten.“

Gott ist also nicht bloß ein abstraktes, unfaßbares Prinzip, sondern die Menschen können Gottes Geist *überall* wahrnehmen, wenn sie selber „im Geist und in der Wahrheit“ sind. Wenn die Menschen Gott nicht in dieser Weise erkennen, fallen sie in Einseitigkeiten mit verhängnisvollen Folgen. Der Mensch kann viele Sünden und Gotteslästerungen ausführen, und sie alle können verziehen und überwunden werden, aber wenn der Mensch „Gott ist Geist“ falsch versteht, wird er viele Sünden und Untaten begehen und dabei auch noch meinen, dies sei richtig und gut. Deswegen kann diese „Sünde wider den Geist“ nicht verziehen werden, weil sie die Ursache davon ist, daß der Mensch seine Missetaten nicht als Sünde erkennt und deshalb keinerlei Einsicht und Reue empfindet.

> „Deshalb sage ich euch: Jede Sünde und Lästerung wird den Menschen vergeben werden, aber die Lästerung / Sünde wider den Geist wird nicht vergeben werden. Wer gegen den Menschensohn redet, dem wird vergeben werden. Wer aber gegen den heiligen Geist redet, dem wird nicht vergeben werden, weder in dieser noch in der kommenden Welt.“ (Mt 12,31-32)

Wer den natürlichen Zugang zur Intuition nicht verloren hat, erkennt mit Herz und Kopf, daß die dargelegten Rechtfertigungen im Namen von „Erleuchtung“, „Luzifer“ und „Wahrheit“ irgendwie nicht stimmen können. Gott ist nicht einfach „Geist“ in einem abstrakten Sinn. „Gott ist Liebe. Wer in der Liebe lebt, der lebt in Gott, und Gott lebt in ihm“ (1 Joh 4,16). Das vierte Kapitel des ersten Johannes-Briefes ist eine eindrückliche Beschreibung des lebendigen Gottes und gleichzeitig auch eine Warnung vor denen, die etwas anderes behaupten:

> Meine lieben Freunde, glaubt nicht allen, die vorgeben, den Geist zu besitzen! Prüft sie, um herauszufinden, ob ihr Geist von Gott kommt. [...] Der Geist, der in euch wirkt, ist mächtiger als der Geist, der diese Welt regiert. [...] Wer nicht die Liebe hat, kennt Gott nicht, denn Gott ist Liebe. Gottes Liebe zu uns hat sich darin gezeigt, daß er seinen einzigen Sohn [den erstgeborenen Sohn, den Christos] in die Welt sandte. Durch ihn wollte er uns das neue Leben schenken. Das Besondere an dieser Liebe ist: Nicht wir haben Gott geliebt, aber er hat uns geliebt. (1 Joh 4,1/4/8-10a)

Das theistische Verständnis verabsolutiert nicht die Kausalität, sondern sieht in erster Linie den lebendigen Gott, der Bewußtsein und Willen und deshalb auch Liebe „hat“ – und diese Liebe ist in unserer Welt ein konkreter Faktor, letztlich sogar der einzig wirklich entscheidende Faktor, denn diese Liebe gibt uns die Kriterien für Gut und Böse: Was kommt aus dieser Liebe? Was führt uns zu ihr hin? Was führt uns von ihr weg?

In den atheistisch-deistischen und -monistischen Philosophien ist Liebe jedoch nicht das höchste Kriterium, sondern wird als eine Illusion und Wunschvorstellung gesehen, ebenso wie der Glaube an einen lebendigen, liebenden Gott und an einen göttlichen Sinn des Lebens. – Das wäre tatsächlich die „gnadenlose Wahrheit“, wenn Gott nur Kausalität und Nondualität wäre ...

Fazit

Wir haben die Weltbilder des atheistischen Monismus, des Monotheismus und des Deismus betrachtet und dabei festgestellt, daß sie alle nicht ganzheitlich sind und auf die eine oder die andere Seite vom „Mittelweg“ wegführen. Solange die Menschheit von solchen Einseitigkeiten beherrscht wird, findet sie keinen Frieden und stört das Gleichgewicht der Natur. Dadurch geraten auch die einzelnen Menschen immer mehr in ein Ungleichgewicht und verlieren ihre Mitte. Bei den meisten Menschen führt dies zu einer inneren Unzufriedenheit und zu einem Gefühl, daß „etwas" nicht stimmt. Eine kleine Elite auf beiden Seiten der Spaltung unterdrückt in sich jedoch diese Stimme des Gewissens und der Intuition und bewegt sich bis in die Extreme der Verblendung. All diese Einseitigkeiten führen dazu, daß die Menschen ihre dunkelsten Seiten rechtfertigen können, weil sie *Gott spielen* wollen: über andere richten, über andere herrschen, sich über andere erheben und sagen, wer in Gottes Gnade stehe und wer nicht (siehe S. 167–174, Monotheismus), oder dann glauben zu wissen, was das Karma der „anderen" ist (atheistischer Monismus und Deismus). Der Mittelweg, der zur Überwindung all dieser Einseitigkeiten führt, ist der Weg der ganzheitlichen Spiritualität, die im Kern aller Religionen und Mysterientraditionen angestrebt wird. Das theistische Verständnis ist nicht einfach ein philosophischer Luxus, sondern die größte Herausforderung der heutigen Zeit – und der Schlüssel zur neuen Zeit, zum wirklichen *new age.*

KAPITEL 10

„Das verlorene Symbol“

Dan Browns Botschaft an die Freimaurer

Der theistische Kern des Freimaurertums wird im Roman von Dan Brown, *Das verlorene Symbol* (2009), auf eine spannende und anschauliche Weise dargestellt. Kritiker sagen, dieser Roman sei eine Verharmlosung und klischeehafte Idealisierung der Freimaurer und damit nichts anderes als Werbung. Oberflächlich betrachtet, ist diese Kritik berechtigt. Das Buch enthält jedoch viele Hinweise, die erkennen lassen, daß Dan Brown mit seiner Geschichte eine verborgene und höhere Absicht verfolgt. Dan Brown hätte die dunkelsten Aspekte der Freimaurerei und ihrer Hintermänner thematisieren können, was aber dazu geführt hätte, daß sein Buch von den Massenmedien sogleich als geschmacklose „Verschwörungstheorie“ zerrissen worden wäre. Dan Brown wollte jedoch nicht die dunkelsten, sondern die lichtvollsten Aspekte der Freimaurer hervorheben und hält damit dem gesamten Weltfreimaurertum einen Spiegel vor: *Seht her, dies wäre das ursprüngliche Ideal eurer Tradition! Beurteilt selbst, wie sehr ihr von diesem Ideal abgekommen seid!*

Dennoch stellt Dan Brown auch die dunkelsten Aspekte der Freimaurerei dar, und zwar in der Person des Täters, der ein neu eingeweihter Hochgradfreimaurer ist und sich Mal'akh nennt. Daß Mal'akh der Täter ist, wird im Roman von Anfang an gesagt, und wir können Mal'akh in all seinen Gedanken und Handlungsschritten verfolgen. Die Spannung entsteht nicht durch die typische Krimifrage: „Wer ist der Mörder?“, sondern durch die mit Mal'akh verbundenen Fragen: Wird es ihm gelingen, sein Ziel zu erreichen, nämlich mit Gewalt das alte Geheimnis der Freimaurer an sich zu reißen? Was ist dieses alte Geheimnis? Und was ist das Geheimnis von Mal'akh?

Die Adressaten von Dan Browns Botschaft

„Die Freimaurer sind keine Geheimgesellschaft, sondern eine Gesellschaft mit Geheimnissen.“ (53)*

Dan Brown macht durch seinen Roman etwas bekannt, was ein Großteil der Bevölkerung nicht weiß, nämlich daß viele einflußreiche Persönlichkeiten Freimaurer sind. Gleich zu Beginn des Buches beschreibt er authentisch und mit brisanten Details, wie jemand in den höchsten Grad, den 33. Grad, eingeweiht wird. Im Schlußteil des Buches folgt nochmals eine Einweihungsbeschreibung, mit noch mehr Details und mit einer Auflistung, wer alles an dieser Zeremonie teilnimmt: „[...] einige der mächtigsten Männer des Landes. *Zwei Richter des Obersten Gerichtshofs ... Der Verteidigungsminister ... Der Parlamentsvorsitzende (speaker of the House) ... Drei prominente Senatoren, einschließlich des Mehrheitsführers ... Der Vorsteher der Homeland Security ... Und ... Der Direktor der CIA ...*“ (655). Ebenso zeigt der Roman, daß auch unter kirchlichen Würdenträgern Hochgradfreimaurer zu finden sind.

Über *Das verlorene Symbol* erfährt nun zum ersten Mal ein Millionenpublikum, welche Art von Ritualen im Freimaurertum durchgeführt und welche Schwüre abgelegt werden. Die in der Romanhandlung angedrohte Veröffentlichung dieser Rituale, Schwüre und der Identität der teilnehmenden Prominenz wird von der CIA als höchste Bedrohung der nationalen Sicherheit bezeichnet. Dadurch unterstreicht Dan Brown, daß es in dieser Romangeschichte nicht einfach um Phantasie oder um eine kuriose Außenseitergruppe geht, sondern um ein zentrales Thema der heutigen Zeit, sowohl hinsichtlich der herrschenden Probleme als auch der heute notwendigen – und möglichen – Lösungen. Der Unterton der ganzen Geschichte ist die Hoffnung auf große bevorstehende Veränderungen: „Sie [die legendäre Freimaurerpyramide] hütet ein uraltes Wissen. Und es

---

* Die Zahlen in Klammern sind die Seitenzahlen in der deutschen Ausgabe: Dan Brown, *Das verlorene Symbol,* Gustav Lübbe Verlag 2009. An einigen wenigen Stellen gebe ich die Zitate nicht ganz wörtlich aus der deutschen Übersetzung wieder, sondern verfaßte eine eigene, nach meinem Ermessen treffendere und wörtlichere Übersetzung der englischen Originalstelle.

wird eine Zeit kommen, wahrscheinlich noch zu deinen Lebzeiten, da sie endlich entschlüsselt wird und ihre Geheimnisse ans Licht gebracht werden. Das wird ein Augenblick unvorstellbaren Wandels sein, für die Menschen, für ihr gegenseitiges Verständnis und für das Verständis der Welt, in der wir leben.“ (369)

Die Hauptpersonen und was sie repräsentieren

Dan Browns Brillanz als Spannungsautor besteht darin, daß er die Handlung aus der Sicht der verschiedenen Beteiligten beschreibt und immer nur deren Sichtweise und deren Wissensstand wiedergibt. Dadurch ist es ihm möglich, die Geschichte aus verschiedenen subjektiven Perspektiven zu erzählen und falsche Fährten zu legen, denn einige Meinungen und Ansichten erweisen sich am Schluß als falsch, andere als halbwahr oder unvollständig.

Der Held der Geschichte ist Prof. Robert Langdon, der intellektuelle Skeptiker, der glaubt, alle Vorstellungen von realen Geheimnissen seien Hirngespinste oder dann falsch verstandene Symbolismen und Mythen. Deshalb lehnt er auch jede Möglichkeit einer dunklen Seite der Freimaurerei ab und bemüht immer wieder das Schlagwort „Verschwörungstheorie“. Daß Prof. Langdons Sichtweise diesbezüglich oberflächlich ist, signalisiert Dan Brown bereits in einem der ersten Kapitel der Geschichte, wo er in einer Rückblende beschreibt, wie Prof. Langdon bei einer Vorlesung auf Studenten reagiert, die ihm kritische Fragen zu den Themen „Freimaurer“ und „Verschwörung“ stellen. Ein Student zieht einen Internet-Ausdruck hervor, der zeigt, daß die Straßen in Washington D. C. verschiedene Freimaurermotive darstellen. Prof. Langdon macht sich über diese Aussage lustig und kanzelt den Studenten ab: „Sie müssen nur genügend Linien zeichnen, dann können Sie auf jeder beliebigen Karte alle möglichen Umrisse erkennen“ (S. 48). Man braucht jedoch kein großer Insider zu sein, um zu wissen, daß das Straßenbild der Stadt Washington tatsächlich Freimaurermotive enthält.[45] Mit dieser falschen Aussage von Prof. Langdon teilt Dan Brown den wissenden Lesern, v. a. den Freimaurern, mit, daß er durch Prof. Langdon eine diplomatische Darstellung der Freimaurerei gibt.

Prof. Langdon erklärt, das Ziel der Freimaurerei sei es, „altes, verborgenes Wissen zu erwerben – ein machtvolles Wissen, das man die ‚Alten Mysterien' nennt oder die ‚verlorene Weisheit aller Zeitalter'" (126). Er studiert dieses Wissen, glaubt aber nicht, daß die „Alten Mysterien" tatsächlich existieren. Ebenso weiß er um die Legende der Freimaurerpyramide in Washington, „eine Pyramide, die in enger Verbindung mit den Freimaurern und den Alten Mysterien steht", aber er ist überzeugt, dies sei „ein reines Hirngespinst", „reine Fantasterei" (205), ebenso wie auch die anderen Freimaurerlegenden, nämlich daß es ein verlorenes Meisterwort gebe und daß sich irgendwo in Washington ein Stein befinde, unter dem eine lange Wendeltreppe in die Tiefe führe, an deren Ende der Schlüssel zu den Alten Mysterien liege (333): „Irgendwo da draußen liegt ein gewaltiger spiritueller Schatz vergraben, der seit Jahrhunderten darauf wartet, geborgen zu werden. Ich glaube, dieser Schatz ist ein Katalysator, der die Macht besitzt, die ganze Welt zu verändern." (478)

Die Freimaurerpyramide, die verborgene Wendeltreppe, der spirituelle Schatz am Fuß dieser Wendeltreppe – dies alles mag in Wirklichkeit durchaus nur eine Legende oder eine Metapher sein, aber Dan Brown konstruiert die Romangeschichte so, daß jede dieser Legenden auch als konkretes Objekt existiert, wodurch er deutlich macht, daß sich Prof. Langdon auch hier irrte. Dies wiederum legt nahe, daß Langdon auch in seiner Ansicht, alles in der Freimaurerei sei nur edel, ehrlich und harmlos, falsch liegt. Die Romangeschichte enthält mehrere Hinweise auf die dunkle Seite dieser und aller anderen Machtorganisationen der Welt, ja das Hauptelement der ganzen Geschichte um das „verlorene Symbol" ist diese dunkle Seite, verkörpert durch Mal'akh.

Im Roman treten drei Freimaurer auf, die das Gute verkörpern, wobei der eine bereits mit dem Bösen kooperierte – im Glauben, er fördere dadurch das Gute. Dan Brown zeigt mit einer eindrucksvollen Wende in der Geschichte, daß dieser Mann (Warren Bellamy) mit seinem Glauben völlig in die Irre rannte. Warren gibt diesen Glauben dann auch schlagartig auf und sieht seinen Fehler ein. Hätte er dies nicht getan, wäre in der Romanhandlung die ganze Wendung zum Guten nicht möglich gewesen. Dan Brown zeigt durch diese philosophisch-geniale Konstruktion, daß er die Tücken des Deismus sehr wohl kennt und selber weder ein deistisches noch ein atheistisch-monistisches Weltbild vertritt. Ein wichtiger Teil seiner Botschaft an die Freimaurer lautet also: Erkennt die Tücken des Deismus und überwindet die Trugschlüsse dieses Weltbildes!

Aber alles der Reihe nach: Die drei guten Freimaurer im Roman sind Peter Solomon, Colin Galloway und der bereits erwähnte Warren Bellamy. Peter Solomon ist ein alter Freund und Mentor von Prof. Langdon. Er ist ein reicher Industrieller und zugleich der oberste Freimaurer der USA (203). Obwohl er die Idealgestalt eines Freimaurers darstellt, lastet auf ihm ein dunkler Schatten der Vergangenheit, weil er einst seinen Sohn in einem türkischen Gefängnis im Stich gelassen hat, was letztlich zu dessen Tod führte.

Der Priester Dr. Colin Galloway, Domprobst der Washington National Cathedral, stellt das Ideal des weisen Freimaurers dar. Bezeichnenderweise ist er nicht nur Freimaurer, sondern auch Christ und Kirchenmitglied. Er hat die (theistische) Essenz beider Seiten verinnerlicht und lebt deshalb in einer undogmatisch-religiösen Gottverbundenheit und Mystik. Dan Brown zeichnet ihn mit der klassischen Charakteristik: Er ist blind, sieht mit seinen inneren Augen aber vieles, was die Sehenden nicht sehen.

Warren Bellamy ist der Verwalter des Kapitol-Gebäudes. Er stellt den pragmatisch denkenden Freimaurer dar, der die Institution über die Person stellt. Wenn es um die Interessen und Geheimnisse der Institution geht, ist er sogar bereit, Menschen sterben zu lassen. In der Geschichte befindet sich Peter Solomon in der Hand seines Entführers, der droht, Peter Solomon zu ermorden, wenn ihm nicht ein bestimmter Freimaurer-Code verraten werde. In dieser Situation wollen Prof. Langdon und Katherine Solomon, Peters Schwester (ihr kommt in spiritueller Hinsicht die entscheidende Rolle zu), dem Entführer alles mitteilen, was dieser fordert, nur um Peters Leben zu retten. Aber Warren Bellamy ist kategorisch dagegen: „Nein, Robert. Ein Freimaurer muß einen Bruder über alles schützen … mit einer Ausnahme: dem großen Geheimnis, das unsere Bruderschaft für die gesamte Menschheit bewahrt. […] ich würde es niemandem als Pfand geben … nicht einmal im Austausch für das Leben von Peter Solomon." Und Peter Solomon ist der oberste Freimaurer der USA! Prof. Langdon erwidert empört: „Ich kenne viele Freimaurer, darunter einige hochgradige, und ich bin mir verdammt sicher, daß diese

Männer nicht geschworen haben, ihr Leben für eine Steinpyramide zu opfern […]" Bellamys Antwort: „Es gibt Zirkel innerhalb von Zirkeln, Robert. Nicht jeder weiß alles." (334)

Die Ideologie des Mal'akh

Den drei guten Freimaurern steht der böse Freimaurer Mal'akh gegenüber. Er ist 34 Jahre alt und nennt sich nach dem gefallenen Engel Moloch, der in Miltons Klassiker *Paradise Lost* beschrieben wird (441). *Mal'akh* ist die hebräische Schreibweise von „Moloch".

Peter Solomon und Colin Galloway verkörpern die ursprüngliche, reine Form der Freimaurerei, Mal'akh die entartete und machtorientierte Form. Wie nah sich diese beiden Formen sind, bringt Dan Brown durch die Wahl der Namen zum Ausdruck: *Moloch* und *…molos,* wenn man Solomon rückwärts liest. Hinzu kommt die Ähnlichkeit der Buchtitel *Paradise Lost* (dt. *Das verlorene Paradies*) und *The Lost Symbol* (dt. *Das verlorene Symbol*). Daß das verlorene Symbol viel mit dem „verlorenen Paradies" zu tun hat, spricht Dan Brown am Schluß des Buches aus, ebenso die überraschende Erkenntnis, daß *Moloch* und *…molos* sich näher stehen, als man während des ganzen Romans gemeint hat.

Dan Brown stellt die Person Mal'akh als tragische Ausnahme dar: jemand, der mit unedlen Absichten Hochgradfreimaurer wurde. Er zeigt aber auch, wie Mal'akh selber völlig überzeugt ist, das Richtige zu tun: „Meine Absichten sind edel und lauter *(purely noble)*" (65). Gegen außen hin – für sein Millionenpublikum – stellt Dan Brown Mal'akh als Ausnahme und Einzelfall dar, doch den Insidern und Kennern der Materie verrät er, daß Mal'akh mehr als ein Einzelfall ist. Nur schon Mal'akhs Name erinnert an gewisse dunkle Rituale (Bohemian Grove), und als Person vertritt Mal'akh einen Glauben, der dem Weltbild der höchsten Ebene der Machtpyramide entspricht, insbesondere auch, was die luziferischen Rechtfertigungen betrifft. Was Mal'akh denkt und sagt, entspricht ziemlich genau dem, was der interviewte Hochgradfreimaurer (siehe Kap. 9) als die höchsten, gnadenlosen „Wahrheiten" bezeichnet! Dan Brown wußte also, wovon er schrieb, aber er legte diese Halbwahrheiten einem *irregeleiteten* Freimaurer in den Mund – und damit teilt er der höchsten Ebene der Machtpyramide diskret mit, daß sie mit ihren Gedankengängen und den entsprechenden Machenschaften einem gewaltigen, molochischen Irrtum unterliegen!

Die Grundlage von Mal'akhs Glauben ist eine Halbwahrheit, wie sie viele Esoteriker, „Erleuchtete“ und „Monisten“ vertreten (siehe S. 114f, 140f):

> „Für die Menschen der Antike waren Engel und Dämonen ein und dasselbe gewesen – zwei Seiten einer Münze, alles eine Sache der Polarität.“ (26)
>
> „*Was ist das Böse, wenn nicht ein Naturgesetz?* Dunkelheit folgt auf Licht, Chaos folgt auf Ordnung.“ (440)

Wenn Gut und Böse nur die zwei Seiten der „Polarität“ sind – was all diejenigen glauben, die Polarität und Dualität fälschlicherweise gleichsetzen –, dann bedingen sich das Gute und das Böse gegenseitig. Genau dies ist auch Mal'akhs Glaube, und Dan Brown läßt ihn aussprechen, was die Moloch-Diener als ihre innerste, geheimste Maxime verfolgen:

> „*Um zu schaffen, muß ich vernichten.* Das war das Wesen von Gegensätzen. [...] *Einige müssen sterben, damit andere leben können.*“ (493)
>
> „Chaos ist das natürliche Gesetz des Universums. Gleichgültigkeit ist der Motor der Entropie. Die Apathie des Menschen bildet den fruchtbaren Boden, in dem die Saat der dunklen Mächte gedeiht.“ (670)
>
> „*Chao ab ordo.* [...] *Diejenigen, die in der Lage sind, die Weisheit zu verbreiten, müssen zerstört werden.* Dummheit und Ignoranz lassen das Chaos wachsen.“ (687f.)

Diejenigen, die an ein solches Weltbild glauben, mögen selber überzeugt sein, daß dies die höchste Form von Wahrheit und Erleuchtung sei. In Wirklichkeit ist dies jedoch ein verhängnisvoller Irrtum,[46] und Dan Brown geht im Buch sogar so weit, daß er – am Ende von Kapitel 122 – auf eine dramatische Weise beschreibt, was die Bestimmung dieser Seelen nach dem Tod ist. Mal'akh stirbt, aber er erlebt nach dem Verlassen des Körpers nicht die erhoffte Erleuchtung und Vergöttlichung („Apotheose“), sondern sieht sich jäh mit jener Realität konfrontiert, mit der er in Resonanz gestanden hat und die er dadurch gestärkt hat:

> „[...] ich stürze in ein Labyrinth, dunkler als alles, was ich mir je hätte vorstellen können. Hier, mitten im öden Nichts, vernehme ich ein Flüstern ... spüre, wie sich eine Macht versammelt ... stärker wird, immer schneller, und mich umgibt. Unheil verkündend und finster. Dunkel und alles beherrschend. [...] Und ich schreie ... schreie in unendlichem Entsetzen, als die Dunkelheit mich verschlingt." (690f.)

Auch das ist ein Teil von Dan Browns weltbewegender Botschaft: eine realistische Warnung an all diejenigen, die an die luziferischen Rechtfertigungen glauben.

Annäherung an das Kernproblem

„Das Bild der modernen Freimaurer reichte von Gruppen harmloser alter Herren, die sich gerne verkleideten, bis hin zu den Intrigen abgefeimter Spitzenmanager, die heimlich aus dem Untergrund die Welt regierten. Die Wahrheit lag ohne Zweifel – wie immer – irgendwo in der Mitte" (56). Dies ist Prof. Langdons Meinung, die zweifelsohne die Realität ziemlich zutreffend wiedergibt. An einer anderen Stelle sagt Prof. Langdon zur Chefin des OS (Office of Security), einer Sonderabteilung der CIA: „Die gesamte freimaurerische Philosophie beruht auf Ehrlichkeit und Integrität. Freimaurer gehören zu den vertrauenswürdigsten Menschen, denen Sie begegnen können." Antwort der OS-Chefin: „Ich habe schon überzeugende Beweise für das Gegenteil gesehen" (158). Daß die OS-Chefin über dieses Thema mehr weiß als der in der akademischen Welt lebende Prof. Langdon, dürfte wohl niemand bezweifeln.

Mit solchen Tricks weist Dan Brown auf die problematischen Punkte jenseits der diplomatischen Version hin. Und er läßt sogar Prof. Langdon folgendes sagen – im Anschluß an die Entdeckung eines geheimen Meditationsraumes mit Totenschädel und Sanduhr, wo Freimaurer sich zurückziehen, um angesichts der Vergänglichkeit des Lebens zu beten: *„Was sie viel zu selten tun,* dachte Langdon. Wie anders sähe die Welt aus, wenn die Mächtigen sich die Zeit nähmen, über den Tod nachzudenken, bevor sie einen Krieg anzetteln." (247)

Dan Brown und Prof. Langdon, denen man wirklich nicht nachsagen kann, sie seien „Verschwörungstheoretiker“, sagen hier aus, daß es Mächtige gibt, die mit geheimen Verbindungen Kriege anzetteln. „Wie anders sähe die Welt aus ...“!

Gleich zu Beginn des Buches beschreibt Dan Brown, mit welchen Schwüren die Einweihungen in die höchsten Grade verbunden sind: „Schaudernd mußte er an die grausamen Strafen denken, die ihm auf seiner bisherigen Reise angedroht worden waren für den Fall, daß er eines der uralten Geheimnisse verriet: *Der Hals durchschnitten von Ohr zu Ohr ... die Zunge bei der Wurzel ausgerissen ... die Eingeweide herausgerissen und verbrannt ...*“ (14)

Im Schlußteil des Buches wiederholt Dan Brown diese Beschreibungen mit vielen weiteren Details (über sechs Seiten hinweg!) in der Szene, wo Prof. Langdon geheime Filmaufnahmen von Freimaurereinweihungen zu sehen bekommt. Diese zeigen, wie die Einweihungsschwüre mit den beschriebenen Drohungen verbunden sind und von Grad zu Grad verschärft werden (651-657).

Prof. Langdon interpretiert diese Schwüre und Drohungen allesamt mit einer symbolischen Bedeutung, und Dan Brown verwendet Langdons Gedanken, um Mißverständnissen und Vorurteilen zu begegnen. „Die freimaurerischen Schwüre waren deshalb so unversöhnlich, weil sie daran gemahnen sollten, daß die Ehre eines Menschen und sein Wort alles waren, was er aus dieser Welt mitnehmen konnte“ (656). Als Außenstehender fragt man sich, warum „die Ehre“ und „sein Wort“ das einzige sein soll, was für einen Menschen über den Tod hinaus zählt. Die vielen Verharmlosungen und Erklärungen vermögen nicht voll zu überzeugen, denn wie die eine Aussage der OS-Chefin ahnen läßt, sind diese Schwüre und Drohungen nicht nur metaphorisch und poetisch gemeint. Hinzu kommt, daß das geheime deistische Weltbild ähnlich „gnadenlos“ ist wie diese Drohungen und daß sich damit praktisch alles rechtfertigen läßt.

Warren Bellamy: Das Gute im Strudel böser Schwüre

Als es um die Frage geht, ob dem Entführer ein geheimer Code verraten werden soll, um dadurch Peter Solomons Leben zu retten, antwortet Warren Bellamy: „Ich habe einen Eid abgelegt, dieses Wissen nicht in die Hände eines Unwürdigen fallen zu lassen" (334). Und aufgrund dieses Schwurs will er lieber Peter Solomons Leben opfern, als das „Geheimnis" zu verraten. Dan Brown zeigt, mit wie viel Aufwand und Rigorosität dieses „Geheimnis" behütet wird, aber am Schluß entpuppt sich das Geheimnis als ein *offenes Geheimnis* – und dafür wären wohl kaum derartige Mordschwüre vonnöten.

Im Verlauf der Geschichte stellt sich heraus, daß Warren Bellamy im Geheimen sogar mit Mal'akh kooperiert hat, um dadurch einem vermeintlich höheren Ziel zu dienen. Er kooperierte mit dem Bösen, weil er glaubte, er fördere dadurch das Gute. Obwohl gewisse Esoteriker genau dasselbe glauben, zeigt Dan Brown logisch und anschaulich, wie falsch dieser Glaube ist.

Dan Brown ist nicht naiv, sondern weiß sehr wohl, was in den dunklen Bereichen der Weltgeschichte vor sich geht. Deshalb sind auch die Namen, die er seinen Romanfiguren gibt, nicht zufällig (siehe: Moloch / ...molos). Der Vorname Warren erinnert sogleich an die „Warren Commission", die offizielle Kommission, die nach der Ermordung von John F. Kennedy einberufen wurde, um den Mordfall zu untersuchen. Diese Kommission führte jedoch keine seriöse Untersuchung durch, sondern diente auf allen Ebenen der Vertuschung, um Lee Harvey Oswald als Einzeltäter hinstellen zu können. Zahlreiche unabhängige Investigatoren haben jedoch längst den Beweis erbracht, daß Oswald kein Einzeltäter war, ja mehr noch: daß er sich nicht einmal in jenem sechsten Stock des Lagergebäudes aufgehalten hatte, aus dem angeblich die tödlichen Schüsse abgefeuert wurden. (Das Altgens-Foto zeigt Oswald, wie er unten beim Eingang des Lagergebäudes steht und zuschaut, wie JFK in der offenen Limousine vorbeifährt. Die Schüsse, an denen JFK starb, können unmöglich *von hinten,* vom Lagergebäude, und nur aus einem einzigen Gewehr gekommen sein; usw.[47])

Zur Warren-Kommission gehörten der Namengeber Earl Warren, der US-Justizminister; der von JFK abgesetzte frühere CIA-Direktor Allen Dulles; John McCloy, der frühere Präsident der Weltbank, und andere, darunter mehrere US-Senatoren. Die meisten dieser namhaften Kommissionsmitglieder waren Freimaurer, insbesondere Gerald Ford (ein 33-Grad-Freimaurer), der spätere US-Präsident. Warren Bellamy hätte in dieser Kommission wahrscheinlich ebenfalls kooperiert. So wie er (ein 33-Grad-Freimaurer) bereit war, Peter Solomon zu opfern, waren in der realen Welt andere bereit, Präsident Kennedy zu opfern. „Es gibt Zirkel innerhalb von Zirkeln, Robert. Nicht jeder weiß alles.“ (334)

Dan Brown ist sich dieser Hintergründe bewußt. Im Vorfeld des Erscheinens seines Freimaurer-Romans gab er das Gerücht in die Welt, er werde in seiner Geschichte auch die „Georgia Guidestones“ erwähnen. Durch diese Ankündigung erfuhr ebenfalls ein Millionenpublikum zum ersten Mal von der Existenz dieses ominösen Monuments, auf dem in acht Sprachen die zehn Richtlinien *(guidelines)* für das „Age of Reason“ verkündet werden. Richtlinie 1: Reduzierung der Weltbevölkerung auf eine halbe Milliarde (siehe S. 211). Im Buch selbst werden die Georgia Guidestones nicht erwähnt, aber Dan Brown legt Warren Bellamy eine Anspielung auf die Guidestones in den Mund: „Im Lauf der Geschichte wurden unsere wichtigsten Wegweiser *(guideposts)* immer in Stein gemeißelt [...]“ (S. 195 in der englischen Ausgabe). Die Erklärungstafel bei den Guidestones enthält einen leicht zu erkennenden Schlüssel zur Identifizierung der scheinbar anonymen Stifter, die dieses Monument errichten ließen, nämlich das Datum der Bauvollendung: „March 22 1980“. Dieses nicht zufällige Datum enthält die Zahl 322, genau jene Zahl, die im Wappen der Elitegeheimgesellschaft „Skull and Bones“ zu finden ist. Zu „Skull and Bones“ gehören unter anderem George Bush sen. und jun.

„Es gibt Kreise innerhalb von Kreisen ... Bruderschaften innerhalb von Bruderschaften“, läßt Dan Brown den Mal’akh gleich zu Beginn des Buches sagen (25).

Die geheimen Kreise, die bereit sind, eine gewaltige Bevölkerungsreduktion in Betracht zu ziehen, werden von Dan Brown durch die Person des Mal’akh dargestellt – und durch Warren Bellamy, der mit Mal’akh im Geheimen kooperierte, weil er meinte, dies diene dem höheren Zweck seiner Schwüre.

Dan Brown scheut sich nicht, auch die dunkelsten Abgründe der genannten Gruppierungen zu erwähnen: *„Es gibt ein Schattenuniversum jenseits des unseren ... eine Welt, aus der ich Macht beziehen kann“*, sagt Mal’akh (438). „Richtig heraufbeschworen, konnten die unsichtbaren Mächte dazu gebracht werden, die Wünsche des Ausübenden auf Erden zu erfüllen und ihn auf diese Weise mit schier übernatürlichen Kräften auszustatten. […] Schon bald würden sie [diese unsichtbaren Mächte] das Licht vollkommen verschlingen, und die Adepten der Dunkelheit würden frei durch den Geist der Menschen schweifen." (545, 548)

Die noetische Wissenschaft als die große Hoffnung

Trotz der verborgenen Hinweise auf die dunklen Abgründe der heutigen Machtstrukturen verbreitet Dan Brown einen starken und realistischen Optimismus. Die Hoffnungsträgerin in der Romangeschichte ist Katherine Solomon, Peter Solomons Schwester. Sie ist eine Pionierin der Noetischen Wissenschaften, kurz: „Noetik", und sie ist Autorin des Buches *Noetische Wissenschaften – Der moderne Weg zur alten Weisheit* (118), im Englischen: *Noetic Science: Modern Gateway to Ancient Wisdom.*

Der Begriff „noetisch" ist abgeleitet von grch. *noetikos,* „den *nous* betreffend". *Nous* bezeichnet im Griechischen das Vermögen der geistigen Wahrnehmung, was jedoch nicht nur den Verstand oder den Intellekt meint. Bei Platon und Aristoteles war *nous* der höchste der drei Seelenteile, in der griechischen Metaphysik (Xenophanes, Anaxagoras) ist *nous* der allbewußte, ordnende Weltgeist, von dem der Mensch in seiner unsterblichen Essenz ein Teil ist. Der *nous* wurde deshalb auch als die ewige Seele gesehen, jener Aspekt des Menschen, der vor der Geburt existiert hat und nach dem Tod weiter existiert.

Die noetischen Wissenschaften haben das Paradigma der materialistischen Wissenschaft hinter sich gelassen und gehen von der Multidimensionalität des Menschen und des Kosmos aus. Diese Forschung dient nicht profitorientierten Zielen, sondern ist bestrebt herauszufinden, wie das Bewußtsein des Menschen auf die Materie einwirkt und dadurch das materielle Umfeld verändern kann. Zur Grundlage dieser neuen Wissenschaft gehört die „Quantifizierung bislang unbekannter Energiefelder" (76), d. h. der Gedanken- und Bewußtseinsfelder des Menschen. „Was sie [Katherine Solomon] tat, war wissenschaftlich so weit fortgeschritten, daß es gar nicht mehr wie eine Wissenschaft erschien." (61)

Schon am Anfang des Buches verkündet eine hoffnungsvolle Katherine Solomon: *„Bald wird sich alles ändern.“* (60)

„Katherines Enthüllungen würden zu einem Katalysator werden, der die Menschheit inspirierte, jenes Wissen wiederzuerlangen, die sie Äonen zuvor verloren hatte, und ihr eine bisher unvorstellbare Macht verleihen.“ (88f.)

Die Noetikforschung vertritt ein ganz anderes Weltbild als die Darwinisten, die glauben, der Mensch sei früher primitiv gewesen und stamme von einer Tierlinie ab. Nein, die Menschen der ersten Zeitalter waren Meister der noetischen Fähigkeiten gewesen, und heute wird nun wieder entdeckt, was die Menschheit „Äonen zuvor verloren“ hat. Deswegen gibt Dan Brown dem Buch von Katherine Solomon den Titel: *Noetische Wissenschaften – Der moderne Weg zur alten Weisheit.* Hier soll sich ein großer Bogen schließen, um das Tor zu einer neuen, lichtvolleren Epoche der Menschheit zu öffnen. Peter Solomon ist überzeugt: „Der Schlüssel zu unserer wissenschaftlichen Zukunft ist in unserer Vergangenheit verborgen“ (94), und er beruft sich dabei auf Schriften wie die indische *Bhagavad-Gītā* und die Upanishaden und auch auf das ursprüngliche metaphysische Verständnis der Bibel und der anderen heiligen Schriften.

Der Deismus ist nicht genug

In einer Rückblende beschreibt Dan Brown, wie Peter Solomon in einer Vorlesung erklärte: „Unsere Gründerväter waren tiefreligiöse Männer, aber sie waren Deisten – Männer, die an Gott glaubten, aber auf eine universelle, offene Art. Das einzige religiöse Ideal, das sie verfochten, war die Freiheit des Glaubens.“ (612)

Aber nicht alle Gründerväter waren Deisten, ebenso wie nicht alle Freimaurer Deisten sind. Der blinde Colin Galloway ist nicht Deist, sondern Theist, wie sich aus Dan Browns Beschreibungen ableiten läßt. Mal'akhs philosophische Konsequenz und Warren Bellamys Pragmatismus zeigen deutlich, wohin der Deismus führt.

„Er [Colin Galloway] betete dafür, daß sein geliebtes Land die wahre Macht des Wortes erkennen möge – all die gesammelten und niedergeschriebenen Wahrheiten, wie die großen Meister sie gelehrt haben“ (733). „Galloway wußte, daß die Kirche schon vor vielen

Jahrhunderten vom rechten Weg abgekommen war. *Es ist immer am dunkelsten, bevor die Morgendämmerung anbricht.*" (498)

Jetzt ist es am dunkelsten – das sagt der Christ und Freimaurer Galloway sowohl zu den Christen als auch zu den Freimaurern! Dan Brown erinnert die Freimaurer daran: „Für Amerikas freimaurerische Gründerväter war das Wort die Bibel gewesen. *Und doch haben nur wenige Menschen in der Geschichte ihre wahre Botschaft verstanden*" (733). Damit sagt Dan Brown: Weder die freimaurerischen Deisten noch die Christen haben die „wahre Botschaft" der Bibel, d.h. ihre *theistische* Botschaft, verstanden!

Der Deismus betont, daß Gott als „Schöpfer" nichts anderes als ein Prinzip oder eine Personifikation ist und in unserer Welt nicht eingreift, weil er kein eigenes Bewußtsein hat. Dieser Gott ist gnadenlos, hat keine individuelle Beziehung zu den Menschen und erhört keine Gebete. Die Noetik geht über den Deismus hinaus, indem sie folgende Fragen stellt: *„Erhört jemand unsere Gebete? Gibt es ein Leben nach dem Tod? Haben Menschen Seelen?*" (321)

Katherine Solomons geheime Forschungen und Experimente liefern viele Indizien, die auf die Existenz höherdimensionaler Welten hinweisen, ebenso auf die Existenz eines feinstofflichen Körpers, der im Moment des Todes den sterblichen Körper verläßt. Wenn die Noetik dies alles beweisen könnte, „dann würde dies auf zahlreiche mystische Fragen – Seelenwanderung, kosmisches Bewußtsein, Nahtoderfahrung, Astralreisen, Fernwahrnehmung und Ähnliches – ein völlig neues Licht werfen" (595).

Wird es den Menschen gelingen, durch höhere Erkenntnisse über die herrschenden Halbwahrheiten und Irrtümer hinauszuwachsen? Dan Brown glaubt daran und macht deutlich, daß er seine größte Hoffnung auf die Noetik setzt. „Erhört jemand unsere Gebete?" Das ist nicht mehr Deismus. Das große Schlüsselwort am Schluß des Buches, *Laus Deo* („Lob Gottes"), ist ebenfalls nicht einfach Deismus, denn der deistische Gott wird nicht verehrt. *Laus Deo,* die Kulmination von Dan Browns Roman, ist der direkte Ausdruck des theistischen Kerns des Freimaurertums.

Der verborgene Schatz der Freimaurer

„Irgendwo da draußen liegt ein gewaltiger spiritueller Schatz vergraben, der seit Jahrhunderten darauf wartet, geborgen zu werden. Ich glaube, dieser Schatz ist ein Katalysator, der die Macht besitzt, die ganze Welt zu verändern.“ (478)

Diesen Schatz will Mal'akh an sich reißen, weil er meint, der einzige wahrhaft Erleuchtete zu sein, der dieses Schatzes würdig ist. Durch Mal'akh verrät Dan Brown das eine, nicht ursprüngliche Geheimnis der Freimaurer: die luziferischen Verirrungen und Rechtfertigungen. Das ursprüngliche, göttliche Geheimnis ist jedoch etwas ganz anderes: „ein gewaltiger spiritueller Schatz …“! Dieser Schatz – das „verlorene Meisterwort“, das „verlorene Symbol“ – liegt am Fuß einer Wendeltreppe, die von einem Stein bedeckt ist.

Dan Brown findet einfallsreiche Interpretationen, die es ihm erlauben, diese metaphorischen Bilder als konkrete Objekte darzustellen und dadurch den Freimaurerlegenden eine neue und konstruktive Bedeutung zu verleihen. Für Thriller-Fans sind Dan Browns Konstruktionen wahrscheinlich eine Enttäuschung: Als die legendäre Wendeltreppe wird die Treppe im Inneren des Washington Memorial identifiziert, jenes berühmten obeliskförmigen Turmes in Washington D.C., der im 19. Jahrhundert errichtet wurde. Der Stein, unter dem sich die legendäre Treppe befinden soll, kann in der pyramidenförmigen Spitze des Obelisken gefunden werden, auf deren Ostseite die Worte *Laus Deo* („Lob Gottes“) eingraviert sind. Der verborgene Schatz am Fuß der Wendeltreppe befindet sich im hohlen Grundstein des freimaurerischen Washington Memorial. Und was wurde dort vergraben? Die Bibel!

Das Verlorene Meisterwort ist „das Wort Gottes“, wie es im theistischen Kern aller Religionen und Mysterientraditionen zu finden ist. „Wir haben das Wort verloren, und doch ist seine wahre Bedeutung noch in Reichweite, direkt vor unseren Augen. Es existiert in den fortdauernden Schriften, von der Bibel bis zur Bhagavad Gita, dem Koran und anderen.“ (740)

Der Weg zu diesem Schatz wird von der Freimaurerpyramide gewiesen, die Dan Brown ebenfalls als konkretes Objekt in Erscheinung treten läßt. Der erste Code auf dieser Pyramide ergibt nach der

Entschlüsselung die Worte *Ieova Sanctus Unus* (wörtl. „Jeova / Gott der Heilige Eine“) – was auch bei Prof. Langdon und Katherine Solomon Verwunderung und Enttäuschung auslöst: *„Ein wahrer Gott?* Das ist das ganze Geheimnis?“ (408)

Diese einfache Formulierung ist ein Schlüssel, den nur jene Menschen verstehen können, die das entsprechende Bewußtsein haben. *Ieova Sanctus Unus* besagt gleichzeitig auch, daß „das wahre Potenzial der Menschen nur durch den einen wahren Gott erschlossen werden kann“. (407)

Auch hier führt uns Dan Brown direkt zum mystischen Geheimnis der theistischen Gotteserkenntnis.

Wozu dann all die Geheimhaltung?

Während zwei Dritteln des Buches betonen die freimaurerischen Protagonisten immer wieder: „Wenn dieses Wissen in falsche, uneingeweihte Hände fiele, wären die Folgen verheerend“ (206). Warren Bellamy sagt zu Langdon: „Wie Sie wissen, Professor, sind die Alten Mysterien ausschließlich den wahrhaft Erleuchteten vorbehalten“ (307). Und dann enthüllen sich diese „Alten Mysterien“ in Washington D. C. als die Bibel – und allgemein als die bekannten heiligen Schriften!

Für ein solches Geheimnis wären keine makabren Mordschwüre und keine dunklen Machenschaften erforderlich. Mit diesem eklatanten Widerspruch zur effektiv praktizierten Geheimhaltung, die den Tod oder sogar die Ermordung einzelner und vieler Menschen beinhaltet, signalisiert Dan Brown, daß an den faktischen Geheimnissen etwas faul ist (sind es Mal'akh-Geheimnisse?) und daß die wahren Geheimnisse von ganz anderer Natur sind und keine Schwüre, Elitezirkel, „Bruderschaften innerhalb von Bruderschaften“ usw. erfordern würden.

Die Göttlichkeit des Menschen

Genauso wie die Kirche hätten also auch die Freimaurer als inoffizielle „Gegenkirche“ eine umfassende Vergangenheitsbewältigung und -korrektur vorzunehmen, vor allem wenn sie das hohe Ziel aller

Religionen und aller Mysterien verwirklichen möchten: die Göttlichkeit des Menschen.

> *„Das große Versprechen der Vergöttlichung des Menschen (The great promise of man becoming God).* […] ein Versprechen, daß der Mensch dereinst vollkommene spirituelle Reife erreichen würde." (Kap. 133)

In Kapitel 9 wurde bereits dargelegt, zu welchen Trugschlüssen die deistische Interpretation der Apotheose („Vergöttlichung; Gottwerdung") des Menschen führen kann. Dan Brown sagt hier deutlich, was „Der Mensch wird Gott" im theistischen Sinn bedeutet: das Erreichen vollkommener spiritueller Reife. In der Erkenntnis der eigenen Göttlichkeit wird sich der Mensch bewußt, daß er seine eigene Realität schafft und damit immer auch auf andere Menschen einwirkt – weshalb wir nicht nur vor uns selbst verantwortlich sind.

> „In jeder Kultur, in jedem Zeitalter, in jedem Winkel der Welt hat sich der Traum des Menschen auf ein und dasselbe Konzept fokussiert: seine Apotheose, die nahe bevorstehende Transformation unseres menschlichen Geistes in sein wahres Potenzial." (615)

Das geistige Potenzial des Menschen ist direkt mit seiner geistigen Herkunft verbunden. Der Mensch hatte am Anfang und in den ersten Zeitaltern (Äonen) vollen Zugang zu diesen Potenzialen, und nun, nach langer Zeit, hat die Menschheit wieder die Möglichkeit, „jenes Wissen wiederzuerlangen, die sie Äonen zuvor verloren hat" (89). Die zentrale Botschaft Jesu, „ihr seid Götter", wird von Dan Brown zweimal zitiert (471, 740) und kann nun durch dieses wiederentdeckte Urwissen (der geistige Ursprung des Menschen) in ihrer ganzen Bedeutungstiefe erkannt werden. Die noetischen Wissenschaften könnten hier den Paradigmenwechsel zu einer global heilbringenden Realität werden lassen.

Gemäß dem noetischen Verständnis ist das menschliche Bewußtsein „eine Energie höchster Ordnung, die in der Lage ist, die physische Welt zu verändern" (92). Positive Gedanken erschaffen „Eiskristalle von makelloser Symmetrie", während negative Gedanken Kristalle ohne Struktur und Ordnung erschaffen (92). Offensichtlich besteht ein Unterschied zwischen guten und schlechten Gedanken; es ist nicht alles eins …

Bereits in Kapitel 18 erklärt Dan Brown (durch Katherine Solomon): Wenn immer mehr Menschen anfangen, ihr Bewußtsein auf etwas Bestimmtes zu richten, dann vergrößert sich die feinstoffliche Masse dieser Gedanken und beeinflußt die physische Welt. Gute Gedanken stärken in der physischen Welt die göttliche Ordnung und Harmonie – und Dan Brown hofft, daß er mit seinem Buch die Gedanken von Millionen von Menschen auf dieses neue Bewußtsein zu richten vermag!

> „Der Legende nach ist das Verbum significatum [das Meisterwort] tief unter der Erde vergraben, wo es geduldig auf einen Schlüsselmoment in der Geschichte wartet – auf eine Zeit, in der die Menschheit ohne die Wahrheit, das Wissen und die Weisheit aller Zeitalter nicht mehr überleben kann. An diesem dunklen Scheideweg wird die Menschheit das Wort schließlich wieder ausfindig machen und in ein wundervolles neues Zeitalter der Erleuchtung eintreten.“ (614)

Verbum significatum: Der Kern aller Religionen und Mysterientraditionen ist die theistische Selbst- und Gotteserkenntnis. Durch diese Ausrichtung auf die gemeinsame Essenz werden die Menschen die Spaltung des heutigen Zeitalters überwinden können.

Aphorismen und Kurztexte

Ich möchte das Buch „Einheit im Licht der Ganzheit" abrunden, indem ich zentrale Punkte der ganzheitlichen Spiritualität als Aphorismen (Sinnsprüche) und Kurztexte zusammenfasse und nochmals neu formuliere. Einige Punkte werden dadurch wiederholt – vor allem aus dem Buch „Der radikale Mittelweg", das ebenfalls aus solchen Kurztexten besteht –, andere ergänzt oder mit neuen Perspektiven erweitert. Die fünf Kurzgedichte in Reim- und antiken Formen (21–26) entnahm ich meinen beiden Gedichtbänden, die 1992 erschienen sind.

Der ganzheitliche Pfad ist schmal und „radikal"

1

Es ist ein Paradox: Warum ist der ganzheitliche Pfad schmal? Müßte der ganzheitliche Pfad nicht breit und allumfassend sein? Ja, der ganzheitliche Pfad ist allumfassend und ist gerade deshalb schmal, weil er alles, was einseitig, also nicht allumfassend und nicht ganzheitlich ist, vermeidet. Das Bild des schmalen Pfades findet sich in vielen heiligen Schriften. Eine berühmte Stelle ist die aus der altindischen Sanskritschrift *Kaṭha Upaniṣad* (1.3.14): „Erwache und steh auf und ergreife die große Segnung [des menschlichen Lebens]! Der wahrhaft göttliche Pfad ist schmal und scharf wie die Schneide eines Messers, sagen die Weisen." Dieser bekannte Vers inspirierte den englischen Schriftsteller William Somerset Maugham zum Titel seines Romans *The Razor's Edge* (1944; dt. *Auf Messers Schneide*).

„Das Gesetz und die Propheten fordern letztlich nur eines: Behandelt die anderen so, wie ihr von ihnen behandelt werden möchtet. Gehet hinein durch diese enge Pforte. Denn die Pforte ist weit und der Weg ist breit, der ins Verderben führt, und viele sind auf diesem Weg. Eng ist die Pforte und schmal der Weg, der zum Leben führt, und wenige sind diejenigen, die diesen Weg wirklich gehen wollen." (Mt 7,12–14)

2

Einmal fragte ein Mann Jesus: „Herr, ist es wirklich so, daß das Heil nur wenigen zuteil wird?“ Jesus antwortete: „Strebt mit Entschlossenheit danach, durch die enge Pforte [das Labyrinth] hindurchzukommen! Ich sage euch: Viele möchten das Heil finden, aber kommen von diesem schmalen Pfad ab. [...] Aus Osten und Westen, aus Norden und Süden werden Menschen kommen und an Gottes Tisch Platz nehmen. Wer jetzt zu den Letzten zählt, wird dann unter den Ersten sein. Und wer heute zu den Ersten zählt, wird dann bei den Letzten sein.“ (Lk 13,23-30)

3

„Wer nicht für mich ist, ist gegen mich.“ (Mt 12,30, Lk 11,23)

Jesus sagte aber auch: „Wer nicht gegen uns ist, ist für uns.“ (Mk 9,40, Lk 9,50)

Ersteres sagte Jesus zu den Pharisäern, als diese ihn verleumdeten und sagten, er könne nur deshalb Kranke heilen und Wunder vollbringen, weil er mit dem „obersten aller bösen Geister“ im Bund stehe. Jesus antwortete mit einer Gegenfrage: „Wenn ihr sagt, daß der Satan mir die Kraft gebe, böse Geister auszutreiben, wer gibt dann euren Anhängern die Kraft, das gleiche zu tun? Eure eigenen Anhänger beweisen, daß ihr im Unrecht seid.“ Der Satan würde sich nicht selbst austreiben. Das heißt: Dunkelheit kann sich nicht selbst auflösen und will das auch gar nicht. Wenn die Dunkelheit jedoch weicht, ist dies ein Zeichen dafür, daß eine Kraft am Wirken ist, die ganz anders ist als alle Dunkelheit. „Wer nicht für mich ist, ist gegen mich, und wer mir nicht sammeln hilft, der zerstreut.“ Wer kein Licht bringt, ist in Dunkelheit. Wer nicht auf dem Mittelweg ist, bewegt sich in irgendwelchen Einseitigkeiten und bringt auch andere Menschen vom Weg ab. Diejenigen aber, die aus einem ganzheitlichen Gottesbewußtsein heraus handeln, sind auf dem Mittelweg, unabhängig davon, wo auf dem Mittelweg sie sich befinden. Wer das Licht nicht abblockt, ist offensichtlich selber im Licht. „Wer nicht gegen uns ist, ist für uns.“

4

Agnostiker sagen, niemand könne wissen, was das Absolute sei; Gott sei für den Menschen nicht erkennbar. Die ganzheitliche Logik des Theismus entgegnet hier: Ja, es stimmt, das Absolute ist für den Menschen nicht erkennbar. Aber wäre es *nur* unerkennbar, wäre es nicht vollkommen, weil ihm dann etwas fehlte, nämlich der Aspekt der Erkennbarkeit! Gott ist also nicht nur unerkennbar, sondern auch erkennbar, nicht nur unverständlich, sondern auch verständlich. Dies zu verstehen ist die Vollkommenheit aller Logik und der wahre Zweck der gottgegebenen Intelligenz.

5

Das Absolute ist allumfassend und umfaßt auch das Relative, das durch diese Verbindung mit dem Absoluten seine Realität bekommt. Wer nur das Absolute oder nur das Relative hervorhebt, fällt in eine Einseitigkeit und vertritt damit nur noch halbwahre Ansichten über das Absolute und das Relative: Verabsolutierungen auf der einen Seite, abstrakte Einheitsvorstellungen auf der anderen. Wenn die Menschen die göttliche Realität aus den Augen verlieren, hat das einzelne Menschenleben plötzlich keinen großen Wert mehr, und eine kleine Elite maßt sich an, über Leben und Tod anderer Menschen zu urteilen, sei es im Namen von Gott und Religion oder im Namen von Atheismus, Humanismus, Sozialismus usw. Die theistische Philosophie ist also nicht bloß Theorie, sondern Grundlage eines großen Umdenkens mit existenzieller Bedeutung.

6

Wurzel allen Übels

Einig zu sein ist göttlich und gut; woher ist die Sucht denn
Unter den Menschen, daß nur Einer und Eines nur sei?

— Friedrich Hölderlin (1800)

Dieses heute sehr bekannte Epigramm Hölderlins bringt die Kritik an allen Formen von Einseitigkeit prägnant mit wenigen Worten zum Ausdruck. Die Formulierung „daß nur Einer und Eines nur sei" bezieht sich auf das, was ich als Monotheismus und Atheismus bezeichne; „nur Einer“ meint den Glauben an den „einzigen Gott“, „nur … Eines“ die Verabsolutierung der Einheit, wie dies im Materialismus und im Monismus der Fall ist. Der Glaube – Hölderlin spricht von „Sucht“! –, „daß nur Einer und Eines nur sei“, steht im Widerspruch zum „Einig zu sein“: Wenn die Menschen von der beschriebenen „Sucht“ – von den ver-rückten Einseitigkeiten, die den Mittelweg verfehlen – frei werden, sind sie fähig, sich in einer höheren Einheit zu finden, die mehr als nur „Einer und Eines“ ist, nämlich *Ganzheit.* Hier sehen wir das Eine nicht getrennt von Allem: Gott nicht getrennt von den Menschen und die Menschen nicht getrennt von Gott. Gott ist nicht exklusiv, elitär und spaltend, sondern einigend. Was einigend ist, ist „göttlich und gut“, alles andere ist nicht „göttlich und gut“. Durch dieses Kriterium wird auch ein klares Unterscheiden möglich.

„Eines zu sein mit Allem, das ist Leben der Gottheit, das ist der Himmel des Menschen“, schrieb Hölderlin in seinem poetischen Roman *Hyperion* (im „Ersten Buch“, zweiter Brief).

Einheit, Ganzheit und göttliche Liebe

7

Die Teile sind mit dem Ganzen ewiglich verbunden und sind gleichzeitig ewig individuell, ähnlich wie die Sonnenstrahlen und die Sonne untrennbar verbunden sind. Urgrund und Emanation, das Ganze und die Teile, sind also nie unterschiedslos eins, aber auch nie getrennt. Mit anderen Worten: Alles ist eins und verschieden – und zwar gleichzeitig. Das Absolute und das Relative sind nicht getrennt und nicht das gleiche. Positiv ausgedrückt: Gott ist sowohl Individuum als auch Energie. Sobald man das eine vom anderen getrennt betrachtet, gerät man in den Bereich der Einseitigkeiten und Halbwahrheiten.

8

In religiösen Kreisen, die nicht theistisch sind – z. B. im Buddhismus und im Advaita-Hinduismus –, wird gelehrt, es gebe nichts, was eine unabhängige oder definitive, autonome Existenz besitze, denn etwas „Autonomes“ (= Individuelles) wäre automatisch statisch und begrenzt. Aus theistischer Sicht sind solche Aussagen zu relativieren. Im Materiellen wäre etwas Definitives tatsächlich statisch und begrenzt, aber wir sollten das Relative nicht auf das Absolute projizieren. Denn das Absolute ist nicht einfach ein *ad infinitum* gedachtes relatives Sein.

9

Das Konzept einer abstrakten Einheit von Energie als höchste Realität ist ein mentales Konstrukt, genauso wie der Glaube, man könne Licht erzeugen, wenn man Dunkelheit entferne.

10

Liebe ist *Eins-Sein in Individualität.* Wenn man meint, Liebe im höchsten Sinn sei die abstrakte Einheit des „Eins und Alles“, dann verliert der Begriff „Liebe“ seine Bedeutung. Liebe ist dann nicht mehr Liebe, sondern nur noch abstrakte Einheit, weshalb monistische Lehrer sagen können: „Liebe ist, daß Kriege geführt werden, und Liebe ist, daß Frieden ist. [...] Liebe hat nichts mit irgend etwas in der Persönlichkeit zu tun. Sie hat nichts Individuelles. Sie hat nichts mit Beziehung zu tun. Aus Liebe entsteht alles, was entsteht.“[18]

11

Wenn Menschen über Gott sprechen, verwenden sie schnell einmal Begriffe wie „Allmacht“ und „allmächtig“, doch wenn sie hören, was „allmächtig“ konkret bedeutet, sagen sie: „Was? In jeder Blume, in jedem Grashalm, in jeder Mücke, in jeder Spinne, hinter jeder meiner Organfunktionen soll letztlich die immanente Kraft Gottes wirken? Nein, *so* allmächtig ist Gott nicht!“

12

Das göttlich erleuchtete Bewußtsein, die ganzheitliche Liebe, ist die primäre Eigenschaft, alles andere (auch die eigene Zufriedenheit!) ist sekundär und ist ein Ergebnis davon. Dies bedeutet auch: Alle sekundären Eigenschaften, denen die Liebe fehlt, sind ohne Substanz und nicht wirklich echt. Das Sekundäre geschieht immer gemäß höherer Fügung. Letztlich geschieht alles in unserem Leben außerhalb unserer Macht und bewußten Organisation. „Es" geschah, daß wir gerade zur richtigen Zeit am richtigen Ort waren, daß wir eine Idee oder richtige Vorahnung hatten, daß wir Personen trafen, die zu Freunden wurden, usw. Diejenigen, die diese Ganzheit und göttliche Realität nicht erkennen, wollen deshalb vieles erzwingen, was immer mit Manipulation, mit Übergriffen und mit psychischer oder physischer Gewalt einhergeht, zusammen mit den entsprechenden pragmatischen bzw. scheinheiligen Rechtfertigungen.

13

„Wenn ich die Sprache aller Menschen spräche und sogar die Sprache der Engel, aber hätte keine Liebe, dann wäre ich nur ein dröhnender Gong, nichts anderes als eine laute Pauke. Hätte ich göttliche Eingebungen und wüßte alle Geheimnisse Gottes und hätte den Glauben, der Berge versetzt, aber hätte die Liebe nicht, dann wäre dies alles ohne Wert. Und wenn ich all meinen Besitz verteilte und nähme den Tod in den Flammen auf mich, aber hätte die Liebe nicht, dann wäre dies alles umsonst." Mit diesen Worten beginnt das berühmte 13. Kapitel, der „Lobpreis der Liebe als die höchste Gnadengabe", im Ersten Korintherbrief.

14

Wahre Liebe braucht nichts und verlangt nichts, denn sie ist in sich selbst erfüllt (sanskr. *ānanda*). Und aus dieser Liebe und Hingabe heraus geschehen Wunder – dann, wenn sie der göttlichen Ordnung entsprechen und für uns tatsächlich richtig sind, dann, wenn wir „loslassen", das heißt: wenn wir nichts fordern und uns von dem „Dein Wille geschehe!" abhängig machen.

15

Die Ausblendung jeglicher Metaphysik und Esoterik aus der heutigen Allgemeinbildung führt dazu, daß die Menschen in diesen Bereichen unwissend und orientierungslos sind. Wenn jemand durch Begabung oder durch praktische Übungen beginnt, feinstoffliche Kräfte zu spüren oder astrale Wesen zu „sehen", hält er oder sie dies schnell einmal für etwas Besonderes oder sogar für etwas Spirituelles und wird von dem eigentlichen, eigenen Weg abgelenkt. Leben wir jedoch aus einem ganzheitlichen Gottesbewußtsein heraus, dann bekommen wir aus dieser Quelle durch höherer Fügungen die Geistesgaben, die für uns wahrhaft förderlich sind, verbunden mit der Fähigkeit, mit diesen Geistesgaben auch richtig umzugehen.

16

Das Geheimnis der theistischen Mysterienschulen liegt in ihren ganzheitlichen Wahrheiten, die nur dann richtig, d.h. differenziert verstanden werden können, wenn man in diesem ganzheitlichen Gottesbewußtsein lebt, wie zum Beispiel: Es gibt nichts absolut Negatives, nichts absolut Böses; Gott ist jenseits von Gut und Böse, er ist gut im absoluten Sinn, da gegensatzlos und nondual. (Durch einseitige Sichtweisen, atheistische oder monotheistische, werden diese Wahrheiten mißverstanden und zu Halbwahrheiten reduziert.)

Virtuelle Realitäten und die Realität des Spirituellen

17

Woher wissen wir, daß die höchste Realität letztlich eine lebendige Ganzheit und nicht nur eine abstrakte Einheit ist? Warum muß unser Leben einen Sinn haben? Vielleicht ist alles letztlich eine Illusion und hat keinen höheren Sinn, und Religion ist der Versuch der Menschen, einer an sich sinnlosen Existenz Sinn zu verleihen?

18

Warum steht in fast jeder Wohnung ein Fernseher? Warum üben Filme und „Fernsehen" eine derartige Faszination auf die Menschen aus? Weil die Zuschauerposition für uns in der materiellen Welt eine natürliche Position ist! Wir sind im Geschehen und gleichzeitig nicht identisch mit dem Geschehen. „Wir sind in der Welt, aber nicht von der Welt" (Joh 17,11/16). Wir wissen: Auch wenn wir die schlimmsten Szenen sehen, kann uns nicht wirklich etwas zustoßen. Vor dem Bildschirm erleben wir – in materieller Projektion und virtueller Simulation – eine spirituelle Urwahrheit: „Für das wirkliche

Individuum gibt es weder Geburt noch Tod. Auch wenn es in der Materie lebt, ist es nicht materiell und wird nie materiell. Es ist ungeboren, ewig, zeitlos, ohne Alter und stirbt nicht, wenn der Körper stirbt. [...] Ein Mensch, der dank göttlichen Bewußtseins die wahre Realität *(tattva)* sieht, behält in allem, was er tut, und in allem, was geschieht, die Beobachterposition und weiß, daß er über all diesen materiellen Vorgängen steht." (*Bhagavad-Gītā* 2,20; 5,8–9)

19

Wir leben in einer relativen Realität oder, genauer gesagt, in einer realen Illusion. Nur weil wir als Menschen allesamt die Welt ähnlich wahrnehmen, heißt das noch lange nicht, daß wir die Realität der *Dinge an sich* sehen. Vielmehr bedeutet dies, daß wir Menschen alle in einer ähnlichen Bewußtseinsdimension („Programmierung") leben und deshalb nur die physikalische Erscheinungswelt sehen. Die Menschen haben eine ganz bestimmte Sicht von der Welt, die Tiere haben *ihre* Sicht von der Welt, und die „Außerirdischen" – die göttlichen und weniger göttlichen Wesen – sehen die Welt und das Universum nochmals auf eine ganz andere Weise. Alle Sichtweisen haben ihre relative Gültigkeit. Aber wie sieht die *objektive Realität* aus, die auf so viele subjektive Arten wahrgenommen werden kann?

20

Die materielle Welt mit allen zahllosen Universen ist die göttliche Matrix, die den freien Willen beinhaltet und diesen erst zur Entfaltung kommen läßt. Teil dieser Matrix ist die Möglichkeit, die ganzheitliche Sicht zu verlieren und irgendwelchen Illusionen und Einseitigkeiten zu verfallen. Der Gedanke, das Universum sei ein unendlicher Computer, der sich selbst programmiere, ist bereits ein Teil des Programms „Illusion".

21

Wie viele Punkte gibt es auf einer Geraden?
Unendlich viele – wie auf der Fläche daneben!
So sind auch Gottes Energien unendliches Leben,
Obwohl im Schein begrenzt, lehren die Upanishaden.

22

Der Ursprung

Aus dem Keime kam die Knospe, die sich wendet
Hin zur Sonne. Ihr Erscheinen bringt die Blüte,
Knospen werden Blume dank des Lichtes Güte.
Viele Blumen sah das Licht, das selbst nie endet.

23

Liebe

Leider wissen wir nicht, was dieses Wort wirklich bedeutet,
Denn sonst wären wir längst nicht mehr in Māyā verliebt.

24

Dualität

Glück ist der Schatten des Leids, nie kostet man eins frei vom andern.
Ferne des Leids heißt nur unter den Leidenden Glück.

Leidloses Glück scheint langweilig hier in der glücklosen Traumwelt,
Aber es träumen davon alle im hiesigen Traum.

25

Im Weltenraum sah ich mich stürzen,
Gefallen von der Erde,
Die wild sich um mich drehte.
Auf einmal hielt
Sie mich nicht mehr.
Erde war oben,
Alles verschoben,
Alte Gefilde
Mit Lüften so milde,
Es wär' ein Erquicken,
Den Geist zu beglücken
An springender Quelle,
In lieblicher Welle.

Doch durfte mein Eilen
Hier nicht verweilen.
Es rief eine enge
Stimme gestrenge.
Es regte sich bange
Angst bei dem Klange,
Ich kannte die Stimme,
Die meine vergangne.

Ein Kreis schloß sich.

(aus dem Ouvertüre-Kapitel „Die Wanderung" im Buch *Völkerwanderung – Epische Galerie*)

26

Sonnenaufgang

Friede kehrt ein im Land meiner Träume.
Ich bin erwacht.

Wir: ewige Wesen in einer vergänglichen Welt

27

Unendlichkeit (die materielle Welt des unendlichen Raums und der unendlichen Zeit) ist eingebettet in die Ewigkeit: die spirituelle Realität des raum- und zeitlosen Seins. Die spirituelle Realität ist alldurchdringend, und wir sind Teil *dieser* Realität, obwohl sich unser materiell geprägtes Denken diese Realität nicht vorstellen kann. Deswegen sollten wir unsere Wahrnehmung nicht auf die Reichweite der *ratio* beschränken.

28

Wer sein Bewußtsein ausschließlich auf die lineare Zeit (die Unendlichkeit) projiziert und die innere Verbindung zur eigenen Ewigkeit verliert, hat auf einmal unendlich viel zu tun und keine Zeit mehr, vor allem keine „Zeit“ für die Ewigkeit. Das Eintauchen in die Gegenwart der Ewigkeit (durch Meditation, Mantras usw.), wo es „nichts“ zu tun gibt, scheitert dann meistens an der inneren Unruhe, weil „alles“ als wichtiger erscheint als dieses scheinbare „Nichts“, das alles ist: All-Einheit, lebendiges Einssein, Liebe, innerer Friede – was auch immer im Äußeren geschehen mag. Wenn man nicht in sich Frieden gefunden hat, ist äußerer Friede *langweilig*. Und die spirituelle Realität ist dann sogar „höllisch langweilig“, weshalb sie ausgeblendet und auf das Vergängliche projiziert wird.

29

Selbsterkenntnis aus theistischer Sicht bedeutet: Wir alle sind ewige und somit einzigartige Individuen. Unsere Einzigartigkeit liegt in unserer spirituellen Individualität. Wenn die Menschen ihre spirituelle Identität nicht kennen, leben sie in einer Projektion und wollen ihre Einzigartigkeit im Äußeren finden: durch Selbstinszenierung, Sensationen, Monopolstellungen, Macht über andere Menschen – oder durch Selbsterniedrigung, Opferdasein, Kleinheit, Selbstmitleid („niemand liebt mich, nicht einmal Gott“).

30

Der Tod ist für uns nur in relativer Hinsicht ein Ende. Aus feinstofflicher Sicht verlassen wir beim Tod den Körper und existieren weiter, und aus spiritueller Sicht werden wir nie geboren und sterben nie. „Für die Seele (das wirkliche Individuum) gibt es weder Geburt noch Tod.“ (*Bhagavad-Gītā* 2,20)

31

Im Leben geht es nicht einfach um ein relatives Sich-wohl-Fühlen und Vermeiden von Leid, sondern um Selbsterkenntnis und Gottesbewußtsein.

32

Gott ist nicht einfach „groß“, sondern absolut, d.h. „größer“ als der Mensch sich vorstellen kann. Ebenso ist auch das Böse in seinen Extremen größer, als die meisten Menschen sich vorstellen können, denn das Unmenschliche übersteigt die menschliche Vorstellungskraft. Dies ist der Grund, warum die „unmenschliche" Dimension des Weltgeschehens weitgehend unerkannt bleibt. Der Trick ist einfach, wenn man die menschliche Psyche kennt: „Man" handelt jenseits der Vorstellungskraft des Menschen! Je größer die Lüge, desto weniger wird sie erkannt. Der Mensch sieht nur, was er glaubt. Und es gibt vieles, was der Mensch nicht glauben kann oder glauben will, weshalb er es auch nicht sieht, sowohl die Realität und schöpfende Gegenwart Gottes als auch die relative Realität der Dunkelheit – und der eigenen Verblendung.

33

Jede Philosophie ist Ausdruck eines Weltbildes und einer persönlichen Geisteshaltung. Es hat immer einen Grund, warum jemand gerade dieses oder jenes Weltbild vertritt.

Freier Wille, Resonanz und Karma

34

Manchmal wird gesagt: „Unwissenheit ist die Ursache von allem Leid." Dies ist aber genauso, wie wenn man sagen würde, Lichtlosigkeit sei die Ursache von Dunkelheit. Die Ursache von Dunkelheit ist aber eine andere: die Abblockung des Lichts. Ebenso ist die Ursache von Unwissenheit die Abblockung des Wissens um die Realität der Individualität Gottes und somit der Verlust des Wissens um die eigene spirituelle Identität. Gott als Ganzheit beinhaltet auch diese mögliche negative Verwendung des freien Willens, ähnlich wie Licht die Freiheit bietet, sich ihm entgegenzustellen und dadurch Dunkelheit zu verursachen.

35

Freier Wille ist ein Faktor der spirituellen Individualität und nicht bloß eine Funktion der materiellen Polarität. (Gemäß dem monistischen Weltbild des Matrix-Glaubens ist „Wille" nichts anderes als der Binärcode der Polarität in der Selbstorganisation der Materie.

Einen freien Willen gibt es nicht, und spirituelle Liebe, d. h. Liebe jenseits der materiellen Kausalität, gilt als Illusion bzw. als Störung in der Matrix.)

36

Wir können unser Bewußtsein auf alles Beliebige richten. Worauf wir unser Bewußtsein richten, ist die Funktion unseres freien Willens. Unser ursprüngliches bewußtes Sein ist das Leben im Bewußtsein der individuellen Einheit mit Gott, im Bewußtsein der Liebe. Im Licht dieser Realität erkennen wir unsere wirkliche, spirituelle Identität als Teile Gottes – und können deshalb auch verstehen, was *Materie* ist. Wer nicht weiß, was die spirituelle Ganzheit ist, kann auch nicht verstehen, was Materie ist, ebenso wie jemand, der nur die Dunkelheit kennt, nicht erkennen kann, was Dunkelheit in Wirklichkeit ist.

37

Richtig Wünschen und bewußte Realitätsgestaltung: Im Bereich der Dualität bezeichnen wir das Gute deshalb als gut, weil es in Resonanz mit dem göttlichen Willen (= in Resonanz mit der göttlichen Liebe und der eigenen Berufung) steht. Deshalb hat positives Denken auch eine ganz andere Kraft als negatives Denken. Wir können uns mit unseren Gedanken, Gefühlen und Wünschen blockieren und selbst sabotieren – oder uns beflügeln und inspirieren lassen. Weil es die Resonanz mit dem göttlichen Willen ist, die dem Positiven seine Kraft verleiht, sollten wir das positive Denken nicht von der höheren Realität trennen. Ansonsten fallen wir in die Illusion zu meinen, man könne mit der eigenen Gedankenkraft eine bestimmte Realität erzwingen oder das Negative ausschalten, indem man einfach denke, das Negative sei positiv oder Gut und Böse müßten „Frieden" schließen, denn letztlich sei alles eins. Was bedeutet das für all jene, denen es nicht gut geht und die leiden: unter Armut, Krankheit, Arbeitslosigkeit, Ausbeutung, Verfolgung, Kriegen? Haben sie einfach zu wenig positiv gedacht?

In der Welt der Dualität werden wir auch mit Schatten konfrontiert, in unserem eigenen Leben und im Äußern. Dualität bedeutet

Gut und Böse, Richtig und Falsch, usw. Zu meinen, alles sei „gut" und „eins", ist eine einseitige Weltsicht, die die andere Seite der Dualität nicht sehen will, sei es aus Bequemlichkeit („mir geht's ja gut"), Selbstgerechtigkeit („jedem geschieht nach seinem Glauben") oder nicht selten auch aus Angst: Angst vor den dunklen Aspekten der Welt, Angst vor den eigenen Ängsten, Schatten, Schwächen und Negativmustern oder Angst vor der enthüllenden Kraft des Lichts und vor der eigenen Stärke und Verantwortung. Diese Faktoren können nicht auf Dauer ausgeblendet, verdrängt, schöngeredet oder weggedacht werden. Sie erfordern nicht bloß eine einseitig „positive", sondern eine *ganzheitliche* Betrachtung. Das Materielle und Psychische mit all seinen Licht- und Schattenaspekten ist eine Realität und nicht bloß eine Illusion, die wir durch Nichtbeachtung oder mentale Konzepte wegdenken können. Mit unserer Bewußtseinsausrichtung können und dürfen wir klare Wünsche formulieren. Da wir aber verstehen, daß das Universum nicht einfach ein „Weltenmechanismus" ist, der sich beliebig – nach unseren Wünschen – manipulieren läßt, lassen wir die Wünsche los und übergeben sie dem höheren, göttlichen Ganzen. Mein Wille ist, daß „Dein Wille geschehe" – weil ich weiß, daß Gott einen Willen hat und nicht bloß „Energie" oder „Einheit" ist. Aus dieser bewußten Verbindung mit der Quelle gehen Wünsche dann in Erfüllung, wenn sie wahrhaft dem Wohl des Ganzen dienen – und damit auch mir. Dies beinhaltet auch: Wenn meine Wünsche und Vorstellungen nicht dem höheren Wohl dienen, dann bin ich bereit, die entsprechenden Zeichen zu sehen und diese Wünsche („Ego-Trips") loszulassen, damit ich wahrhaft meine eigene Berufung finden kann. Und dann können höhere Fügungen, ja Wunder geschehen, die nie geschehen wären, wenn ich an einem Erzwingenwollen festgehalten hätte.

38

Weil Gott allmächtig ist, kann der Mensch keinen freien Willen haben, lehren monotheistische Gläubige. Ein früher Vertreter dieser Sichtweise war der Kirchenvater Augustinus. „Allmacht" bedeutet gemäß dieser Sicht, dass alles von Gott gelenkt und geplant ist. Gemäß Calvin war sogar der Sündenfall der Menschen, angefangen mit

Adam und Eva, von Gott geplant. Theologisch wurde hier behauptet, der Sündenfall sei von Gott geplant, aber nicht gewollt gewesen. Das würde bedeuten, daß Gott etwas plant, was er nicht will! Dies ist eine der typischen absurden Konsequenzen des monotheistischen Denkens. Wir wissen intuitiv, daß das Böse – Morde, Massaker, Kriege, Lügen usw. – *nicht* Gottes Willen entspricht. Deswegen betete Jesus: „Dein Wille geschehe!" Offensichtlich entspricht nicht alles, was geschieht, Gottes Willen. Wenn angesichts des Bösen gesagt wird: „Gott hat es so gewollt; alles ist gut so, wie es ist; das war eine notwendige Erfahrung", dann entspringt dies dem Mißverständnis, daß man Gottes Gesetze und Gottes Willen gleichsetzt. Alles geschieht gemäß Gottes Gesetzen, aber nicht alles ist Gottes Wille. Grundlage von Gottes Gesetzen, angefangen mit der Kausalität als geistiges Gesetz (Karma), ist der freie Wille. Das Karma-Gesetz zwingt uns nicht zu bestimmten Handlungen, weder zu guten noch zu bösen. Es determiniert die *Reaktionen* auf unsere Handlungen, aber nicht unsere Handlungen. Wenn jemand Opfer eines Täters wird, so zwingt das Karma-Gesetz das Opfer nicht, dem Täter ebenfalls etwas Böses anzutun – obwohl das Karma-Gesetz eine Situation entstehen läßt, in der dies möglich wäre. Über den gesetzmäßigen Abläufen steht immer das Bewußtsein: der eigene Wille und das eigene Wissen sowie das Gewissen und Gottes Wille. Das höhere Wissen und die innere Stimme sind immer präsent.

Daß das Karma die Menschen zu bestimmten Handlungen zwinge, behaupten jedoch die Deisten und Monisten, wenn sie sagen, jeder Täter sei einmal Opfer gewesen und jedes Opfer Täter. Dies stellt eine Verabsolutierung der Kausalität dar. Die Erde ist ein Ort des freien Willens, wo inkarnierte Geistwesen als Menschen gemäß ihrer Mentalität leben können. Hier zeigt sich, „wes Geistes Kind" jemand ist. Auf der Erde ist das Böse möglich und zugelassen, und wer hier auf der Erde geboren wird, begibt sich in eine gefährliche Welt, wo es jederzeit möglich ist, daß jemand seinen freien Willen mißbraucht. Das Böse soll nicht gerechtfertigt, sondern erlöst werden. Solange es gerechtfertigt wird, kann es nicht erlöst werden!

Wenn in der Bibel gesagt wird: „Ich mache das Licht, und ich mache die Dunkelheit, Glück und Unglück kommen von mir. Ich, der Herr, bin es, der dies alles vollbringt" (Jes 45,7), so bezieht sich dies auf die Gesetze Gottes, d.h. auf Gottes immanenten Aspekt. Gott selbst will keine Illusion, kein Unglück und keine Bosheit. „Es ist mir keine Freude, wenn jemand wegen seiner Vergehen sterben muß. Das sage ich, der Allmächtige. Also ändert euch, damit sich euer Leben ändert." (Ez 18,32)

39

So wie Dunkelheit aus der Trennung vom Licht entsteht, entsteht das Böse aus der Trennung von Gottes Ganzheit und Liebe. Nicht Gott schafft die Trennung. Es besteht jedoch die *Möglichkeit* der Trennung, so wie im Licht die Möglichkeit der Schaffung von Dunkelheit besteht. Wer dies erkennt, erkennt auch, daß in der Welt der Dualität Gut und Böse konkrete Realitäten sind. Nicht „*alles* ist gut", aber „alles hat einen Sinn". Es ist nichts so schlecht, daß es nicht auch für etwas gut wäre! In jeder Situation ist es möglich, das Beste daraus zu machen – wenn wir die Sicht der Ganzheit haben. Auf eine eindrückliche Weise wird dies durch die biblische Geschichte von Joseph illustriert, der von seinen Brüdern extreme Bosheit erleben mußte. Als seine Brüder ihm später – in Ägypten – wieder begegneten, sagte er zu ihnen (Gen 50,20): *„Ihr wolltet Böses tun, aber Gott gedachte, es zum Guten zu wenden …"* Mit anderen Worten: Gott bewirkt letztlich immer Gutes aus dem Bösen, aber das heißt nicht, daß das Böse deswegen gut ist.

40

Ist alles Böse eine „notwendige Erfahrung", wie in esoterischen Kreisen vielerorts gelehrt wird? Nein. Das Böse ist keine notwendige Erfahrung, weder für die Täter noch für die Opfer. Es ist jedoch hier in der Welt der Dualität *eine unvermeidliche Erscheinung.* Jesus drückte dies auf eine treffende Weise aus (Mt 18,7): „Diese Welt ist eine gefährliche Welt, denn in ihr kann der Mensch verführt werden oder andere verführen [und anderen Böses zufügen]. Es ist unvermeidlich, daß das Böse geschieht, aber wehe denen, durch die es geschieht."

„Wehe denen, durch die es geschieht" bedeutet, daß diejenigen, die die Möglichkeiten ihres freien Willens mißbrauchen, dafür voll verantwortlich sind und daß die Schuld nicht auf andere abgewälzt werden kann, nicht auf Gott („Gott hat es so gewollt") und nicht auf die Opfer („Es war ihre Bestimmung, ihre Resonanz, ihr Karma, ihre eigene Schuld, ihre notwendige Erfahrung").

Auch diejenigen, denen Böses oder Ungutes widerfährt, sollten nicht meinen, es sei ihre eigene Schuld. Es geht nicht darum zu fragen: „Was ist meine Schuld? Warum werde ich hier bestraft?", sondern um die wirklich wichtige – und positive – Frage: „Was ist der höhere Sinn? Wie kann ich aus dieser unguten Situation gestärkt hervorgehen?"

Evolutionskritik und Überwindung des linearen Denkens

41

Der Darwinist Richard Dawkins gehört zu den bekanntesten Materialisten der heutigen Zeit. Sein Buch *The God Delusion (Der Gotteswahn)* ist aber derart voreingenommen und von Religionsverachtung gezeichnet, daß sich sogar atheistische Kollegen von diesem Buch distanzierten. 2004 veröffentlichte das Magazin *Prospect* eine Liste von Englands 100 Top-Intellektuellen, Richard Dawkins war auf Platz 1. Im Jahr danach war er auf der *Prospect*-Liste der 100 Top-Intellektuellen der Welt der höchstplazierte Brite (auf Platz 3, hinter Noam Chomsky und Umberto Eco). Als 2006 *The God Delusion* erschien, bekam dieses Buch in derselben Zeitschrift (21. Oktober 2006) keine schmeichelnde Rezension. Überschrift: „Dawkins, der Dogmatiker"! Obwohl der Autor, Andrew Brown, die grundlegenden Thesen unterstützt („Religionen sind potentiell gefährlich, und in ihrer populären Form sind sie zutiefst irrational"), charakterisiert er *The God Delusion* als „oberflächlich klischeehaft, dogmatisch, mühsam und in sich widersprüchlich."

42

Evolutionisten und Kreationisten bekämpfen sich gegenseitig, aber in ihrem missionarischen Eifer sind sich beide erstaunlich ähnlich. Der materialistische Glaube ist eine mentale Programmierung ähnlich wie der monotheistische Glaube, weshalb das Unverständliche irgendwie verständlich wird, nämlich daß weltweit zahlreiche intelligente Menschen entweder an den Darwinismus oder an den Kreationismus glauben.

43

Die materialistische Wissenschaft denkt linear, nicht multidimensional, und glaubt deshalb an eine lineare Entwicklung des Lebens von Einzellern bis hin zum Menschen, wobei auch geglaubt wird, daß Leben aus Materie entstanden sei und daß es jenseits der Materie kein Leben gebe. Mit diesem Weltbild werden dann auch die Erkenntnisse der Quantenphysik interpretiert.

Aber gerade die Quantenphysik zeigt, daß in der Grundstruktur der Materie, im nuklearen Bereich, *nichts* linear läuft: Elektronen sind entweder auf der einen oder auf der anderen „Schalen"-Ebene, sie wandern nicht linear von der einen zur anderen. Die nuklearen Elementarteilchen sind nichtlinear („nichtlokal") verbunden. Wenn bei zwei zusammenhängenden Elementarteilchen das eine Elementarteilchen seinen *spin* ändert, ändert das andere gleichzeitig seinen *spin,* ohne daß eine lineare Informationsübermittlung erfolgt wäre. Es muß also ein höheres, nichtlineares Informationsfeld vorhanden sein, und dieses Feld kann nicht physisch-materiell sein.

Auch im Alltag denken wir nicht linear, sondern in Quantensprüngen. Das einfachste Beispiel ist das Zählen: 1, 2, 3, 4, 5. Hier machen wir im Denken Quantensprünge, denn lineares Zählen ist unnatürlich und *unmöglich,* denn lineares Zählen würde bedeuten: 1,1111...11, 1,1111...12, 1,1111...13 usw.

In der materialistischen Wissenschaft wird dieses unnatürliche und unmögliche „Zählen" jedoch als Grundlage der Evolutionstheorie verwendet. Man glaubt, über eine lineare Entwicklung seien durch kleine, positive Genmutationen „allmählich" höhere, komplexere Formen entstanden.

Die unendlich vielen Zwischenformen, die es gemäß dieser Theorie geben müßte, sind jedoch theoretisch unmöglich und praktisch auch nicht vorhanden. So wie wir 1, 2, 3, 4, 5 zählen, sehen wir Weichtiere, Fische, Amphibien, Vögel, Reptilien und Säugetiere – ohne Zwischenformen.

Die Eins entwickelt sich nicht linear in eine Zwei, die Zwei nicht in eine Drei, usw. Die Zahlen sind selbständige Einheiten, und der Mensch nimmt sie in Quantensprüngen wahr, ohne sie linear aus anderen Zahlen entstehen zu lassen. Ebenso sehen wir in den Spuren der Naturgeschichte nicht lineare Entwicklungen, sondern selbständige Einheiten im Mineralien-, Pflanzen-, Tier- und Menschenreich, die alle über eine *höhere,* nichtphysikalische Ebene miteinander verbunden sind. (Damit soll natürlich nicht bestritten werden, daß es im Bereich der *Mikro*evolution lineare Entwicklungen gibt, aber hier handelt es sich nicht um Evolution im Sinn einer darwinistischen Makroevolution, sondern um Adaption und Variation innerhalb von Arten.)

Die theistische Offenbarung und das neue Zeitalter

44

Mut zur Vision: Wer immer mit beiden Füßen auf dem Boden steht, kommt nicht voran.

45

Gemäß dem Buch *Die Struktur wissenschaftlicher Revolutionen,* verfaßt vom Wissenschaftsphilosophen Thomas Kuhn (1962), kommt es dann zu Paradigmenwechseln, wenn neue Phänomene, sogenannte Anomalien, auftreten. Kuhn unterschätzte bei seiner Analyse jedoch die Macht der vorherrschenden Denkmuster (Paradigmen) und die entsprechende Selbstprogrammierung des Menschen. Selbst wenn Anomalien in Erscheinung treten, neigen die Vertreter des vorherrschenden Weltbildes dazu, diese Phänomene zu verleugnen, zu ignorieren oder auf ihr Weltbild zu reduzieren, das heißt, sie projizieren ihr eigenes Weltbild auf diese Phänomene und blenden dabei jede andere Sichtweise aus. Dies gilt nicht nur für paranormale Phänomene, sondern auch für die bekannten Phänomene, insbesondere das Phänomen „Leben“: die Tiere, die Pflanzen sowie der Mensch und sein Bewußtsein. Hätte die moderne Wissenschaft ihr Bewußtsein nicht durch einen materialistischen Glauben eingeschränkt, sähe sie die Welt, den Kosmos und *die Herkunft des Menschen* in einem ganz anderen Licht – im Licht der Ganzheit.

46

Dunkelheit kann nur durch Abgrenzung existieren. Ebenso können monotheistische Konfessionen nur mit der Schaffung von Feindbildern existieren, insbesondere „die anderen Religionen", „die Ungläubigen" und „die Esoterik". Ein ehemaliger Evangelikaler sagte mir einmal, er habe sich als junger Mann einer „Freikirche" angeschlossen, weil er jenes Göttlich-Radikale gesucht habe, das er nun im Buch *Der radikale Mittelweg* gefunden habe. Heute habe er erkannt, daß solche Gruppierungen nicht „radikal", sondern fanatisch sind und daß dieser Fanatismus einem spaltenden Geist entspringt. „Nicht jeder, der ‚Herr! Herr!' zu mir sagt …" (Mt 7,21)

47

Auf der Seite der Atheismus-Gläubigen finden wir „Freidenker", auf der Seite der Monotheismus-Gläubigen „Freikirchen". Tatsächlich sind beide Seiten auf die gleiche Weise „frei": frei vom Mittelweg und von der Ganzheit – „dank" ihrer Einseitigkeit und Halbheit.

Wirkliche Freiheit (Joh 8,32) bedeutet jedoch: Freisein von Angst, Freisein von Verabsolutierungen, Freisein von atheistischer und monotheistischer Begrenztheit (Einseitigkeit).

48

Monotheistische Religionsgruppen sind von Dogmen, d.h. von verabsolutierten Regeln und Doktrinen, abhängig und verursachen in ihren Gläubigen in erster Linie *Angst:* Angst vor Gott, Angst vor dem Übertreten von Regeln und Doktrinen, Angst vor den Religionsautoritäten, Angst vor dem Bestraft- oder Ausgestoßenwerden. Diese Angst wird von den Gläubigen vielfach verdrängt oder geleugnet und wirkt gerade deshalb als psychische Blockade, die verhindert, daß die Menschen in monotheistischen Gruppierungen zur wirklichen Liebe Gottes gelangen.

Für solche Gläubige wäre es deshalb wichtig, die eigenen Überzeugungen zu hinterfragen. Eine radikale Fragestellung lautet: „Was bleibt übrig, wenn die Dogmen und die äußeren Aspekte deiner Konfession – auch deine heilige Schrift! – wegfallen?" Bleibt nichts übrig? Dann hat dein Glaube dir nicht viel genützt …

49

Wenn man nur die materielle Dimension des Lebens kennt, bleiben alle Kriterien von Ethik und Moral relativ und relativierbar. Erst die ganzheitliche Spiritualität – das theistische Gottesbewußtsein – offenbart uns die absoluten Richtlinien von Gottes Willen (Gottes Liebe), auf deren Grundlage wir erkennen können, was dem göttlichen Willen entspricht und was nicht. Die Aufgabe unseres Verstandes und unserer Intelligenz ist es, diese Wahrheiten nachzuvollziehen und sie als solche zu erkennen.

50

Unsere Identität als individueller Teil Gottes erkennen wir durch das Bewußtsein der Ganzheit und Einheit, d.h. durch das Bewußtsein der Liebe. Das Kriterium der göttlichen Liebe im Sinne von *Ganzheit* und *Einheit* führt zu entsprechenden ethischen Richtlinien und moralischen Konsequenzen.

51

Interreligiöser Dialog ist wichtig, aber nicht genügend, vor allem dann nicht, wenn dieser Dialog dazu führt, daß Religion auf den kleinsten gemeinsamen Nenner – ein „humanistisches" Ethos – reduziert wird. Denn das Gebot der heutigen Zeit lautet: nicht Reduktion auf ein gemeinsames Minimum, sondern Konzentration auf die *gemeinsame Essenz:* das theistische Gottes- und Weltverständnis.

52

Heilige Schriften können ein Segen, aber auch ein Fluch sein. Erst heilige (ganzheitlich-gottesbewußte) Menschen lassen Schriften zu *heiligen Schriften* werden. Ansonsten werden diese Schriften zu unheiligen Werkzeugen, wie dies schon so oft geschehen ist und immer noch geschieht. Wenn das Unheilige weiterhin vorherrscht, wird es die Menschheit in noch dunklere Extreme treiben. Deshalb brauchen wir Menschen, die das Heilige (= Heilende!) in allen Schriften und Religionen erkennen und lebendig werden lassen, indem sie es stärken, fördern, vorleben, lehren und weitergeben.

„Friede ist langweilig"

Neumond kam, wie immer,
einzigartig
still und dunkel,
nicht schlagzeilig,
weshalb die meisten ihn
nicht sahn. Ich schlief
in Sternenlicht
und merkte es nicht

im Zentrum des Alls,
das überall
ist, selbst am
Ende der Welt

Die nackten Kinder lachten,
tanzten um mich herum,
ließen mich nicht gehn.
Ich blieb stehn
wie die Zeit

in dieser Welt.
Ein Traum.
Die innere Ruhe
des scheinbaren Nichts,
ständig flüchtig, unerträglich,
aber für jeden noch täglich
gespiegelt im Schlaf. Stundenlang nichts

los und doch: Schlaf ist nie langweilig.

Dieses Gedicht wurde von der „Bibliothek deutschsprachiger Gedichte" (gedichtebibliothek.de) im Rahmen ihres Gedichtewettbewerbs im Jahr 2007 in ihre Serie „Ausgewählte Gedichte", Bd. 10, aufgenommen. Dieser Wettbewerb findet jährlich statt. Eine Bedingung ist, daß die Beiträge nicht länger als rund 20 Zeilen sind.

Morgengrauen

Krieg geschieht,
obwohl es jeder sieht, das
Unheimliche nun plötz-
lich heimlich
öffentlich

Wir sind betroffen.
Es läßt mich nicht mehr kalt.
Denn die Nacht ist alt.
Und der Himmel offen.

Sternglut
die das Nichts erhellt
und die Unendlichkeit
in Kreise stellt

Strahlen Gottes
sind wir hier auf Erden.
Brauchen's nur zu sein
und nicht zu werden.

Die anderen
sind wir

Aufgenommen in: *Ausgewählte Gedichte,* Bd. 4, der Bibliothek deutschsprachiger Gedichte, München 2001

Sehnsuche

Lange Schatten fallen
Auf die Erde. Weit und breit
Dunkelheit. Und wir
Haben keine Zeit.
Sie ging verloren
In der großen Eile,
Fassade der Langeweile.

Sehn-
Suchend nach der Zeit
Am Rand der Ewigkeit,
Merke ich: Schatten sind
Nur oberflächlich.
Denn im Innern
Strahlt immer
Ein Licht.
Und mit Zuversicht
Zeigt sich mir:
Wer sehnsucht,
Der findet.

Aufgenommen in: *Ausgewählte Gedichte,* Bd. 3, der Bibliothek deutschsprachiger Gedichte, München 2000

Anmerkungen

1) Für eine Darlegung der ursprünglichen Herleitung des Wortes *religio* aus dem Altlateinischen siehe: *Der radikale Mittelweg,* Abs. 71.
2) *Licht wirft keinen Schatten,* S. 198f
3) *Licht wirft keinen Schatten,* S. 199
4) Die erste Bedeutung von Māyā im Sinn von „die göttliche Energie, die die virtuelle Welt hervorbringt", bezieht sich auf den weiblichen Aspekt des Vater-Mutter-Gottes. Interessant ist hier der Hinweis auf die etymologische Bedeutung des Begriffs *virtuell,* der zurückgeht auf das lateinische Wort *virtus,* wörtl. „Mannhaftigkeit", von lat. *vir,* „Mann, Held". Virtuell bedeutet daher indirekt auch „männlich". In der vedischen Theologie ist die göttliche Intelligenz hinter der virtuellen Realität männlich, genannt Shiva, und sein Dual ist Shakti, die weibliche Energie, die über ihre Eigenschaft der Māyā die materielle Welt entstehen läßt (lat. *materia,* wörtl. „das Mütterliche", von *mater,* „Mutter"). Jenseits der materiellen Polarität sind das Programm und der Programmierer (Shakti und Shiva) eine lebendige Einheit von „Vater" und „Mutter". So wie ein Computerspiel untrennbar mit dem Programm verbunden ist, so ist Shivas Energie untrennbar mit Shaktis Energie (Māyā) verbunden, während Shiva und Shakti – als Schöpferaspekte Gottes – ewiglich in der wirklichen, nicht-virtuellen Welt gegenwärtig sind. Die indische Mystik spricht hier auf eine anschauliche Weise von den verschiedenen individuellen Aspekten der Schöpferrealität Gottes, vergleichbar mit den verschiedenen Beteiligten und Faktoren, die erforderlich sind, damit eine virtuelle Realität – ein Computerspiel oder eine Computersimulation – entstehen kann: der Computer (Hardware) und das Programm (Software) sowie die Computerprogrammierer, die Computer- und DVD-Hersteller, usw. In bezug auf das kosmische virtuelle Spiel lassen sich all diesen Aspekten der Ganzheit entsprechende göttliche Intelligenzen zuordnen, die in der vedischen Theologie als individuelle Gottheiten gesehen werden. Gott ist jedoch nicht „nur" Vater-Mutter, denn Vater-Mutter ist Gott in bezug auf die materielle Welt. Der Vater-Mutter-Gott hat in seiner eigenen, transzendenten Realität auch die Identität von Geliebter und Geliebte, was sich im innersten Kern der theistischen Mystik offenbart.
5) Der Science-Fiction-Autor Bruce Sterling in seinem Aufsatz „Jeder andere Film ist die blaue Kapsel", in: *Das Geheimnis der Matrix* (Karen Haber, Hrsg.; Heyne-Verlag 2003). „In Matrix passiert alles Mögliche. Alles ist miteinander vermischt und verschmolzen. Ein Durcheinander wie Hirnsalat."

6) Richard Dawkins: *River out of Eden – A Darwinian View of Life* (1995), dt. *Und es entsprang ein Fluß in Eden* (S. 151). In einem Interview mit dem Magazin *Focus* (52/1996, S. 145) sagte Prof. Dawkins wörtlich dasselbe, und Michael Schmidt-Salomon, „Deutschlands Chef-Atheist" *(Der Spiegel),* zitiert diese Dawkins-Sätze in seinem *Manifest des evolutionären Humanismus* (2006) als Glaubensbekenntnis mit voller Zustimmung (S. 25f.). Offensichtlich geben diese Sätze genau das Weltbild des Atheismus und „evolutionären Humanismus" wieder.

7) Kurz nach dem Erscheinen von *Matrix I* im März 1999 kam es in den USA zum Massaker an der Columbine High School (20. April 1999). Der 18jährige Eric Harris und der 17jährige Dylan Klebold erschossen zwölf Mitschüler, einen Lehrer und sich selbst. Eric Harris trug bei der Tat ein T-Shirt mit der Aufschrift NATURAL SELECTION in schwarzen Großbuchstaben. Angesichts des eiskalten Massenmordes kommentierten einige Medienstimmen: „Wie in Matrix!" Gleichzeitig wurde betont, dieser Film trage keine Schuld am Massaker, ebensowenig wie Darwin mit seiner Theorie der „natürlichen Selektion". Wenn jemand sich mit Alkohol betrinke und dann einen Unfall verursache, könne man die Verantwortung nicht dem Alkohol oder der Getränkefabrik zuschieben. Diese Argumentation stimmt natürlich, sie gibt aber gleichzeitig zu, daß gewisse Substanzen – und Weltbilder! – eine vergiftende Wirkung haben können.

8) Thorwald Dethlefsen: *Schicksal als Chance,* München 1979, Goldmann 1980, S. 73f.. Der Autor betont natürlich umgehend: „Diese Überlegungen sind keinesfalls Legitimationen für ein willkürliches Verhalten des Menschen, sondern sollen den Menschen bei der Betrachtung der Manifestationen vor Widerständen bewahren." Wie die nächsten beiden Kapitel zeigen werden, bedeutet die hier ausformulierte Philosophie in ihrer Konsequenz jedoch tatsächlich, daß man alle Arten von Handlungen rechtfertigen kann, wenn man „bei der Betrachtung der Manifestationen" keinerlei „Widerstände" empfindet, weil – gemäß diesem Weltbild – letztlich alles „an sich völlig wertfrei und neutral" ist! Also auch Kriege, Manipulation, Bevölkerungsreduktion usw. Diejenigen, die dies glauben, würden sich gegenüber der obigen Einschränkung rechtfertigen, indem sie sagen, diese Dinge seien selbstverständlich kein „willkürliches Verhalten", sondern aus höherer Sicht eine Notwendigkeit. Der Autor spürt ebenfalls, daß seine Ausführungen mißverständlich sind, und versucht, die Mißverständlichkeit durch eine gute Unterscheidung zu beheben: „Man unterscheide wohl zwischen etwas, was sich bereits manifestiert hat, und etwas, was noch nicht Wirklichkeit geworden ist. Geschieht ein Mord, so ist er Teil der Wirklichkeit und hat seinen Sinn und seinen Grund, sonst

wäre er nicht geschehen. Es hat keinen Sinn, den geschehenen Mord nicht zu akzeptieren, wollen wir uns nicht gegen die Gesamtordnung stellen. Daraus folgt aber nicht, daß wir diesen Mord als gut und richtig bezeichnen sollten oder sogar selbst einen begehen dürften" (S. 73). Dieser Punkt ist aus psychologischer Sicht natürlich richtig, aber gleich im übernächsten Absatz heißt es dann wieder: „Alle Dinge sind an sich völlig wertfrei und neutral", und der Autor betont immer wieder, man solle alles anschauen können und „erkennen, daß es gut ist, wie es ist". Also ist auch ein geschehener Mord „gut"? Wie die weiteren Ausführungen zur Unterscheidung von Polarität und Dualität zeigen, entstehen diese Mißverständlichkeiten und Verwirrungen deshalb, weil hier aufgrund der Verwechslung bzw. Gleichsetzung von Polarität und Dualität Wahrheiten zu Halbwahrheiten werden.

9) Thorwald Dethlefsen: *Ausgewählte Texte,* München 1989, S. 62

10) ebd. S. 74. Daß hier dreimal derselbe Autor zitiert wird, hat nichts Persönliches an sich, sondern geschah nur deshalb, weil diese drei Zitate repräsentativ für viele andere Vertreterinnen und Vertreter dieser Art von Einheitslehren sind (zitiert nach: Stargalla, *Liebe als Weg,* Neptun Verlag 2005, S. 243, 263).

11) Ramana Maharshi: *Die Suche nach dem Selbst – Ausgewählte Gespräche,* herausgegeben und eingeleitet von Lucy Cornelssen, Ansata-Verlag, Interlaken 1985, S. 113, 158, 195

12) wikipedia (englisch), August 2010: „Nisargadatta Maharaja" (1897–1981); hatte zahlreiche Schüler, unter ihnen auch Ramesh Balsekar (siehe nächstes Zitat).

13) Ramesh Balsekar: *Schuld und Sünde – Der IrrSinn des Verstandes,* Lüchow, Freiburg i. Br. 2001, S. 57, 63, 90 (andere Buchtitel dieses Autors: *Kein Weg. Kein Ziel. Nur Einheit: Die Essenz des Advaita / Wo Nichts ist, kann auch nichts fehlen / Wen kümmert's?*).

14) Papaji (Poonja), Tagebucheintrag 6. März 1982, zitiert in David Godman / Papaji: *Nothing Ever Happened,* vol. 3, Avadhuta Foundation 1998, S. 217f., 221

15) André van der Braak: *Liegestütz zur Erleuchtung – Lehrjahre bei einem amerikanischen Guru* [eine kritische Auseinandersetzung mit Andrew Cohen], Edition Spuren, Winterthur 2004, S. 109

16) Robert Stargalla: *Liebe als Weg – Ein neues Wir-Bewußtsein durch Neue Spiritualität,* Neptun Verlag 2005, S. 307f.

17) zitiert aus: Heinrich Stirnimann, *Der Gottesgelehrte Niklaus von Flüe – Drei Studien,* Dokimion Bd. 7, Freiburg (Schweiz) 1981, S. 71-115; siehe auch: Pirmin Meier: *Ich Bruder Klaus von Flüe,* Ammann Verlag, Zürich 1997/2000, S. 199; *Bruder Klaus von Flüe – Rat aus der Tiefe,* ausgewählt, übersetzt und kommentiert von Anselm Keel; Reihe

„Klassiker der Meditation", Benziger Verlag, Zürich/Düsseldorf 1999, S. 160f.

18) Om C. Parkin: *Das Erwachen des Löwen,* Lüchow, Freiburg i. Br. 1998, Goldmann-Arkana 2006, S. 82, 85f., 163, 340. Der undifferenzierte Monismus sagt, daß jegliche Trennung und Beziehung nur in der Vorstellung des Menschen vorhanden sei, da die beziehungslose Einheit „Wahrheit" sei: „Die Trennung zwischen mir und den anderen oder zwischen mir und Gott, zwischen mir und allem, existiert außerhalb von Gedanken tatsächlich nicht. [...] Der Ich-Gedanke hat keine Wurzel. [...] es gibt [jenseits der Gedanken] Erfahrungen, aber niemanden mehr, der erfährt. [...] Tatsächlich gibt es keine Beziehung zwischen mir und dem anderen. Das ist die Wahrheit. Ich beschäftige mich mit Beziehung nur auf der Ebene der kleinen Selbsterforschung des denkenden Geistes, der Ich-Erforschung." (S. 223, 226, 318)

19) Identität und Identifikation sind nicht dasselbe; siehe *Der radikale Mittelweg,* Stichwortverzeichnis „Identifikation" (insb. Abs. 251). Identität ist das spirituelle, ewige „Ich Bin", Identifikation das materielle, wandelbare „ich bin". Identifikation ermöglicht das materielle Ich-Bewußtsein, d. h. die Identifikation mit einem materiellen „Ich", das immer eine „Rolle" ist, mit der wir aus höherer Sicht nicht identisch sind. „Rolle" auf Lateinisch heißt *persona!* (*Persona* bedeutet auch „Maske", wie sie im antiken Theater gebräuchlich war, von *per-sonare,* „hindurchtönen; durch eine Maske hindurch sprechen".) Aufgrund der Identifikation können wir „Person" sein. Identifikation ist das materielle Ich-Prinzip, im Sanskrit *ahaṅkāra,* „Ich-Erzeuger", genannt (von *aham,* „ich", und *kāra,* „Erzeuger; Verusacher"). *Ahaṅkāra* und der lateinische Begriff *identificatio* (von *identitas* und *facere,* „machen, erzeugen") sind Synonyme. Identifikation ist das göttliche Schöpfungsprinzip, das es uns ermöglicht, eine materielle „Identität" (= Rolle, Persönlichkeit) anzunehmen. Diese „Identität" *(persona)* ist nicht ewig und ist nicht unsere höchste, wirkliche Identität. Ein spitzfindiges, aber illustratives Beispiel: In der Schweiz haben wir eine „Identitätskarte", der philosophisch richtige Ausdruck wäre jedoch „Personenausweis".

20) Ein apokrypher Satz Jesu, überliefert von Augustinus in seinem Werk *De civitate Dei;* ausführlich erörtert in: *Machtwechsel auf der Erde* (2006/7), S. 75, 79, 530, und *Licht wirft keinen Schatten,* S. 232, 263

21) Erwin Lutzer: *Gefährliche Weichenstellung – Lehrstreit und Trennungen in 2000 Jahren Kirchengeschichte,* CLV Dillenburg 1999, S. 165. Als „gefährliche Weichenstellung" sieht dieser christlich-evangelikale Autor die Ansicht, die doppelte Prädestinationslehre sei nicht die richtige Interpretation der biblischen Lehre.

22) Zitiert aus: Lucien Febvre, *Martin Luther – Religion als Schicksal,* S. 144

23) Luther, Werke Bd. XVIII (1908), S. 305
24) zitiert nach Febvre, S. 145
25) Luther: *Tischreden,* Weimarer Ausgabe Bd. 1, S. 195, Nr. 446; zitiert nach Febvre, S. 157, und Gerhard Wehr (Hrsg.): *Thomas Müntzer – Schriften und Briefe* (1973), S. 144
26) Luther: „Wider die räuberischen und mörderischen Rotten der Bauern", zitiert nach: Hubertus Mynarek, *Die neue Inquisition* (1999), S. 114
27) Luther: „Wider die räuberischen und mörderischen Rotten der Bauern", zitiert nach: Mynarek, S. 125
28) Luther: „Wider die räuberischen und mörderischen Rotten der Bauern", zitiert nach: Mynarek, S. 126, und Febvre, S. 145
29) *De Wette II,* 669, zitiert nach Febvre, S. 144
30) Luther: *Tischreden,* Weimarer Ausgabe Bd. 3, S. 75 (zitiert nach Mynarek, *Die neue Inquisition,* S. 120f., auch 127)
31) „Wieso Martin Luther noch radikaler war, als wir denken", *GEO,* November 2007, S. 180f., 187f. („Widersprüche löst er nicht auf, sondern spitzt sie noch zu.")
32) ebd., S. 188
33) Karl-Heinz Deschner: *Abermals krähte der Hahn,* S. 489
34) Febvre, S. 152f.
35) Febvre, S. 172f. „Nein, Gott rettet den, der es will" ist eine Aussage aus den *Tischreden,* Weimarer Ausgabe Bd. 3, S. 591, Nr. 3900
36) Siehe auch: *Der radikale Mittelweg,* Abs. 149
37) Marie-France Etchegoin, Frédéric Lenoir: *Der Code zu Dan Browns „Das verlorene Symbol",* München 2010, S. 74. Das in dieser Textstelle enthaltene Zitat stammt aus: André Combes, *Les Trois Siècles de la franc-maçonnerie française* (2007).
38) „Während des Bürgerkrieges diente er [Albert Pike] als Brigade-General in der Armee der Konföderierten. Als Indianerbevollmächtigter rekrutierte ‚der treue und bleichgesichtige Freund und Beschützer' aus verschiedenen Indianerstämmen eine Spezialarmee, deren Barbareien und Orgien der Grausamkeit sogar die ohnedies nicht zimperlichen Engländer dazu veranlaßte, mit einem Einschreiten aus ‚humanitären Gründen' zu drohen. Pike, der zunächst in Harvard studiert hatte, beherrschte nicht weniger als sechzehn antike Sprachen in Rede und Schrift." (E. R. Carmin: *Das schwarze Reich – Geheimgesellschaften und Politik im 20. Jahrhundert,* Heyne Verlag, München 1997)
39) Jan van Helsing: *Geheimgesellschaften 3: Krieg der Freimaurer – Ein Hochgradfreimaurer packt aus!,* Ama Deus Verlag, Fichtenau 2010
40) „Chaos" bedeutet nicht „Unordnung", sondern „Nullordnung", um einen Begriff der modernen Physik zu verwenden. Im Sanskrit wird dieses materielle Urpotential mit zwei Begriffen differenziert: Pradhāna

(das materielle „Nichts“) und Mahat-tattva (das potentielle „Alles“); siehe *Gott und die Götter – Das Mysterienwissen der vedischen Hochkultur,* Stichwortverzeichnis und Glossar.

41) *Der radikale Mittelweg,* Abs. 141 mit Anmerkung 28 (vollständige Auflistung der zehn Programmpunkte der Georgia Guidestones); eine ausführliche Beschreibung findet sich in wikipedia, Stichwort „Georgia Guidestones“.

42) Siehe z. B. Burkhardt Gorissen: *Ich war Freimaurer,* Sankt Ulrich Verlag, Augsburg 2009; Guido Grandt: *Schwarzbuch Freimaurerei – Von der Französischen Revolution bis zu Uwe Barschel,* Kopp-Verlag, Rottenburg 2007; Andreas von Rétyi: *Skull & Bones – Amerikas geheime Machtelite,* Kopp-Verlag, Rottenburg 2003; Karl Heise: *Entente-Freimaurerei und Weltkrieg [Der Einfluß der angelsächsisch-freimaurerischen Politiker im Vorfeld des und im Ersten Weltkrieg],* Zürich 1918, [3]1920, Faksimile-Neuauflage im Verlag für ganzheitliche Forschung und Kultur (Roland Bohlinger), Struckum 1982, [2]1991; Erich Brüning / Harry Graf: *Die unterschätzte Subkultur: Freimaurerei – Wolf im Schafspelz,* Schwengeler-Verlag, Berneck 2001; Des Griffin: *Wer regiert die Welt?* 1976/1981, dt. 1986, mehrere Neuausgaben; Gary Allen: *Die Insider – Baumeister der „Neuen Welt-Ordnung“* (2 Bände); Johannes Rothkranz: *Die kommende „Diktatur der Humanität“* (3 Bände), Verlag Anton Schmid, Durach 1993; A. Ralph Epperson: *Die unsichtbare Hand – Der Einfluß geheimer Mächte auf die Weltpolitik,* 1985, dt. im Kopp-Verlag, Rottenburg 2006. Einige dieser Autoren haben einen christlichen oder allgemein religiösen Hintergrund, andere schreiben aus rein menschlicher Besorgnis heraus. Selbst wenn man einigen dieser Bücher vorwerfen kann, sie würden alles zu einseitig aus der Perspektive „Profit- und Machtstreben der Kriegtreiber“ betrachten, so zeigen sie doch eine vielseitig begründete Sichtweise, die nicht minder berechtigt ist als die humanistisch-akademische Geschichtsschreibung, die jegliche Verschwörung leugnet und alle dunklen Hintergründe verharmlost.

43) Zum Werk von Prof. Myers und anderer Pioniere der Parapsychologie und Jenseitsforschung siehe: *Unsichtbare Welten,* Kap. 1 und 2.

44) zitiert mit Quellenangabe und ausführlicher Erläuterung in: *Licht wirft keinen Schatten,* S. 107, und *Der radikale Mittelweg,* S. 120

45) Am bekanntesten ist der fünfeckige Stern (Pentagramm) nördlich des Weißen Hauses, dessen Spitze direkt auf das Weiße Haus zeigt. Dieses Pentagramm ist perfekt symmetrisch, ist aber nicht ganz vollständig. Auf der linken Seite fehlt ein Teil der Verbindungslinie, wodurch dieses Zeichen ein „offenes Pentagramm“ darstellt, ein in der Magie bekanntes Zeichen. Das Vorhandensein dieses Pentagramms wird nicht geleugnet, wird aber offiziell als Zufall bezeichnet, so auch vom Sprecher

des großen Freimaurertempels von Washington D. C. im Dokumentarfilm *Riddles in Stone* (siehe youtube). Das Kapitol ist die Spitze einer gleichschenkligen Pyramide, mit dem Weißen Haus und dem Jefferson Memorial als Eckpunkte der Grundlinie. Die Parkanlage um das Kapitol wurde in der Form einer Eule angelegt. Das Pentagramm findet sich auch im Pentagon-Gebäude, usw. Siehe z. B.: David Ovason, *The Secret Architecture of Our Nation's Capital – The Masons and the Building of Washington D. C.*, HarperCollins / Perennial 2002; *Riddles in Stone* (Dokumentarfilm); „Washington und die Freimaurer", in: *mysteries* 5/2009, S. 30-35.

46) Worin der Irrtum der Gleichsetzung von Dualität und Polarität (auf der Grundlage der Halbwahrheit „Alles ist eins") besteht, ist bereits auf S. 137-141 erwähnt worden. Weil gerade in dieser Frage das ganzheitliche Verständnis von entscheidender Bedeutung ist, möchte ich es hier nochmals kurz zusammenfassen: Die *Polarität* ist das Gleichgewicht der beiden Pole, dem im praktischen Leben der „radikale Mittelweg" entspricht. Wer von diesem Gleichgewicht abweicht, bricht das Gleichgewicht und fällt in die eine oder andere Einseitigkeit, d. h. in die *Dualität* des Zuviel und Zuwenig. Beides sind Aspekte des Bösen, das sich vom Guten abgetrennt und abgespalten hat (so wie die symbolische Dunkelheit vom Licht). Wenn von der Dualität „Gut und Böse" gesprochen wird, bedeutet dies nicht, daß das Gute denselben Stellenwert hat wie das Böse oder vom Bösen nicht zu trennen ist. Das Gute, auch das relative Gute, steht in Resonanz mit Gottes Willen, im Gegensatz zum Bösen, das sich nur als Gegenteil des Guten definieren kann. Das Gute hingegen definiert sich nicht anhand des Bösen, sondern durch seine Entsprechung mit Gottes Willen. (Haß ist verlorene Liebe, aber Liebe ist nicht verlorener Haß.)

47) Eine umfassende Darstellung aller Fakten und Widersprüche gibt Michael Hesemann in seinem Buch *Geheimakte John F. Kennedy – Warum der amerikanische Präsident sterben mußte,* Kopp-Verlag 2003. Die Indizien und Zeugenaussagen weisen alle darauf hin, daß JFK *von vorne* erschossen wurde. (Die Mörder standen hinter einem Bretterzaun auf einem Grashügel.) Alle Personen, die beim Attentat auf der Höhe der Limousine gestanden hatten, bezeugten, die Schüsse seien von vorne gekommen. „Doch nicht nur Spuren wurden beseitigt, auch unbequeme Zeugen. In den ersten vier Jahren nach dem Attentat starben allein 42 von ihnen auf mysteriöse Weise. Weitere 27 folgten in den fünf Jahren von 1975 bis 1979, in denen der Untersuchungsausschuß des US-Repräsentantenhauses den Fall neu aufrollte" (Hesemann, S. 160). In diesem Buch ist auf S. 250 ein Original-CIA-Dokument zu sehen (1976 freigegeben), aus dem hervorgeht, daß alle CIA-

Kontaktpersonen in den Massenmedien angewiesen wurden, jede Kritik am Warren-Report als „kommunistische Propaganda“ und „grundlose, verantwortungslose Spekulation“ zu diffamieren. Viele unabhängige Investigatoren schrieben Grundlagenwerke über das Lügengebäude der offiziellen Darstellung, z. B. der Anwalt Jim Garrison: *Wer erschoß John F. Kennedy?* (dt. 1992), Jim Marrs: *Crossfire – The Plot That Killed Kennedy* (1989) und James W. Douglass: *JFK and The Unspeakable – Why He Died and Why It Matters,* Touchstone, New York 2008, Paperback 2010.

Der Autor

Armin Risi (geb. 1962): Dichter, Philosoph und Sachbuchautor; besuchte das lateinische Gymnasium in Luzern; gehörte im Alter von 18 Jahren zu den führenden Schach-Junioren der Schweiz; 1978–1980: erste Gedichtsammlung und ein Drama in 5 Akten; 1980/81: Reisen und Naturaufenthalte, Austritt aus dem Gymnasium vor der Matura; lebte danach für achtzehn Jahre als Mönch in vedischen Klöstern in Europa und Indien; während dieser Zeit hauptsächlich als Übersetzer tätig; Mitarbeit bei der Übersetzung von 22 Werken der Sanskritliteratur (aus dem Englischen ins Deutsche); Studium der indischen und westlichen Philosophien; seit Ende 1998 freischaffender Schriftsteller und Referent; lebt mit seiner Frau Melanie in Zürich.

Webseiten:
armin-risi.ch | theistic-network.org | science-of-involution.org

Veröffentlichungen:

1988: *Vegetarisch leben – Die Notwendigkeit einer fleischlosen Ernährung* (11., erweiterte und aktualisierte Auflage 2015); ist mit einer Gesamtauflage von fast einer halben Million Exemplaren heute im deutschen Sprachraum die am weitesten verbreitete Schrift über Vegetarismus; Website: vegetarisch-leben.ch.

1992: *Völkerwanderung – Epische Galerie* und *Der Kampf mit dem Wertlosen – Lyrische Meditationen* (700 Gedichte und Epigramme)

1995: *Da ich ein Dichter war – Reinkarnation: Gedanken, Gedichte und eine Begegnung mit Hölderlin*

1995: «Der multidimensionale Kosmos», Band 1: *Gott und die Götter – Das vedische Weltbild revolutioniert die moderne Wissenschaft, Esoterik und Theologie* (mehrere überarbeitete Auflagen; definitive Version ab 10. Auflage, 2020).

ab 1995: zahlreiche Artikel in grenzwissenschaftlichen und esoterischen Zeitschriften

1998, 2000, 2002, 2007: Armin Risis Gedichte *Die Karawane, Sehnsuche, Morgengrauen* und *«Friede ist langweilig»* werden in die Anthologien *Ausgewählte*

Werke, Band 1, 3, 4 und 10, der Bibliothek deutschsprachiger Gedichte (München) aufgenommen.

1998: «Der multidimensionale Kosmos», Band 2: *Unsichtbare Welten – Astrale und außerirdische Wesen im Hintergrund des Weltgeschehens* (mehrere überarbeitete Auflagen; definitive Version ab 9. Auflage, 2022)

1999: «Der multidimensionale Kosmos», Band 3: *Machtwechsel auf der Erde – Die Pläne der Mächtigen, globale Entscheidungen und die Wendezeit*

2001: *Das kosmische Erbe – Einweihung in die Geheimnisse unserer Her- und Zukunft* (mediale Texte von Tom H. Smith, übersetzt und erläutert von Armin Risi)

2004: *TranscEnding the Global Power Game: Hidden Agendas, Divine Intervention and the New Earth* (gekürzte und inhaltlich bearbeitete Übersetzung des Buches *Machtwechsel auf der Erde* als Zusammenfassung der wichtigsten Inhalte der Trilogie auf Englisch)

2004: *Licht wirft keinen Schatten – Ein spirituell-philosophisches Handbuch*

2006: *Machtwechsel auf der Erde* (5., vollständig überarbeitete Auflage)

2007: «Die Osiris-Krypta von Gizeh» in: Tagungsband zum *One-Day-Meeting der Forschungsgesellschaft für Archäologie, Astronautik und SETI,* München 2007, Ancient Mail Verlag, S. 63–79

2008: «Unterirdische Rätsel in Ägypten – Alles ein Werk der Pharaonen?» und «Monolithe und Göttermythen – Forschungsreise nach Borneo» im Anthologieband *Brisante Archäologie – Geschichte ohne Dogma* (Kopp-Verlag)

2009: *Der radikale Mittelweg – Überwindung von Atheismus und Monotheismus* (Das Buch zum aktuellen Paradigmenwechsel)

2011: *Ganzheitliche Spiritualität – Der Schlüssel zur neuen Zeit* und *Einheit im Licht der Ganzheit – Orientierung im Labyrinth von Religion, Erleuchtung und New Age*

2012: *Licht wirft keinen Schatten* in kroatischer Übersetzung (leicht gekürzt)

2013: *«Ihr seid Lichtwesen» – Ursprung und Geschichte des Menschen*

2014: *Evolution – Stammt der Mensch von den Tieren ab?*

2016: *«Ihr seid Lichtwesen» – Ursprung und Geschichte des Menschen* in polnischer Übersetzung

2017 (zusammen mit Sophia Pade): *Make That Change – Michael Jackson: Botschaft und Schicksal eines spirituellen Revolutionärs* (3., aktualisierte Auflage 2021)

2020: *«Ihr seid Lichtwesen» – Ursprung und Geschichte des Menschen* in französischer Übersetzung

2020: *Gott und die Götter – Die prophezeite Wiederkehr des vedischen Wissens* (vollständig überarbeitete Neuauflage von «Gott und die Götter», 1995/2007)

2022: *Unsichtbare Welten – Der Kosmos ist multidimensional* (vollständig überarbeitete Neuauflage von «Unsichtbare Welten», 1998/2008)

Auf den folgenden Seiten:

Weitere Veröffentlichungen von Armin Risi und des Govinda-Verlages

Darwinismus: kritische Forschung, neue Perspektiven

Armin Risi

EVOLUTION

Stammt der Mensch von den Tieren ab?

3. Auflage, 168 Seiten, Taschenbuch
ISBN 978-3-905831-28-3
€ 9,50 / Fr. 14.00

Wie entstand das Leben auf der Erde? Wie entstand der Mensch? Heute werden diese Fragen in allen Schulbüchern mit der Evolutionstheorie beantwortet, und es wird behauptet, diese Theorie sei bewiesen. In Wirklichkeit sind diese angeblichen Beweise jedoch Interpretationen, und zwar auf der Grundlage eines «naturalistischen» Weltbildes.

Dieses faktenreiche Taschenbuch aus der Reihe «Grundlagenwissen im Govinda-Verlag» ist eine logische und leicht verständliche Darlegung der Mängel der Evolutionstheorie. Es zeigt, dass heute ein Denken in neuen Dimensionen erforderlich ist, insbesondere was das Phänomen «Leben» und die Herkunft des Menschen betrifft.

Ein Abend mit meditativen Klängen

Armin Risi / Silvia Siegenthaler

KLANG-REISE (DVD)

Mantras aus verschiedenen Kulturen und Mysterienschulen

DVD-Laufzeit 110 Min.,
mit 24-seitigem illustriertem Textbuch
ISBN 978-3-905831-14-6
€ 20,00 / Fr. 30.00

Klang-Reise: Ein Abend mit meditativen Klängen und Gesängen als Reise von der fernen Vergangenheit bis in unsere Gegenwart sowie als Begegnung mit verschiedenen Kulturen und Mysterienschulen: Mantras und Psalme aus der Sanskritsprache, aus dem Altägyptischen und Hebräischen sowie deutsche Kurzgebete und «Affirmationen».

Armin Risi: Gesang, Tanpura
Silvia Siegenthaler: Gesang, Klangschalen, sakrale Klangbewegungen
mit Live-Wasserklangbildern von Alexander Lauterwasser

Diese DVD enthält den mit sieben Kameras professionell aufgenommenen Mitschnitt eines Konzertes von Armin Risi und Silvia Siegenthaler aus dem Jahr 2009. Vielseitige Bilder, faszinierende Live-Wasserklangbilder, Mantras in vier Sprachen, Klangschalen, feine Obertöne, sakrale Klangbewegungen (Tempeltanz: Silvia Siegenthaler), eine lyrische Reise ins antike Griechenland mit Gedichten von Friedrich Hölderlin (erläutert und gelesen von Armin Risi) plus Bonus mit Ausschnitten aus einem Vortrag von Silvia Siegenthaler. Das 24-seitige Begleitheft enthält alle Mantra-Texte mit Übersetzung und weiteren Erläuterungen zum Thema «Klang» und «Klangmystik».

Die Anastasia-Buchreihe

Seit dem ersten Erscheinen von Band 1 in Russland (1996) hat sich dort Unglaubliches getan. Die Bücher riefen eine ökologisch und spirituell orientierte Bewegung ins Leben, die inzwischen zur regelrechten Volksbewegung mit einer großen Anzahl verschiedener Non-Profit-Organisationen und alternativer Wohnprojekte – sogenannte «Familienlandsitze» – wurde. Anastasias Botschaft berührte die Herzen von Millionen von Menschen, und die überwältigende Resonanz löste eine revolutionäre Dynamik aus, die mittlerweile weit über den russischen Sprachraum hinausgeht. So gibt es in ganz Europa und auch im deutschen Sprachraum bereits zahlreiche Projekte, die im Begriff sind, die Ideen Anastasias umzusetzen in eine lebendige Realität.

Die «Anastasia»-Bücher wurden bislang in vierundzwanzig Sprachen mit einer Gesamtauflage von rund 30 Millionen Exemplaren gedruckt. In Deutsch sind sämtliche zehn Bände erschienen; sechs davon sind auch als Hörbuch erhältlich.

Band 1:	Anastasia – Tochter der Taiga	199 Seiten	Hörbuch 400 Minuten
Band 2:	Anastasia – Die klingenden Zedern Russlands	226 Seiten	Hörbuch 470 Minuten
Band 3:	Anastasia – Raum der Liebe	216 Seiten	Hörbuch 458 Minuten
Band 4:	Anastasia – Schöpfung	226 Seiten	Hörbuch 495 Minuten
Band 5:	Anastasia – Wer sind wir?	237 Seiten	Hörbuch 522 Minuten
Band 6:	Anastasia – Das Wissen der Ahnen	274 Seiten	[kein Hörbuch]
Band 7:	Anastasia – Die Energie des Lebens	264 Seiten	[kein Hörbuch]
Band 8.1:	Anastasia – Neue Zivilisation	208 Seiten	[kein Hörbuch]
Band 8.2:	Anastasia – Die Bräuche der Liebe	208 Seiten	[kein Hörbuch]
Band 10:	Anastasia – Anasta	260 Seiten	Hörbuch 578 Minuten

jeder Band € 16,00 / Fr. 24.00 | jedes Hörbuch € 12,90 / Fr. 15.50

Weitere Informationen auf der Website des Verlages:

www.govinda.ch/autoren/wladimir-megre

Die Christina-Buchreihe

Christina (Jahrgang 2001) stammt aus dem schweizerischen Toggenburg. Sie wurde mit einem stark erweiterten Bewusstsein geboren und gehört damit zu einer neuen Generation von jungen evolutionären Denkern, die das Dasein des Menschen als eine Komplexität von Quantenphysik, Neuropsychologie und Spiritualität erkennen, beschreiben und leben. Sie zeigt seit jeher einen bemerkenswerten Durchblick im heutigen Weltgeschehen und verblüfft mit ihrer hohen Ethik sowie mit einer Weisheit und einem inneren Frieden, die eine neue Dimension des Menschseins erahnen lassen.

Ohne jegliche Überforderung offenbart Christina einen völlig natürlichen Umgang mit einer Vielzahl von paranormalen Begabungen wie multidimensionale Wahrnehmung, Aura-Sichtigkeit, Hellsichtigkeit, Telepathie, Telekinese, Jenseitskontakte, Tier- und Pflanzenkommunikation und dergleichen. Von Geburt an steht sie zudem in einer bewussten Verbindung mit höherdimensionalen Sphären und Zivilisationen des Lichts.

Als Vorbotin einer neuen Stufe der menschlichen Evolution hat Christina sich gemeinsam mit ihrer Zwillingsschwester Elena auf der Erde inkarniert, um Licht und Frieden zu verbreiten. Sie sagt: «Die Lichter sind weltweit alle schon da. Es braucht nur noch jemand, der die On-Taste drückt.»

Die Christina-Buchreihe

Band 1 erzählt – aus der Sicht ihrer Mutter Bernadette – die Geschichte der außergewöhnlichen Umstände von Christinas Geburt sowie ihrer Kindheit und Jugend bis zu ihrem 16. Lebensjahr. Es sind Jahre des Angewöhnens an die Dreidimensionalität, des Geschultwerdens und der Prüfungen, um sich auf ihre Lebensaufgabe vorzubereiten. Diese fasst Christina mit den drei Kernbegriffen Freiheit, Wahrheit und Liebe zusammen.

Band 2 erzählt – wiederum aus der Sicht ihrer Mutter Bernadette – die Geschichte von Christinas Entwicklung weiter: Das Ende ihrer Schulzeit, die Offenbarung ihres Lebensplanes und der fulminante Beginn ihres Wirkens in der Öffentlichkeit. Weitere Themen von Band 2 sind: Die universellen Spielregeln des Lebens; das Beschreiten des individuellen Seelenwegs und das Entfalten des persönlichen Potenzials; die Unterstützung durch unsere geistigen Begleiter; praktische Tipps zur individuellen und kollektiven Frequenzerhöhung; die stille Revolution der bedingungslosen Liebe; die Wichtigkeit der Erdung für die Menschen der neuen Zeit; die notwendige Verbindung von Querdenken und Spiritualität; ganzheitliche Wissenschaft und positive Technologie; vier Möglichkeiten der Bewusstseinsausrichtung; die fünfdimensionale Zukunft der Erdenmenschheit und das bevorstehende goldene Zeitalter

Band 3 besteht ausschließlich aus Christinas eigenen Worten, zusammengestellt aus ihren Seminaren und Interviews der Jahre 2018 und 2019. Christina berichtet darin, wer wir Menschen in Wirklichkeit sind, warum die Zustände auf der Erde heutzutage so sind, wie sie sind, und in welche positive Richtung die globale Entwicklung vorangehen kann. Damit schenkt sie uns Zuversicht und Hoffnung auf eine Zukunft des inneren und äußeren Friedens und nährt unsere Ahnung, dass sämtlichen düsteren Prognosen zum Trotz letzten Endes alles gut sein wird. Weitere Themen von Band 3 sind: Individuelle Schwingungserhöhung; Reinigung der Seele; Körperwesen und Zellkommunikation; unser geistiges Team; das große Spiel des Vergessens; Karma und Schöpferkraft; eine Schule für herzbasiertes Lernen; Vertrauen in das eigene Herzgefühl; die Evolution der Liebe; spirituelle Vernetzung; kindliche Lebensfreude und Verspieltheit.

Band 1:	Zwillinge als Licht geboren	ISBN 978-3-905831-48-1
Band 2:	Die Vision des Guten	ISBN 978-3-905831-50-4
Band 3:	Bewusstsein schafft Frieden	ISBN 978-3-905831-67-2

Jeder Band zwischen 300 und 340 Seiten, gebunden, mit Lesebändchen
je € 19.90 / Fr. 28.00

Website: christinavondreien.ch

Das Licht auf der Erde verankern

Christina von Dreien

DER UNGEHORSAM DER LIEBE

Was wir Positives aus der gegenwärtigen Weltsituation lernen können.

123 Seiten, Taschenbuch
ISBN 978-3-905831-87-0
€ 13,50 / Fr. 15.50

Der Folgeband des Bestsellers «Am Ende ist alles gut» zu den aktuellen Themen dieser Zeit. Nach anstrengenden «Corona»-Jahren voller weltweiter Angst und Verwirrung nimmt Christina eine Standortbestimmung vor und skizziert die aus ihrer Sicht bevorstehenden nächsten Schritte in der globalen Entwicklung: Die Menschheit ist dabei, immer mehr Licht auf der Erde zu verankern und damit das Ende der negativen Systeme einzuleiten.

Viele Menschen fragen sich: Wie konnte all das geschehen, was insbesondere in den vergangenen Jahren hier auf der Erde und mit der Menschheit passiert ist? Warum gibt es überhaupt so viele unschöne Zustände in unserer Welt? Und wie soll das alles noch enden?

«Der Ungehorsam der Liebe» beantwortet diese Fragen mit aufschlussreichen und zuweilen überraschenden Erklärungen zur gegenwärtigen Weltsituation. Das Buch fordert auf zu mehr Mut und Menschlichkeit sowie zum gewaltfreien Widerstand gegen ein gesellschaftliches System, welches derart weit von der Liebe entfernt ist, dass es gewissenlos die Natur zerstört und Lügen, Manipulation, Gewalt und Kriege zur Normalität erklärt. Doch allen Seltsamkeiten zum Trotz zeichnet Christina ein höchst positives Bild der Zukunft unseres Planeten. In faszinierender Weise legt sie dar, dass der Mensch von Natur aus ein gütiges und liebevolles Wesen ist und dass es daher nur noch eine Frage der Zeit ist, bis das aktuelle System des Negativen in sich zerfällt und abgelöst wird von einer neuen Form des Zusammenlebens auf der Grundlage von Frieden, Freiheit und gegenseitigem Respekt. Denn immer mehr Menschen sind gerade dabei aufzuwachen, sich zusammenzuschließen und einen lichtvollen Impuls der Veränderung zu setzen. Die stille Revolution des Ungehorsams der Liebe ist nicht mehr aufzuhalten.

Das Erhöhen der individuellen Frequenz

Ronald Zürrer

SCHÖNHEIT DES INNEREN

170 kleine Lebensvorsätze

65 Seiten, Taschenbuch
ISBN 978-3-905831-39-9
€ 8,00 / Fr. 12.00

Der Philosoph und Dichter Ronald Zürrer legt ein kleines, feines Büchlein über die Schönheit und Heilkraft von Tugenden vor. Es richtet sich an Menschen, deren Wunsch es ist, Zeit und Aufmerksamkeit auf das Entfalten von Tugenden zu richten – also von erhebenden Charaktereigenschaften, die beitragen zur Schönheit des Inneren.

Hierfür hat der Autor einige der bedeutsamsten und glückverheißendsten Früchte vom Baum der Tugenden gepflückt und sie in Form von kleinen Lebensvorsätzen aus seiner persönlichen Sicht erläutert. So werden in diesem Aufschlagewerk beispielsweise die folgenden Tugenden und ethischen Werte beleuchtet:

Achtsamkeit | Ausgeglichenheit | Authentizität | Begeisterungsfähigkeit | Dankbarkeit | Demut | Eigenverantwortung | Einfachheit | Einzigartigkeit | Entschlossenheit | Erwartungslosigkeit | Frieden | Fürsorge | Gastfreundlichkeit | Geduld | Gelassenheit | Gerechtigkeit | Gewaltlosigkeit | Glaube | Hilfsbereitschaft | Hingabe | Hoffnung | Humor | Individualität | Klarheit | Kreativität | Kritikfähigkeit | Lernfähigkeit | Liebe | Maßhaltung | Mitgefühl | Mut | Naturverbundenheit | Phantasie | Schweigsamkeit | Tiefgründigkeit | Treue | Unbekümmertheit | Unterscheidungskraft | Urvertrauen | Verantwortungsbewusstsein | Vergebung | Weisheit | Zuversicht.